KB266036

에스토니아
스웨덴
라트비아
리투아니아
독일
폴란드
체코공화국
슬로바키아
오스트리아
헝가리
슬로베니아
루마니아
크로아티아
보스니아
헤르체고비나
세르비아
몬테네그로
코소보
이탈리아
마케도니아
알바니아
그리스

러시아연방
벨라루스
우크라이나
몰도바
불가리아
튀르키예

드디어
시리즈

드디어 만나는
동유럽 신화

드디어 시리즈

드디어 만나는 동유럽 신화

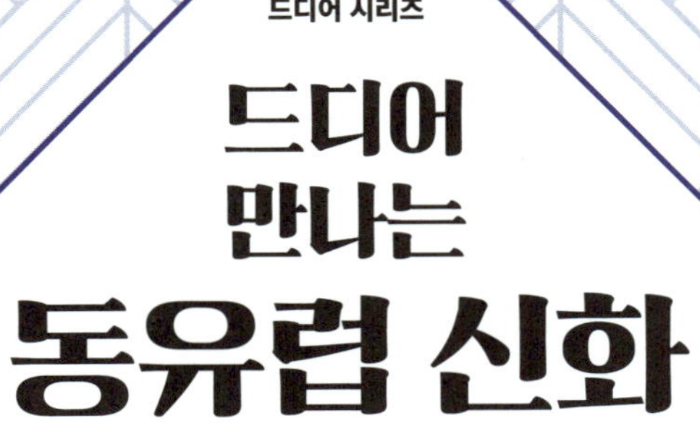

뱀파이어부터 늑대인간까지,
서양 신화의
마지막 퍼즐을 맞추다

노아 차니·스베틀라나 슬랍샤크 지음
송민경 옮김

현대지성

동유럽 문화는 무시할 수 없는 유럽 문화의 한 축이지만, 친숙하게 느껴지지는 않는다. 남유럽의 그리스·로마 신화나 북유럽의 오딘, 로키 같은 이름과 비교해보면 동유럽의 신화나 전설을 조금 멀게만 느껴진다. 하지만 동유럽 신화는 알게 모르게 꽤 큰 영향을 미쳐왔다. 한동안 영화나 TV에서 아주 매력적으로 그려졌던 괴물 뱀파이어는 동유럽의 신화와 전설에서 나온 것이다. 그 맞수로 자주 등장했던 늑대인간 역시 동유럽 문화의 영향을 받으며 발전했다. 이 외에도 우리가 접한 다양한 공포물과 환상물의 원천을 거슬러 올라가다 보면, 동유럽과 깊게 연관된 이야기 소재가 놀라울 정도로 풍부하다.

안타깝게도, 그런 이야기의 뿌리를 살펴볼 만한 자료가 한국에는 넉넉하지 않다. 말하자면, 땅 위에 피어 있는 꽃의 향기는 퍼지고 있지만, 그 꽃을 품고 있는 땅의 모양은 당최 알 수 없는 데서 오는 답답함과 비슷하다. 『드디어 만나는 동유럽 신화』는 그 답답함을 풀어주면서도 땅속 깊은 곳까지 들여다볼 수 있게 해준다.

이 책은 총 일곱 편의 동유럽 옛이야기를 소개한다. 소설 같은 이야기를 하나 소개하고, 이야기의 해설이 될 만한 많은 자료를 풀어놓는다. 생생하게 피어오르는 극적인 장면을 즐길 수도 있고, 이야기 뒤에 숨겨진 의미를 발견할 수도 있다. 또, 여러 종교·역사·사상을 바탕으로 이 이야기들이 어떻게 퍼져 나가고 자리 잡았는지를 알 수 있다. 이런 대목에서 독자는 책의 풍성함을 느낄 수 있을 것이다.

동유럽에서 건너온 낯설면서도 익숙한 이야기 속 환상의 세계에 푹 빠질 수도 있다. 우리 주변에 자리 잡은 미신의 의미나 희귀한 소재에 생명력을 불어넣고자 할 때도 도움을 주는 책이다. 기묘한 이야기를 좋아하는 독자들과 새로운 창작을 준비하는 작가들에게 신선한 충격과 영감을 선사할 것이다.

곽재식 | SF 작가, 『한국 괴물 백과』 저자

동유럽 민족에게 신화는 삶의 일부다. 동유럽은 지정학적으로 '유럽의 관문'이자, 오랜 역사 속 '유럽과 아시아 사이의 십자로'에 자리해왔다. 훈족, 몽골, 오스만 튀르키예 등 아시아인들의 유럽 침공, 십자군 전쟁 등 서유럽의 아시아 진출에 있어 동유럽은 항상 그 아픔과 고통을 고스란히 담아내던 현장이었다.

외세 강대국의 잦은 침략 역사는 동유럽에서 다양한 구전민요와 구전문학 형태로 발전했고, 이것은 민중 사이에 깊숙이 스며들어 신화가 되었다. 동유럽의 뱀파이어 신화 또한 이슬람교 오스만 튀르키예의 유럽 침공과 그 확산을 저지하려던 기독교 서유럽 간 충돌과 아픔 속에서 탄생했다.

동유럽이 지닌 신화적 다양성과 그 흥미로운 소재에도 불구하고, 동유럽 신화 이야기는 우리에게 다소 단편적으로 다루어졌다. 『드디어 만나는 동유럽 신화』는 동유럽을 대표하는 일곱 편의 신화 이야기를 동유럽 출신 작가들의 시각으로 흥미롭게 펼쳐놓았다. 책의 제목처럼, 재미와 흥미가 듬뿍 담긴 동유럽 신화 속 이야기들을 '드디어' 만나는 자리라는 점에 기쁨이 크다. 독자들은 동유럽 신화 세계가 지닌 또 다른 신화의 매력에 흠뻑 빠져들 것이다.

김철민 | 한국외국어대학교 동유럽대학 세르비아·크로아티아과 교수

『드디어 만나는 동유럽 신화』는 분석 연구와 찬사, 배경과 서사, 학술적 고찰과 새롭게 쓰인 설화를 한데 아우른다. 이 책은 당신이 푹 빠지게 될 신비로운 일, 한밤중에 소리 내어 읽게 될 이야기, 인상적인 흑백 목판화 일러스트와 함께 동유럽 신화의 세계로 들어갈 수 있는 고마운 입장권이 되어줄 것이다.

크리스토퍼 프레일링 | 『뱀파이어』 저자

정말 마음에 드는 책이다. 음침하고 기발한 『드디어 만나는 동유럽 신화』는 원전 이야기의 뼈대를 발굴하면서도, 오랫동안 언급되지 않았던 대부분의 구전 전통에 대해 우리는 대체 무엇을 알고 있는지 의문을 품도록 도발한다.

올레샤 살니코바 길모어 | 『마녀와 차르』 저자

『드디어 만나는 동유럽 신화』는 아드리아해에서 발트해, 다뉴브강에서 우랄해에 이르는 광활한 유럽 지대에 살며 수 세기 동안 풍성한 신화와 민속을 꽃피워온, 슬라브족의 세계를 맛볼 수 있는 매력적인 요리다. 속이 꽉 찬 지식들을 종합적으로 다루면서도 결코 박식함을 뽐내지 않는 두 저자는 다양한 전통을 설명하고 옛날이야기가 어떻게 오늘날까지 반향을 일으키는지 보여주는 원문을 엄선해 실었다.

블라디미르 알렉산드로프 | 예일대학교 슬라브어문학과 명예 교수

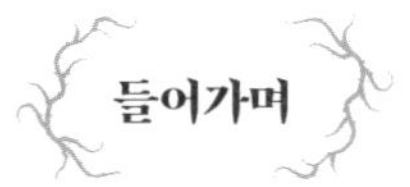

들어가며

만약 누군가 당신에게 이집트 신의 이름을 묻는다면, 오시리스나 이시스 같은 이름을 떠올릴 것이다. 북유럽의 신을 물어도 몇 개쯤 대답할 수 있을 것이다. 마블 만화와 영화 덕분에 토르, 로키, 오딘 같은 이름이 그 어느 때보다도 친숙하니까 말이다. 그리스·로마 신들은 고대부터 유럽 문화 전반에 걸쳐 익숙해져 있으니 더욱 잘 알고 있을 것이다. 고대 그리스, 특히 아테네의 영광과 신앙과 사상이 인류 문명의 정점을 보여준다고 생각했던 르네상스 시대의 학자들은 로마제국이 쇠망하면서 잠시 뒤안길로 사라졌던 그리스·로마 신화를 다시금 수면 위로 떠오르게 했다. 덕분에 오늘날 서양 문화 곳곳을 활발히 누비는 제우스(유피테르), 아테나(미네르바), 포세이돈(넵투누스), 아프로디테(베누스), 아레스(마르스)를 포함한 여러 신을 볼 수 있는 것이다. 비단 신뿐만이 아니다. 우리는 많은 그리스·로마의 영웅과 모험담도 알고 있다. 이아손과 황금 양털, 테세우스와 미노타우로스, 헤라클레스의 12가지 과업 등을 말이다.

그렇다면 동유럽의 신과 괴물, 영웅은 어떤가? 부크, 벨레스, 페룬 같은 신을 알고 있는가? 아마 익숙한 이름은 아닐 것이다. 하지만 슬라브족의 전설에서 탄생한 유명한 존재도 분명히 있다. 뱀파이어나 늑대인간이 바로 그 예다. 이 어둠의 존재들은 사실 세계 무대에 등장하기 훨씬 전에 동유럽 신앙이라는 작은 무덤에서 빠져나왔다. 기원을 몰랐던 사람들은 깜짝 놀랄 만한 사실이다.

영어를 사용하는 국가에 사는 슬라브 혈통 수백만 명을 포함해, 전 세계에 머무는 슬라브계 사람이 수천만 명이라는 점을 고려하면, 영어로 쓰인 슬라브족의 신화나 전설이나 신에 관한 책은 극히 드문 편이다. 이는 신화에 대한 학술적·인류학적 문헌뿐만 아니라, 모험, 마법, 구전동화를 떠올리게 하는 모든 경우에 해당한다. 이솝우화, 그림동화, 그리스·로마나 이집트나 북유럽의 고대 신화에 관한 책은 다양하면서도 많다. 슬라브족 전통에 대한 자료가 부족하다는 것은 놀라울 정도로 풍부한 세계사가 의외로 간과한 부분이 있다는 사실을 나타내며, 이 책은 어마어마한 잠재적 독자층을 파악할 수 있는 기회가 될 것이다. 슬라브 국가의 괴물, 전설, 신, 영웅을 소개함으로써 현존하는 정보의 불균형을 바로잡을 수 있는 초석이 될 것이다. 슬라브족의 비기독교적 전통이 가톨릭이나 동방 정교회에 의해 덮어지거나 뒤섞이기 전, 기독교 이전에 최초의 슬라브족이 믿고 있던 것을 탐구하는 데 목표를 둔다.

동시에 우리는 뱀파이어, 늑대인간, 마녀 바바 야가와 닭의 다리가 달린 집, 심술궂은 신과 천상의 여신, 여전사, 악마를 물리치는 처녀, 강에 사는 머맨 등을 만날 것이다. 일단 슬라브족에 대해 아는 것이 중요하다. 먼저 그들의 기본 신앙 체계를 이해해보자.

차례

1장 | 뱀파이어

2장 | 늑대인간

3장 | 리부세 여왕

4장 | 바바 야가

5장 | 페룬

6장 | 물의 괴물

7장 | 불새

동유럽 신화의 놀라운 측면 중 하나는 오늘날 우리가 떠올리는 많은 개념이 비교적 최근에 등장했다는 것이다. 물론 슬라브족 자체는 그렇지 않다. 슬라브족은 기원후 5~6세기 경, 카르파티아산맥Carpathian Mountains(현재의 루마니아와 몰도바)에서 이주하기 시작한 다인종으로 구성된 거대 집단이었다. 그들은 사방으로 분산되었다. 서쪽으로는 중유럽(현재의 체코공화국까지), 북동쪽으로는 지금의 러시아와 유라시아, 북쪽으로는 발트해 국가들, 남쪽으로는 발칸반도를 지나 크레타섬까지 이동했다. 일부 고고학적 증거에 따르면 동쪽에 위치한 중국에서도 모습을 보였다고 한다.

슬라브족의 이주가 시작되었던 초창기의 문학적·예술적 자료들은 거의 남아 있지 않다. 역사학자와 고고학자가 증거로 다룰 만한 문자 기록이나 예술 작품이 거의 없다 보니, 당시 전체적인 상황이 어땠는지 정확히 알 수 없었다. 20세기를 기점으로 이전에 알려지지 않았던 종교 의례 유적지와 정착지가 하나둘 발견되었다. 그렇게 고고학적 자료가 제법 풍부해지기는 했지만, 다른 민족에 비하면 턱없이 부족하다. 슬라브족의 역사를 이해하는 데 도움이 될 만한 물리적 잔재 유산의 양은 여전히 빈약한 상태다.

슬라브족에 대한 가장 오래된 기록은 6세기 비잔틴제국(동로마제국)에 살던 두 저자가 남긴 것이다. 프로코피우스Procopius는 그리스어로 스클라

보이Sklaboi, 요르다네스Jordanes는 라틴어로 스클라베니Sclaveni라는 용어를 사용했다. 두 사람 모두 비잔틴제국의 황제 유스티니아누스 1세 시대에 활동했던 역사가다. 요르다네스는 베네티Veneti(이를 본떠 이탈리아의 도시 베네치아를 포함한 베네토 지역이 명명됨)라고 불리는 민족과 그들의 주요 도시인 아퀼레이아Aquileia, 이손티오강Isontio(현재의 이손조강, 슬로베니아어로는 소차강—옮긴이) 다리를 비롯한 많은 도시를 묘사했다. 또, 그들이 베네티족으로 알려지기 시작할 무렵, 이 민족이 일찍이 안타이족Antae과 스클라베니족이라고 불리는 훨씬 오래된 종족의 후손이라고 말했다. 프로코피우스는 "스클라베니족과 안타이족 모두 먼 옛날에는 스포로이Sporoi라는 한 민족이었다"라고 썼다.[1] 기원후 545년에 기록을 남긴 역사가에게 '먼 옛날'이란 어떤 의미였을지 생각해보는 것도 재미있는 일이다. 프로코피우스는 이 민족들을 이해하는 데 도움이 되는 정보 몇 가지를 알려준다.

스클라베니족과 안타이족이 한 사람의 통치 아래에 있던 것은 아니다. 예로부터 그들은 사회적 평등을 유지하며 살아왔다. 결과적으로 그들의 행복과 이익에 관련된 모든 것은 좋든 나쁘든 공동체의 뜻에 맡겨졌다. 실제로 두 바바리안은 옛날부터 동일한 제도와 풍습을 가지고 있었다. 이를테면 그들은 번개를 다스리는 단 하나의 신을 만물의 주인으로 믿으며, 그 신에게 가축과 그 외 모든 제물을 바쳤다. 물론 그들은 운명에 관해서 잘 알지도 못했고, 신의 영향력을 인정하지도 않았다. 하지만 병에 걸리거나 전쟁이 시작되거나 죽음이 목전에 닥칠 때마다 신을 향해 간절히 빌었다. 또, 목숨을 구해준 보답으로 제물을 바치겠다고 굳게 맹세했다. 실제

이 글에서 바바리안은 당시 유일하게 문명화된, 그리스어나 라틴어를
사용하지 않는 이들을 통틀어 지칭하는 용어였다. 프로코피우스가 기술
했듯이, 슬라브족은 언제나 사회적 평등을 유지하며 살았고(대부분의 종
족이 왕의 지배 아래 있었기 때문에 이는 놀라운 일이다), 번개를 다스리는 신
이 페룬Perun을 받들며 제물을 바쳤다. 물론 이 기록을 곧이곧대로 받아
들이기에는 무리가 있다. 6세기의 역사가는 개인적인 경험과는 거리가
먼, 여러 단계를 거쳐 전달된 현장 보고서에 의존해 집필했기 때문이다.
실제로 우리는 당시 슬라브 사회에 왕들이 존재했으며, 여러 신을 숭배
했다는 사실을 알고 있다. 프로코피우스는 이들이 주기적으로 정착지를
바꾸면서 여기저기 흩어져 있는 집에 머물렀다고 설명한다. 한편, 요르
다네스는 슬라브족이 숲과 늪을 도시로 삼았다고 말한다.[3] 이는 그들이
매일같이 무리 지어 이동하는 것이 아니라 빽빽한 삼림과 습지대의 안
전한 곳을 이용해 단기적으로 머무는 이동식 마을을 세워 생활하는 반
유목민으로 지냈다는 것을 암시한다.

슬라브족은 성기만 가리거나 가볍게 옷을 걸친 상태로 방패와 창을
휘두르며 전투에 나선 것으로 보인다. 프로코피우스는 그들을 "피부색
이 아주 흰 편도 아니고, 그렇다고 완전히 어두운 편도 아닌 약간 불그
스레한 편이다. 몸이 편한 것을 염두에 두지 않고 고된 생활을 한다"[4]라
고 평가했다. 비잔틴제국의 기록을 보면 슬라브족이 행군한 곳에는 잔

디가 다시 자라지 않았다고 적혀 있다. 이를 통해 슬라브족의 수가 아주 많았다는 사실을 유추할 수 있다.

7세기 초에 활동했던 역사가 테오필락토스 시모카테스Theophylact Simocatta는 슬라브족이 몸집이 크고 힘도 세지만 전쟁보다는 음악과 노래와 춤을 좋아한다고 적었다. 10세기 비잔틴제국의 문헌에는 슬라브족의 한 무리가 모녹실monoxyl을 타고 강을 따라 이동하는 모습이 묘사되어 있다. 모녹실은 나무 몸통을 파내서 만든 배로, 아마존강 유역에 사는 부족들이 사용하는 통나무 카누와 유사하다. 10세기 아라비아 외교가인 아흐마드 이븐 파들란Ahmad ibn Fadlan은 볼가강 유역에 사는 슬라브 상인들이 의식을 치르는 모습을 보고 "그들은 원형의 성소에 들어가 신의 머리 부분이 그려진 기둥 앞에 무릎을 꿇었다. 다른 신적 존재들은 성소 내부의 나무에 그려져 있었다"라고 기술했다. 또, 배에 고인을 앉히고 그 옆에 앉은 고인의 아내를 제물로 바치기 위해 찔러 죽인 뒤, 배에 불을 붙여 둘 다 물속으로 가라앉게 하는 매장 의식도 상세히 적어두었다.

11세기 메르제부르크 작가 티트마르Thietmar의 말에 따르면, 요새화된 언덕에 동물 뿔이 달린 조각상으로 외관이 장식된 목제 사원이 있었다고 한다. 내부에는 투구를 쓰고 갑옷을 입은 다양한 신상이 있었으며, 이는 각기 다른 신에게 봉납된 것이었다. 그중 가장 중요한 신은 주아라시치Zuarasici(스바로그의 아들을 뜻하는 스바로지치Svarožič라고 부르기도 한다. 누군가의 아들을 의미하는 접미사 '−ič'는 남슬라브족의 성姓에서 흔히 보임)였다. 애석하게도 이 사원이나 신상에 대한 기록은 남아 있지 않다.

슬라브족에게는 왕과 제국도 있었다. 7세기에는 사모Samo라는 이름의 프랑크 상인이 아바르Avars라는 다른 민족과 전쟁을 치르던 슬라브족을 재정적으로 지원했다. 슬라브족이 승리하자 그들은 사모를 왕으로 삼았다. 사모는 사모제국Samo's Empire이라 불리는 유럽 최초의 슬라브 국가를 세워 자신의 가치를 증명했다. 사모제국은 기원후 631년부터 658년까지 중유럽 지역 대부분을 가로질러 뻗어나갔다. 이후에도 계속해서 정착 영토를 가졌으며, 여기에는 7세기의 카란타니아공국(오스트리아 남부와 슬로베니아 북부를 포함), 대*모라비아왕국(833년~907년, 중유럽 대부분 지역), 니트라공국(9세기, 현재의 슬로바키아 지역)과 벌러톤(오늘날 헝가리의 일부 지역)이 포함된다.

슬라브족이 쓴 가장 오래된 문헌에는 고대교회슬라브어Old Church Slavonic라는 언어가 사용되었고, 9세기경에 작성되었다. 문헌에서는 슬라브족을 슬로베네Slovēne(이 책의 두 저자가 살고 있는 현대 슬로베니아의 Slovenes와 관련은 있지만 혼동하면 안 됨)라 지칭한다. 이 용어는 단어나 말을 뜻하는 단어인 slovo에서 유래한 것으로, 같은 언어를 사용하는 집단을 가리킨다. 이는 독일인을 지칭하는 옛 슬라브어인 네메츠nemets와 흥미로운 대조를 이룬다. 네메츠는 대략 묵음 또는 웅얼거림을 뜻하는 단어로, 슬라브족이 말을 알아들을 수 없는 사람들을 의미한다.

원래 고대교회슬라브어는 글라골문자Glagolitic라 불리는 현재는 사라진 알파벳으로 쓰였다. 이 알파벳은 9세기 테살로니키 출신의 수도사인 성 키릴Saint Cyril이 고안한 것으로 알려져 있다. 그는 슬라브족에게 그들의 영토를 잠식하고 있던 프랑크 주교와 통치자들이 사용하는 라틴문자와는 전혀 다른 문자를 제공하고자 했다. 키릴과 그의 형인 성 메토디우스Saint Methodius는 863년 비잔틴제국의 미카엘 3세로부터 서슬라브족이 세운 대모라비아왕국의 이교도들에게 정교회를 포교하라는 임무를 받았다. 두 사람은 자신들이 목표하는 대상이 종교를 더 가깝게 느끼도록 기도서를 대모라비아왕국 사람들 대부분이 쓰는 당시의 슬라브어로 옮겨 썼다. 이것은 슬라브족 이교도들끼리 사용하는 언어였음에도 고대교회슬라브어로 알려지게 되었다(키릴 형제와의 연관성 때문에 교회슬라브어라고 불렸다).

885년, 교황 스테파노 5세가 교서를 통해 라틴어나 그리스어가 아닌 다른 언어로도 예배를 볼 수 있게 허용한 덕분에 고대교회슬라브어를 사용할 수 있게 되었다. 이 언어의 문자는 그리스 문자와 룬 문자 같이 그림이 섞인 형태였지만, 영어와 마찬가지로 각각의 문자가 소리를 내는 표음문자였다. 글라골 문자는 흥미로웠지만 오래가지는 못했다. 이후 더 정돈되고 각이 잡힌 알파벳으로 대체되었다. 키릴의 제자들은 그의 이름을 따서 이를 키릴문자라 명명했다. 키릴문자는 불가리아에서 러시아, 세르비아에 이르는 동슬라브족 사이에서 오늘날까지 여전히 통용되고 있다.

슬라브 신앙 연구를 더욱 혼란스럽게 만드는 점은, 지금까지 확보한 자료의 상당수가 슬라브족이 기독교로 개종하던 시기에 기록되었다는 사실이다. 그 결과 고대 이교도 신앙의 이야기는 많은 경우 기독교 문헌의 '외전' 격 기록 속에 단편적으로 보존되어왔다. 이는 일부 비기독교적 의식이 오늘날 슬라브 공동체의 일상에 여전히 남아 있다는 뜻이기도 하지만, 기독교 개종 이전에 가졌던 최초의 신앙으로부터 기독교적 요소를 분리하기 위한 상당한 선별 작업이 필요하다는 뜻이기도 하다. 특히 신들과 영웅들의 이름이 발트해·러시아 지역 슬라브 국가들과 남슬라브Yugo 국가들 사이에서 서로 다르게 불리면서, 최초의 이야기를 식별하려는 사람들을 더욱 혼란스럽게 만든다.

동유럽 신화 체계pantheon는 조직 구조가 모호하고, 여러 신과 신화적 존재가 혼재되어 있다는 점에서 스칸디나비아, 게르만, 켈트, 지중해 민족의 신화 체계와 다르다. 이렇게 된 데는 19세기 학자들의 연구가 영향을 미쳤다고 볼 수 있다. 그들은 대체로 그리스·로마의 신화 체계같이 더 잘 알려진 형태에 맞춰, 동유럽 신 중에서 그와 가장 가까운 닮은꼴 또는 동등한 신을 찾으려고 노력했다. 표면적으로야 부크와 제우스를 같은 존재로 여기는 것이 편리하지만, 사실 그리 간단한 문제가 아니다. 다음 장에서 살펴보겠지만, 슬라브족은 뱀파이어vampire와 늑대인간을 동일하게 여겼다. 즉, 하나의 괴물에 두 개의 이름이 있던 것이다.

19세기의 많은 학자가 러시아, 불가리아, 세르비아 같은 동유럽에서 기원한 근대 국가를 배경으로 활동했다 보니, 국가의 탄생이라는 고무적인 이야기에 대한 갈망이 연구 자료를 해석하는 데 적지 않은 영향을 미쳤을 것이다. 예를 들어, 리부셰 여왕이 도시 프라하의 건설에 미친 영향력을 접했을 때, 동유럽 전설에 나오는 그녀의 역할이 프라하가 체코슬로바키아의 수도가 되기 전의 일인지, 혹은 더 일찍, 주요 도시가 되기도 전의 일인지 의문을 품어봄 직하다. 이러한 이유로 동유럽 신화 체계에서의 최고신은 어떤 자료를 참고하느냐에 따라 서로 다른 형태와 이름으로 나타난다. 남신들 중 최고신의 중추 집단은 정해져 있지만, 그들이 간단하고 직접적인 표현으로 정의되는 경우는 드물며, 명확한 선이나 악으로 규정되지도 않는다.

페룬Perun은 대다수의 슬라브족에게 주신이며, 제우스나 오딘의 위치에 가깝다. 페룬은 폭풍을 다스리고, 천둥을 소환하며, 번개를 던진다. 또, 눈 덮인 산의 정상에 살며 참나무 숲에 자주 모습을 드러낸다. 간혹 폭풍우의 신 다주보그Dažbog로 불리기도 한다. 또한 전투용 도끼나 망치, 활과 번개 화살 같은 신비한 무기를 쓰는 전쟁의 신이다. 그는 역사적으로 결정적 순간이나 전투에 직접 출현한 신으로 자주 언급되며, 러시아에서는 모병에 영향을 주는 인물로 이름이 올랐을 정도다.

스바로그Svarog는 다주보그와 대조를 이루는 태양과 불의 신으로, 그리스 신 헤파이스토스와 유사하다. 또한 하늘과 대기의 신으로서 육체 없이 존재한다. 빛을 보는 신으로도 번역 가능한 스베토비드Svetovid는 머리가 넷 달린 전쟁의 신이자, 빛과 힘의 신이다. 세 개의 머리라는 의미를 가진 트리글라브Triglav는 세계의 통합을 상징하는 신이다. 그는 검은 말을 타고 있으며, 산과 나무로 표현된다. 슬로베니아에서 가장 높은, 더 나아가 구 유고슬라비아 전 지역에서 가장 높은 산의 이름이 그의 이름에서 비롯되었다.

벨레스Veles는 동유럽 신화에서 하데스나 사탄과 같은 위치에 해당한다고 볼 수 있다. 그는 늪, 습지, 동굴 같은 축축한 지역과 어둠을 다스리는 지하 세계의 왕이다. 다소 으스스하게 느껴진다면 잠시만 기다려 보라. 벨레스는 음악과 시의 신이기도 하다. 지하 세계의 신을 영혼의 목자라고 부르는 것도 일리가 있지만, 그는 동물과 가축을 지배하며 재물도 관리한다. 하지만 동유럽 전통 안에 기독교적 신앙이 켜켜이 쌓이면서 악마의 이미지가 굳어졌다. 그렇다면 이 악마는 언제부터 음악, 시, 동물의 신이 되었을까?

늑대라는 뜻을 지닌 부크Vuk는 동유럽 신화 속 최고의 동물 신으로, 모든 동유럽 신화들에서 숭배된다. '신화들'이라는 복수형으로 말해야 하는 이유는 슬라브족이 그들의 시작점으로 추정되는 카르파티아산맥에서 여러 갈래로 흩어졌기 때문이다. 유럽의 여러 지역을 이동하고, 약탈하고, 정착하고, 정복하고, 쫓겨나는 과정에서 그들의 신앙은 자연스럽게 각기 다른 방향으로 진화했다. 그러나 부크는 여전히 고대 슬라브족의 흩어진 후손들 사이사이에 남아 있다. 고대 유럽에서 늑대는 인간을 잡아먹을 가능성이 가장 높은 동물이었다. 즉, 인간이 가장 두려워해야 할 동물이었다. 부크는 힘과 지혜의 상징이 되었고, 나중에 살펴보겠지만 이 신은 악마, 즉 부코들라크Vukodlak(늑대인간)가 되기도 한다.

라도Lado와 라다Lada는 쌍둥이 신으로, 사랑, 아름다움, 다산, 청춘, 행복, 웃음, 성性은 물론이고 지하 세계에 이르기까지, 이 모든 가치를 상징하는 남성적·여성적 요소를 나타낸다. 그들을 받드는 제사는 대개 수확기에 치러졌다. 특히 라다는 고대에 큰 영향을 미쳐, 동유럽 신화뿐 아니라 발트해 신화와 핀란드 신화에도 등장한다. 동유럽 신화에서는 남신에 비해 여신이 덜 알려져 있지만, 그 빈자리를 여성 영웅들이 다채롭고 풍부하게 채운다.

아담과 이브에 근사하게 대응하는 로드Rod와 로자니카Rožanica도 있다. 세계의 기원에 등장하는 이 최초의 부부는 신이다. 그들은 인생의 운명이나 다산, 가계의 유산을 맡았다. 시간이 흐르면서 로자니카는 위대한 어머니 신으로 숭배되며 힘과 의식에서의 존재감이 커졌다. 반면 남편 로드는 점점 중요성이 떨어졌다.

위의 남신들은 모두 대기 현상을 지배하고, 그중 몇몇은 머리가 두 개 이상이다. 여신 모코시Mokoš는 그들과 반대되는 개념을 구현한다. 그녀는 치유, 보호, 저주, 복수, 교육, 보편적 지혜, 다산과 관련이 있다. 모코시와 가장 가까운 그리스·로마 신은 데메테르일 것이다.

자고로 신들은 거대한 참나무로 예상되는 '세계의 나무' 아래 또는 산꼭대기에 모였다고 한다. 나중에는 기독교의 영향으로 구름에 싸인 어딘가에서 만났다고 한다. 단 하나의 신에게 바쳐진 의례 공간도 종종 발견되었지만, 슬라브족의 예배 방식은 신전 순례보다는 달력의 경축일과 이어진 일상생활의 일부였다. 성직자에 관한 정보는 지금까지도 발견되지 않은 상태다.

문헌이든 문화재나 유적지든 남아 있는 기록 자체가 매우 적기 때문에, 슬라브족은 그토록 수가 많고 널리 퍼져 있음에도 잘 알려지지 않은 고대 민족 중 하나다. 다채로운 신과 신화가 있었지만 현재 우리가 알거나 믿는 것 중 대부분은 더 나중에 꾸며진 이야기를 기반으로 한다. 19세기 학자들이 허위로 꾸며낸 조상들의 태곳적 이야기는 합스부르크 왕가를 포함한 옛 군주국과 제국이 붕괴되고 신생 독립국으로 대체되면서 민족적 정체성이 국가적 자긍심으로 탈바꿈하던 시기를 일컫는 '국가의 봄Spring of Nations'에 당대의 사상을 강화하는 역할을 했다. 이 국가들에게는 자국민이 조상 대대로 그들의 땅에 대한 권리를 가져왔다는 믿음을 뒷받침할 탄탄한 건국 이야기가 필요했다. 이는 라트비아에서 슬로베니아, 슬로바키아에서 불가리아, 폴란드에서 시베리아에 이르는 현대 슬라브족에게 자신들의 고대 조상과 연결되어 있다는 느낌이 들게 했는데, 그 연결성을 강화할 만한 자료가 충분하지 않을 때는 신화와 전설을 지어내기라도 해야 했다.

동유럽 신화와 그리스 신화의 주요 신 비교

동유럽 신화의 신	그리스 신화의 신	특징
로드	가이아 + 우라누스	세계의 시작을 이루는 근원적 존재
페룬	제우스	신들의 왕, 천둥·번개·하늘의 신
다주보그	아폴론	빛·태양의 신
스바로그	헤파이스토스	불·금속의 신
모코시	데메테르	대지·풍요·생명의 신
벨레스	하데스 + 헤르메스	저승·경계의 신

신화라고 하면 고대를 생각하기 쉽고, 실제로도 그렇다. 그러나 신화는 보통 여러 세대에 걸쳐 해석되고, 우리는 문화적 배경을 통해 신화를 습득한다. 즉, 우리가 알고 있는 신화는 놀라우리만치 최근의 이야기일지도 모른다.

예를 들어, 현대판 그리스·로마 신화는 고대 문헌들이 잘 보존되어 있어 옛날 버전과 대체로 유사하다. 하지만 동유럽 신화는 그렇지 않다. 고대 슬라브족 신앙 체계에 관한 최초의 기록은 비잔틴제국의 문헌이다. 이는 슬라브족을 잠재적인 적으로 간주하며 호기심을 느꼈던 외세의 시각으로 쓰였다.[5] 게다가 슬라브족의 고고학적 자취는 상대적으로 미미하다. 그럼에도 불구하고 그들의 이야기는 밤하늘처럼 끝없이 펼쳐져 있다.

옆 사람에게 말 전달하기 게임을 해본 사람이라면 누구나 알겠지만, 주요 신화를 구전에 의존해 전승하는 방식은 매우 불안정하다. 19세기 크로아티아의 역사학자 나트코 노딜로Natko Nodilo는 그의 저서 『세르비아인과 크로아티아인의 옛 종교』에서 크로아티아에 기독교가 전파되기 전의 신앙을 복원하기 위해 신화, 구비 시가, 전설을 수집해 분석했다. 이어 그 자료들이 마치 어린아이가 손으로 그린 스케치 같다며 다소 시적으로 기술했다. 정보를 말로 옮기다 보면 의도적이든, 의도적이지 않든 잘못 듣거나 잊어버리는 경우가 생긴다. 그렇다면 기록되지 않은

7세기의 이야기가 어떻게 천 년이 넘도록 남아 있을 수 있었을까?

사실 구전으로 내려오던 전통은 19세기를 기점으로 모두 종이에 기록되었다. 이는 그림 형제가 사용하던 방법이었다. 그림 형제는 순수하게 구전된 민담을 기록하기로 마음먹었고, 어린 소녀에게 한 노파의 이야기를 듣는 값을 치렀다. 노파는 재미있는 이야기를 많이 알고 있는 것으로 명성이 자자했지만, 아이가 아니면 절대 이야기를 들려주지 않았기 때문이다. 이 어린 소녀는 노파의 편에서 그림 형제 편으로 슬쩍 넘어간 인정 많은 스파이었다. 이후 1812년에 형제는 가능한 한 원본에 충실하게 고쳐 쓴 이야기를 출간했고, 그 책은 여전히 아주 유명한 동화집으로 남아 있다. 백설공주나 라푼젤 같은 이야기들이 야코프 그림Jacob Grimm과 빌헬름 그림Wilhelm Grimm 형제의 기록으로 남겨진 것은 이 노파가 까마득한 옛날이야기를 기억해 전해준 덕분이다.

일찍부터 적극적으로 동화를 지원했던 샤를 페로Charles Perrault도 17세기 프랑스에서 비슷한 방식으로 작품 활동을 했다. 그는 『거위 아줌마 이야기』를 쓸 때 전통 민담을 정확히 베끼려고 하지 않았다. 옛이야기를 예술적으로 재해석하기 위한 출발점으로 삼고, 「장화 신은 고양이」, 「신데렐라」, 「빨간 모자」, 「엄지손가락 톰」을 자신만의 이야기로 만들었다. 19세기 초에 활동한 세르비아의 독학자 부크 카라지치Vuk Karadžić와 20세기 초 미국의 발칸반도 서사시 연구자인 밀먼 패리Milman Parry도 같은 방법론으로 사람들에게 현지 술을 건네며 이야기를 들려달라고 청했다.

우리의 세속 신화인 민담과 동화를 연구하는 마리나 워너Marina Warner는 이 둘을 구분한다. 그녀는 『동화: 아주 짧은 역사』에서 "민담은 구전 전통에서 기인하며, 누구도 기억하지 못할 만큼 기원이 오래되고 원작자가 알려지지 않은 순수 구전 이야기를 가리키는 독일 단어 메르헨Märchen

과 관련 있다"라고 저술한다. 이것은 독일어의 쿤스트메르헨Kunstmärchen
이 뜻하는 동화와는 차이가 있다. 동화에는 쿤스트Kunst, 즉 예술이 추가
되어 이것이 서명과 날짜가 기재된 문학 작품임을 가리킨다.[6] 그림 형제
와 페로의 경우, 그들이 수집한 이야기의 뼈대는 민담이었지만, 일단 해
석되고 기록되고 윤색되면서 작가와 연관성이 생기면 그것은 곧 동화가
된다.

의미상 신화는 민담 전통의 일부로 간주되어야 한다. 우리는 신화를
처음 고안한 사람이 누구인지 알 수 없다. 신화를 굳게 믿는 이들은 신
화가 창작된 이야기가 아니라 실제로 일어난 일이라고 주장할 것이다.
그런 신봉자들은 신화를 역사로 본다. 신화가 재해석된 경우, 예를 들
어 아폴론이 욕정을 품고 다프네를 쫓아 다니자, 그녀가 강의 신인 자신
의 아버지에게 자기를 나무로 변신시켜 구해달라고 청한 이야기(다른 버
전에서는 그녀의 어머니이자 대지의 모신인 가이아가 다프네를 변신시킴)의 기
원은 워너가 정의 내린 민담의 범주에 속할지도 모른다. 하지만 우리가
알고 있는 해석판(이 경우에는 시인 오비디우스가 쓴 글)은 동화가 되는 것
이다.

비기독교 신화 체계와 관련된 고대 신화와 전설은 민담과 나란히 전
해 내려온다. 신화와 전설은 한때 숭배되던 남신, 여신, 괴물, 거룩한 영
웅(신의 조력이나 방해를 받았다는 의미에서 거룩하다는 표현을 사용함) 들이
등장하는 만큼 신성성과 관련된 요소를 지닌다. 민담에는 기독교적 교
훈이 공유되기도 하지만 명백하게 종교적 성격을 띠는 것은 아니다. 하
지만 동유럽 전통에서는 우리가 잘 안다고 느끼는 신화나 전설 대부분
이 신화와 전설과 동화, 세 장르가 모두 뒤섞인 진정한 혼합물이다.

19세기, 동유럽 신화가 종이로 옮겨지면서 의식적으로든 무의식적으

로든(어느 쪽인지 분간하기 쉽지 않지만), 시대의 필요에 맞게 각색되었다. 그 뿌리는 비기독교들 사이에 있지만, 문서화될 때는 작품에 서명이 남거나 저자의 소유물로 출간되는 등 그것을 쓴 작가의 이름이 명시되었다. 그리고 작가들은 대부분 독립국가들이 등장하기 직전에 있던 동유럽 지역에 거주하는 기독교 신자들이었다. 따라서 기독교와 단결심, 독립과 자치의 자유라는 19세기 유럽의 주된 가락에 필연적으로 영향을 받은 버전의 신화가 널리 전파되었다. 뱀파이어는 고대 동유럽 신화의 전설적인 괴물이지만, 현재 뱀파이어라는 개념은 19세기 아일랜드인 브램 스토커Bram Stoker가 구체화했다. 늑대인간도 마찬가지로, 늑대인간과 뱀파이어의 혼종이 나오는 가장 유명한 문학 작품은 알렉세이 톨스토이Alexei Tolstoi가 1839년 저술하고 1884년에야 출간한 『부르달락의 가족』(가제)이다. 프라하의 기원 신화인 리부셰 여왕 이야기는 12세기부터 전해졌다고 알려지지만, 체코 어린이들이 배우는 버전은 1890년대 알로이스 이라세크Alois Jirásek가 쓴 것이다. 동유럽 신화의 많은 기원 이야기가 이와 유사하다.

동유럽 신화의 복잡성을 이해하려면, 이 이야기가 주로 민족과 국가의 통합, 집단적 정체성과 문화의 형성이라는 역사적 맥락 속에서 기록되었다는 점을 염두에 둘 필요가 있다. 이러한 관점을 잡는 데 도움이 되는 한 가지 실례가 있다. 바로 화가 알폰스 무하Alphonse Mucha의 연작 작품인 〈슬라브 서사시〉다. 이 작품은 슬라브족의 신화와 역사를 주제로 한 가장 기념비적인 시각 예술 작품이다. 〈슬라브 서사시〉는 에그 템페라(테라핀 용액에 달걀노른자와 안료를 섞은 물감―옮긴이)와 기름을 혼합해 그린 거대한 캔버스 20장으로 이루어져 있다.

체코 출신의 알폰스 무하는 19세기 후반 파리에서 아르데코 화가로서의 경력을 쌓기 시작했다. 그는 어떤 기성 학파에도 속하지 않았지만, 포스터나 다양한 제품의 광고, 달력 등을 만들면서 그림을 산업화하는 데 앞장섰다. 선과 장식미가 두드러지는 무하만의 화풍은 대중에게 쉽게 다가가며 큰 인기를 끌었다. 하지만 그는 예술가로서 자신의 진정한 사명은 오스트리아·헝가리제국으로부터 체코의 해방이라는 국가적 목표에 봉사하는 데 있다고 여겼다. 1899년, 오스트리아·헝가리제국 정부의 지원을 받아 1900년 파리 만국박람회의 보스니아 헤르체고비나 전시관 설계를 맡으면서 이런 생각을 하기 시작했다. 무하는 당시 미국의 막대한 부와 과거 자신들처럼 독립을 추구하는 다른 나라들에 대해 미국인들이 가지는 본능적인 공감이 새로운 기회를 열어줄 수 있으리라 여기고는, 1904년부터 1909년까지 다섯 차례에 걸쳐 미국을 방문했다. 특히 그가 가장 열심히 구상한 〈슬라브 서사시〉를 지원해줄 후원자를 찾고자 애썼는데, 1909년 성탄절에 인연을 만났다. 후원자의 이름은 찰스 리처드 크레인Charles Richard Crane으로, 동유럽과 슬라브족의 정치적 성장에 깊은 관심이 있는 시카고의 부유한 사업가였다. 크레인은 이후 20년 동안 무하의 친구이자 지지자이자 후원자로 지냈다.

후원을 확보한 무하는 1910년 프라하로 돌아왔다. 그는 러시아부터 그리스 아토스산에 있는 수도원에 이르기까지 슬라브족의 땅을 유람하며, 방대한 양의 시각적·문학적 자료를 준비했다. 1911년, 서부 보헤미아의 즈비로흐 성Zbiroh Castle에 거대한 작업실을 마련한 뒤 슬라브족 역사의 20가지 순간을 화폭에 담기 시작했다. 이 작업은 체코에 중점을 두어, 캔버스 10장은 체코 역사의 순간을, 나머지 10장은 슬라브족의 신화적 역사의 순간을 담았다. 무하는 1912년 첫 번째 작품 〈최초의 고향의 슬라브족: 투란인의 채찍과 고트족의 검 사이〉를, 1926년 마지막 작품

〈슬라브족의 신격화〉를 완성했다. 그림 대부분이 고대 분위기를 담아 시대를 초월한 반면, 마지막 작품은 1918년 오스트리아·헝가리제국의 붕괴로 슬라브족이 고향을 정당하게 되찾은 일을 찬양한다. 무하가 이 연작을 완성하자마자 각 작품은 어마어마한 호평을 받았으며, 그중 대부분은 1921년 미국에서 전시되었다. 1928년, 무하와 크레인은 프라하가 오스트리아·헝가리제국으로부터 독립한 지 10주년을 맞아 열린 기념식에서 이 완벽한 연작을 프라하에 기증했다.

무하의 작품이 완성되기까지 너무 오랜 시간이 걸리는 바람에, 당시에는 유행에 뒤떨어지고 진부한 그림으로 여겨졌다. 작품 자체의 아름다움에도 불구하고, 이는 타당한 비판이었다. 무하는 19세기 전통적인 화풍의 사실적이고 상징적인 양식으로 그림을 그렸는데, 이 방식은 1910년부터 1928년 사이에 일어난 입체파나 절대주의 같은 아방가르드 운동에 뒤처졌다. 그가 즈비로흐 성의 작업실에 틀어박혀 있는 동안 시류가 완전히 모더니즘으로 바뀌어버린 것이었다.

무하의 그림에는 기독교적 요소가 많이 담겨 있다. 예를 들어, 그는 슬라브어로 하는 첫 예배(문해의 시작을 의미하기도 함)나 수도원으로 바뀐 매음굴을 그림 주제로 선택했다. 14번 그림에는 〈기독교 교단의 보호자〉라는 부제를 붙였다. 10번 그림은 1410년 7월 15일 폴란드에서 벌어진 그룬발트전투Battle of Grunwald에서 튜턴 기사단의 공격을 격퇴한 슬라브족의 승리를 기념한다. 소위 이교도 처단과 함께 벌이는 피비린내 나는 전투와 전쟁은 그 시기 중유럽의 종교적 혼란을 나타낸다. 흥미롭게도 무하의 웅장한 작품들은 우화적이지 않다. 그림은 실제 역사적 세계와 신화와 종교의식의 세계를 명확하게 구분하며, 후자는 원근감과 차원을 왜곡하고 연기, 빛줄기, 안개, 구름을 넣는 것으로 표현된다. 두 세계는 이어져 있지만, 강압이나 모독은 없다. 슬라브족의 미래를 주제로 한 연작의 마지막 그림의 배경에는 상징적 과거(고통과 고난에 시달리는 거대한 남성의 몸, 명확히 기독교적인 인용)가, 전경에는 슬라브족의 밝은 미래가 그려져 있다. 이조차도 우화가 아닌 직접적 계시다.

슬라브족 공통의 기원이라는 주제 역시 범슬라브주의에 뿌리를 두고 있는 만큼 다소 고루하게 느껴진다. 범슬라브주의는 18세기에 시작되어 19세기까지 이어진 슬라브족의 해방과 진보를 위한 유럽의 사상운동이다. 이와는 대조적으로, 새로운 시대는 일찍이 하나였던 슬라브족이 우선 오스만이나 오스트리아·헝가리 같은 거대 제국의 폐허 위에 독립국을 수립하는 데 주목하고 있었다. 진보적이고 민주적인 체코슬로바키아의 대통령 토마시 마사리크Tomaž Masaryk는 모더니즘 예술과 건축의 열렬한 지지자였다. 그는 슬로베니아 건축가 요제 플레치니크Jože Plečnik에게 프라하 성 일부의 리모델링을 의뢰해, 이를 봉건제의 보루에서 미래 지향적인 현대 민주주의의 요람으로 탈바꿈시켰다. 과거 봉건 시대의 슬라브족을 낭만적으로 그려낸 무하의 연작은 이 모든 것과 조화를 이루지 못하는 느낌이었다. 무하의 그림은 과거를 보고 있었고, 더는 시대정신을 표현하지 못했다.

제2차세계대전이 벌어지는 동안 무하의 그림은 숨겨졌고, 그는 게슈타포Gestapo에게 체포되었다. 귀가 조치가 내려지기는 했지만, 이후 1939년에 사망했다. 전쟁이 끝나자 체코슬로바키아는 소련 적군赤軍으로부터 해방되었고, 점차 소련의 정치에 좌우되는 공산주의 국가가 되었다. 당시 정권은 사회적 사실주의를 장려했고, 같은 슬라브계였지만 무하의 작품은 공산주의자의 취향에 비해 너무 기독교적이었다. 그림은 모라비아의 크룸로프 성Krumlow Castle에 보관되었다. 이후 2012년, 2018년에 프라하에서 전시되었다.

동유럽 신화를 이해하는 데 무하의 연작은 중요한 가치를 지닌다. 그가 표현하는 슬라브족은 문화적으로 매우 다양한 집단이다. 대부분의 그림이 체코 역사를 담아냄과 동시에 크로아티아인, 불가리아인, 폴란드인 등을 묘사한다. 무하는 영웅적 행위를 강조하지 않으며, 도리어 그의 연출은 비극이나 죽음, 살아남은 자들의 궁핍함 같은 전쟁의 여파를 비춘다. 슬라브 문화의 특색은 먼저 젊은이들과 꽃, 음악, 나무가 함께하는 즐거운 의례로 표현된다. 그런 다음, 문해와 법률, 도시 건설과 문화 연계, 서구 국가들과는 다른 사회 질서의 확립 같은 보다 완전한 변화로 전환된다. 무하의 노력은 문자 그대로든, 은유적으로든 노예제나 농노제로부터의 해방이 핵심이었다. 그리고 이것은 범슬라브주의가 가장 바라는 바이기도 했다.

사상운동으로서의 범슬라브주의는 프랑스혁명에 대한 지적 반응으로 등장한 공동체의 새로운 철학에 기반을 두고 있었다. 동시에 유사한 발상에서 게르만족에 관한 관념도 형성되었는데, 이는 고대 자료에 근거한 초기 서사와는 다른 이야기였다. 슬라브족 전체 통합에 대한 생각은 더 이른 시기에도, 르네상스 시대 인문주의 사상가들 사이에서 간간이 나타났다. 16세기 크로아티아 작가 빈코 프리보예비치Vinko Pribojević가 그 예시다. 그러나 슬라브족의 문화적 각성과 독립국 수립 계획은 1848년, 이른바 '국가의 봄'으로 불리는 일련의 혁명과 함께 정치적으로 정점에 이르렀다.

그해 프라하에서 무장봉기가 일어났을 때, 첫 번째 범슬라브주의 대회가 열렸다. 슬라브 전역에서 수많은 언어학자, 고고학자, 역사학자, 작가, 지식인, 학생이 집결했다. 무장봉기는 진압되었지만, 그 사상은 계속해서 퍼져 나갔다. 이 사상은 특히 남슬라브족에게 큰 영향을 미쳤고, 후에 유고슬라비아 수립으로 이어졌다(유고jugo는 남부, 슬라비아slavija는 슬라브 국가라는 뜻). 19세기 이 지역의 통합 운동은 일리리아 운동the Illyrian movement이라 불리며, 당시 오스트리아·헝가리제국 중 헝가리 쪽에 속해 있던 크로아티아에서 활발한 움직임을 보였다. 제2차 범슬라브주의 대회가 1867년 모스크바에서 열렸지만, '슬라브 세계 속 러시아아인의 리더십'이라는 러시아의 제국주의적 사상을 선전하는 데 그쳤다.

체코 땅에서 일어난 범슬라브주의 운동은 뿌리 깊은 문화적·정치적 영향력과는 별개로, 소콜Sokol(매라는 뜻)이라는 민족주의적 성향을 띄는 체육 단체를 결성했다. 소콜 단체는 1860년대 초부터 많은 신생 슬라브 국가에서, 특히 제1차세계대전 발발 전과 양차 세계대전 사이에 유고슬라비아 지방에서 활동했다. 이는 신흥국들이 자신들의 정치적 이상을 정당화하기 위해 신화적 과거를 적극적으로 구성해내는 하나의 방식이기도 했다.

'슬라브'라는 용어의 의미는 유럽 중심주의의 관점에 의해, 고전주의적 규범에 의해, 범슬라브주의에 의해 오랜 세월에 걸쳐 형성되었다. 19세기 동유럽 신화는 종종 왜곡된 고대의 원형을 기반으로 신들의 신화적 계급 구조를 고안하는 데 이용되었고, 새로운 민족주의적 요구에 따라 구조화되었다. 구전된 전통은 이미 체계가 잡힌 다른 신화권의 유사 사례와 뒤섞였고, 기독교 신자들 사이에서 국가 정체성에 대한 당대의 생각과 공명할 수 있는 방식으로 적용되었다. 국가에 쓸모 있을 의미 있는 서사들이 신화적 자료, 즉 영광스러운 과거에 대한 생각, 영토, 종교, 이데올로기, 식민지에 대한 야심을 뒷받침하거나 역사적 결정을 정당화하기 위해 그럴듯하게 설명된 모든 이야기로부터 파생되었다.

　새로운 국가 교육 및 문화 기관의 설립은 의미 있는 건축물, 공공 전시회, 국가 대회 등과 함께 이러한 새로운 신화적 서사와 그에 연상되는 이미지가 사람들 사이에 자리 잡고 익숙해지는 데 도움이 되었다. 또, 한 민족의 고대 기원을 나타낸 그 표상들에 역사적으로 한 치의 오차도 없다는 것을 따로 증명할 필요도 없어 보였다. 예를 들면, 실제로 프라하를 세운 인물이 리부셰 여왕이든 아니든 도시 곳곳에는 그녀의 동상이 들어섰고, 체코 학교에서는 그녀의 이야기를 가르쳤다. 결국은 진실로 받아들여진 것이었다.

　리부셰의 이야기에서든, 실제로 성인의 반열에 올랐던 러시아·우크라이나 서사시 속 영웅 일리야 무로메츠Ilya Muromets(12세기의 수도사 일리야 페체르스키Ilya Pechersky와 허구의 영웅을 혼합한 것으로 보임)의 이야기에서든, 14세기 세르비아의 왕자 마르코 크랄레비치Marko Kraljević가 신성한 신분의 주인공으로 등장하는 다양한 민담에서든, 영웅을 만들어내고 그를 성자와 하나로 섞는 것은 동유럽 신화 특유의 특징이다. 현대에도 여전히 이와 유사한 과정이 개인 우상화의 기저를 이룬다. 유고슬라비아의 장기 집권자 티토Tito는 일생 동안(그리고 이후에도) 전설적으로 여겨졌다. 1973년 영화에서 리처드 버턴Richard Burton이 티토의 배역을 맡으면서 할리우드의 영화 제작자들에 의해 또 한 번 확인되었다.

　미솔로지Mythology라는 용어에는 하나 이상의 의미가 있다. 민담이나 동화 같은 구체적 출처가 있는 자료를 나타낼 뿐만 아니라, 신화에 대한 학술 담론인 신화─학mytho─logy을 나타내기도 한다. 후자는 언어학과 문헌학에 주도되기 쉬우며, 수십 년에 걸친 학제 간 연구는 옛 과거에서 신화가 맡았던 역할에 대한 이해와 현시대의 신화적 창작에 대한 이해를 크게 향상시켰다.

신화 연구에 대한 접근은 몇몇 방법론적 문제와 개념적 문제를 야기한다. 20세기 프랑스의 인류학자 장피에르 베르낭Jean-Pierre Vernant은 신화 형성의 임의적 특성과 맥락의 중요성을 강조했다. 예를 들어, 헬레니즘 시대에는 강력한 가문이나 왕조에 어울리는 기원 신화를 구성해주는 직업인 신화 편찬자mythographer가 존재했다.[7] 터무니없게 들리겠지만, 이것은 "여행을 다니던 신이 어떤 지방의 님프를 겁탈해서, 보시라!et voilà! 헤라클레스가 가문의 조상이었다" 같은 형식을 취할 수도 있는 것이다. 1960년 앨버트 로드Albert Lord가 민속학에 대한 주요 연구인 『이야기를 노래하는 사람』을 출간한 이후, 잘 짜인 작시법 몇 가지의 틀 안에서 즉흥적으로 이야기를 구성하는 기법이 심도 있게 분석되어왔다. 이 기법은 사회 권력층에 속하지 않고, 전통적으로 가장 잘 알려져 있으며 보편적인 오락이었던 신화 구연에도 적용될 수 있다. 장피에르 베르낭은 창작과 해석의 여지를 주는 신화를 종교와 정반대의 것으로 간주했다.[8]

이 책에 실린 신화의 대부분은 문화사에 기록된 신화의 새로운 버전 이야기를 곁들여 신화 작법mythurgy, 즉 신화 만들기가 어떻게 이루어지고 실행되는지 상기시킨다. 우리 저자들은 흥미로운 학술적 발견을 조명하고 신화의 기원을 탐구하는 에세이를 함께 제공함으로써 독자들이 자료의 다양한 관점에 관심을 기울이고, 어쩌면 예상 밖의 방식으로 신화를 감상하길 바란다.

1장

뱀파이어

뱀파이어 이야기

사람들은 그를 향해 방망이, 괭이, 도리깨, 갈퀴 등을 쉬지 않고 던졌다. 마지막으로 그의 입이 벌어지더니, 몸에 남은 최후의 숨이 토해졌다. 그 순간 그 속으로 검은 나비가 날아들었다.

사바 사바노비치Sava Savanović는 죽었다.

일단 지금으로서는.

세르비아의 바이나바슈타Bajina Bašta와 발레보Valjevo 사이에 놓인 도로에서 꽤 멀리 떨어진 한 시골에 구불구불한 로가치차Rogačica강을 따라 자리한 자로제Zarožje라는 마을이 있었다. 마을에서 조금만 더 걸어가면 자작나무 숲이 나왔고, 이 숲은 깊은 골짜기로 가파르게 이어져 있었다. 짙은 안개로 뒤덮인 계곡에는 물레방아 하나가 놓여 있었다. 아니, 남아 있다고 말하는 편이 더 나을지도 모르겠다. 이곳은 아주 더운 여름날에도 춥고, 해가 아주 밝게 빛나는 날에도 어두컴컴했다. 이 계곡은 울창한 숲, 무너진 큰 바위, 골짜기의 가장 아래쪽까지 애써 물줄기를 뻗어 내리는 구불구불한 개울로 엉겨 있었다. 계곡 기슭에 흐르는 물줄기는 반쯤 썩어빠진 물레방아를 밀어 움직이게 했다. 아마 물레방아가 멀쩡했던 시절에는 농가가 드문드문 있는 언덕 이편 꼭대기의 자로제 마을이나 언덕 저편 꼭대기의 오브치나Ovčina 마을의 곡물을 빻기도 했을 것이다. 그곳에는 검은 산사나무도 자라고 있었다. 여름이 오면 눈처럼 새하얀 꽃으로 뒤덮였고, 그 향기는 수백 마리의 나비를 불러들였다. 시간이 지나 겨울이 오면, 잎이 다 떨어진 앙상한 가지에 바늘에 찔려 피가 맺힌 모양처럼 동글동글하게 부풀어 오른 빨간 열매가 달렸다.

개울물이 들쑥날쑥한 바위 주변을 휘돌아 흐르면서, 생기지 않아야 할 곳에 소용돌이가 생겨났다. 밤이 되면 계곡은 칠흑같이 깜깜해졌고, 오직 쏙독새와 올빼미가 우는 소리, 저 멀리 늑대가 울부짖는 소리만이 어둠을 꿰뚫었다. 밤에는 늑대들조차 계곡에 들어갈 엄두를 못 냈다. 물레방아의 밑받침은 돌로 만들어져 있었는데, 돌은 마치 각자 원하는 방향으로 움직이고 싶은 것처럼 제각각의 각도로 엇갈려 있었다. 위쪽에 뿌리내린 오래된 나무는 모두 부식되어 있었다. 안쪽에는 맷돌이 놓여 있었고, 벽난로의 바닥을 이루는 돌에는 금이 가 있었다. 물레방아로 빻은 곡물을 보관하려고 지은 위층 다락에는 아무도 살지 않았다. 그러나 오래도록 방치되어 황량해진 이 방앗간에도 생명이 있는 듯한 환각을 일으키는 기묘한 움직임이 있었다. 한 해 내내, 썩어서 구멍이 숭숭 뚫린 내부 천장이 온통 새까만 생물들로 빽빽하게 덮여 있었다. 그 모습은 마치 펄럭이는 카펫 같았다.

나비들이었다.

방앗간이 방치되기 전, 자로제 마을과 오브치나 마을의 곡물을 빻던 시절의 이곳은 사바 사바노비치의 두 번째 죽음과 깊게 연결되어 있었다.

오브치나 마을의 사람들은 자로제 마을의 사람들이 건초용 갈퀴로 호두를 퍼 올리고, 버드나무에 물을 주며, 밭에 소금을 뿌린다고 말했다. 자로제 마을의 사람들은 오브치나 마을의 사람들이 나무판자를 잡아 늘이는가 하면, 뜨거운 석탄을 맨손으로 나르고, 이쑤시개가 떨어지면 도끼를 들고 숲으로 들어가곤 한다고 말했다. 각 마을의 지도자인 두 크메트kmet는 서로 일가뻘이었지만(그들도 정확히 어떤 관계인지는 알지 못했다), 이 사실이 두 마을 사람들의 관계를 개선하지는 못했다.

두 마을이 서로를 무시하고 다투느라 바쁘다 보니, 세대에 세대를 거치는 동안 사바 사바노비치의 이야기는 잊히고 말았다. 사바 사바노비치가 죽고 뱀파이어가 되기에 충분한 시간이었던 90년 동안 살아 있는 사람은 마을에 단 한 명뿐이었다. 미랴나Mirjana 아주머니는 거의 한 세기를 살았지만, 이제는 눈도 멀고 귀도 잘 들리지 않아 아는 것보다 모르는 것이 더 많았다. 그녀는 자식과 손주, 조카와 그 자식, 집 앞에 불쑥 나타난 아이 여럿을 길러왔는데, 그 가운데 하나가 이제 막 성년이 되는 스트라히냐Strahinja였다.

스트라히냐에게는 직계 가족이 없었기 때문에 미랴나가 그의 첫 수염이 날 때까지 미랴나가 그를 키웠다. 이후 스트라히냐는 스스로 밥벌이를 하기 위해 집을 나섰다. 그는 미랴나 아주머니의 집 근처에 있던 계곡의 반대편으로 떠났다. 그곳에서 오르치나 마을 출신의 남자들 무리에 견습생으로 들어갔다. 남자들은 부유한 사람들의 집을 짓기 위해 멀리 베오그라드Belgrade까지 다니는 숙달된 목수였다. 스트라히냐는 무리와 함께 여행을 다니고 일을 배우며 그들의 동생 같은 존재가 되었다. 자로제 마을 출신이라는 이유로 허다한 놀림을 견뎌야 했지만, 남자들은 점점 스트라히냐를 예뻐하며 그가 진정한 어른이 될 수 있도록 도와주었다.

자로제 마을로 돌아온 스트라히냐는 자신의 유일한 유산인 오두막을 수리하기 시작했다. 마을 맨 끝자락에 놓인 오두막은 폐허와 다름없었다. 심지어 주민들은 숲이 우거진 골짜기와 너무 가까이 있다는 이유로 오두막을 좋아하지 않았다. 스트라히냐는 오두막을 살기 좋은 상태로 되돌리기 위해 매일같이 부지런하게 움직였다. 그는 사바 강가에 사는 사람들과 함께 일하던 목수, 석공의 권유에 이끌려 점토 담뱃대를 피우기 시작했다. 이를 본 마을 주민들은 어린 청년이 참 특이하다고 생각하곤 했다.

한창 오두막을 수리하고 있던 어느 날, 그의 눈앞에 자로제 마을 크메트의 딸인 라도이카Radojka가 나타났다. 그녀의 얼굴은 싱그럽고 아름다웠으며, 밝고 온화했다. 머리칼은 엷은 황갈색이었고, 피부는 우유처럼 뽀얀 하얀색이었다. 스트라히냐와 라도이카는 서로에게 끌렸다. 라도이카의 아버지 지반 두슈만Živan Dušman은 수 세대에 걸쳐 마을을 이끌어온 자로제에서 가장 영향력 있는 인물이었다. 출렁거리는 뱃살과 억세고 까칠까칠한 콧수염이 난 그는 성질이 급했고 화를 잘 냈다. 또 라키야rakija(과일을 발효시킨 증류주―옮긴이)와 싸움을 좋아했다. 두슈만은 자신의 하나뿐인 딸도 자신만큼 위엄 있고 훌륭한 사람과 결혼하기를 바랐다. 그가 보기에 스트라히냐는 다 허물어진 오두막을 수리하고, 수상쩍은 동료들과 여행을 다니고, 기묘한 담뱃대로 흡연을 하는 별것 없는 사내였다.

두슈만은 라도이카와 스트라히냐의 만남을 반대했다. 그는 라도이카가 스트라히냐의 이름을 언급할 때마다 거대한 주먹으로 바닥을 쾅 내리쳤다. 또 라도이카를 향해 호통을 치며 그녀를 방에 감금하기도 했다.

하지만 두슈만이 그러면 그럴수록 라도이카는 더욱더 스트라히냐의 품으로 달아나고 싶어 했다.

어느 날 라도이카가 자작나무 숲 옆에서 양떼를 지켜보고 있는데, 뒤쪽에서 소리가 들렸다. 그녀가 뒤돌아보니 스트라히냐가 담뱃대를 물고 빙그레 웃으며 나무 뒤에서 살짝 몸을 내밀고 있었다.

"라도이카, 그대가 나를 사랑할 수 있을까요?"

"솔직히 제 생각은 그렇지만…."

그녀가 부끄러워하며 말을 이었다.

"우리 사랑은 절대 이루어질 수 없을 거예요. 아버지는 제가 당신 이름만 들먹여도 호통을 치고 매질을 하세요. 가끔은 생명의 위협을 느낄 정도죠. 며칠 전 제가 사촌에게 당신 이야기를 하는 걸 아버지가 들으셨어요. 방문을 벌컥 열고 들어오셔서는 벽에 달린 장식을 모조리 밟아 박살을 내버렸죠. 전에 어떤 양치기가 조각해준 나비 모양의 예쁜 나무 골동품도 불 속으로 던져버리셨어요."

스트라히냐의 얼굴에서 미소가 사라졌다.

"우리 같이 도망칠까요? 아무도 찾지 못할 머나먼 곳으로 말이에요."

라도이카가 고개를 저었다.

"아버지가 우릴 추적해낼 방법을 찾을까 무서워요. 아버지는 너무나도 난폭하고 분노로 가득 찬 분이에요. 저는…. 저는 우리가 만나지 않는 게 최선이라고 생각해요."

스트라히냐의 눈에서 눈물 한 방울이 떨어졌다. 눈물은 그의 뺨을 타고 흘러내리다가 그가 물고 있던 담뱃대를 따라 미끄러졌다. 그러고는 지글거리는 소리와 함께 담뱃불을 꺼트렸다.

"라도이카, 당신의 뜻을 받아들일게요. 그대를 사랑하는 마음으로 말이죠. 하지만 그건 내가 그대와 결혼하는 데 부족함이 없는 사람이라는 걸 증명할 수 있을 때까지만이에요. 그대의 아버지에게 내가 좋은 사람이라는 걸 증명하겠어요. 그것마저 안 된다면 그분과 상대할 다른 방법을 또 찾아야겠죠. 그때까지 잘 지내요."

말을 마친 스트라히냐는 자작나무 숲속으로 사라졌다. 양떼와 함께 덩그러니 남게 된 라도이카는 슬픔, 그리움, 걱정으로 마음이 울렁거렸다.

사실 스트라히냐에게는 아무런 계획도 없었다. 그저 자신 때문에 괴로워하는 라도이카를 보는 것이 견딜 수 없이 힘들었다. 같은 마을에 살면서 그녀가 다른 사람과 결혼하는 모습을 보는 것은 상상만 해도 끔찍했다. 깊게 낙담한 그는 어떻게 해야 할지 막막했다. 자로제에 남아 있고 싶지도 않았고, 어디로 가야 할지도 몰랐다. 멀리 떠나 그녀를 잊어야 하나 싶었지만, 그의 마음은 도저히 그럴 수가 없었다. 스트라히냐는 일단 오브치나에 가서 목공, 석공 동료들을 만나기로 결심했다. 아이디어를 구해 좋은 계획을 세울 때까지 친구들 곁에서 머물 생각이었다.

마무리가 덜 된 오두막으로 돌아온 스트라히냐는 집을 얼마나 오래 비우게 될지 알 수 없었다. 그는 여벌 옷 한 벌, 담뱃대, 담배쌈지, 따뜻한 양가죽 조끼, 칼 등을 챙겨 작은 짐을 꾸렸다. 땅거미가 질 무렵, 자작나무 숲이 만들어낸 쭉 뻗은 어둠이 집어삼킨 비탈길을 따라 내려가기 시작했다.

젊고 건장한 스트라히냐에게도 어두운 밤의 골짜기가 풍기는 분위기는 무서웠다. 자로제 마을과 오브치나 마을을 잇는 길은 따로 없었다. 그저 가파른 비탈을 따라 계곡으로 이어지는 ─사람들도 잘 이용하지 않는─ 구불구불한 오솔길을 내려가야 했다. 로가치차강의 폭이 좁아지는 부분을 가로지른 다음, 완만하고 반들반들한 바위투성이인 반대편 비탈을 오르면 오브치나에 도착할 수 있었다. 길을 내려가면 내려갈수록 공기가 차가워졌다. 여름이었음에도 불구하고 스트라히냐의 몸은 벌벌 떨렸다. 그는 양가죽 조끼를 걸쳐 입고 다시 길을 나섰다. 강에 가까워진 그는 또다시 한기를 느끼고는 몸을 떨었다.

시야 아래쪽으로 강이 들어오던 순간, 그는 단단히 고정되지 않은 돌을 밟고 미끄러졌다. 스트라히냐는 남은 길을 반쯤 떨어지듯 내려와 단단한 것에 세게 부딪혔다. 버려진 낡은 물레방아의 받침돌이었다. 스트라히냐는 자신이 어디에 있는지를 깨닫고 몸서리를 쳤다. 그는 어렸을 때부터 이 방앗간과 물레방아에 대한 괴담을 들어왔지만, 그때마다 늘 대수롭지 않게 여겼다. 하지만 무언가 이상했다. 목수들의 견습생 시절, 자로제에서 오브치나를 오갈 때는 물레방아가 보이지 않았는데, 어떻게 지금 이곳에 이르게 되었는지 알 수 없었다. 더구나 야밤에, 이렇게 가까이 마주한 것은 처음이었다. 고집스럽게도 논리적인 머리를 제외하고, 몸의 모든 감각이 목숨을 걸고 달아나라고 말했다. 하지만 영리한 스트라히냐는 아무리 어두워도 고작 버려진 구조물을 무서워할 이유는 없다고 판단했다. 늑대나 곰이라면 몰라도, 비어 있는 건물은 두려워할 대상이 아니었다.

그는 마음을 굳게 먹고는 자리에서 일어났다. 옷에 묻은 흙을 털고 다시 걸음을 재촉했다. 방앗간에서 적당히 멀어지고, 올빼미와 쏙독새와 매미의 울음이 다시 야상곡을 연주하기 시작하고 나서야 스트라히냐는 생각했다. 방앗간 옆이 쥐죽은 듯 아주 고요했다고 말이다.

밤이 되고, 강여울을 찾기가 어려워졌다. 스트라히냐는 혼자 중얼거렸다.

"하룻밤 푹 자고 아침에 출발할 걸 그랬군."

이윽고 여울을 찾은 스트라히냐는 마을을 잇는 오솔길에서 얼마나 벗어나 있었던 건지 궁금해졌다. 곧 다시 길을 찾은 그가 계곡의 반대편을 오르는 데는 그리 오래 걸리지 않았다. 계곡 근처는 크고 둥그스름한 바위들로 뒤덮여 있었는데, 마치 고대 거인들이 서로에게 거대한 바위를 내던지며 싸운 전장처럼 보였다. 그 충돌로 땅이 갈라져 틈이 생기고 골짜기가 패이고 밑바닥에서 강이 솟아오른 것처럼 말이다. 스트라히냐는 오브치나 변두리에 있는 선술집의 불빛을 발견했다. 그 너머로 옹기종기 모인 집들을 발견하자 마음이 놓였다.

선술집 문을 열고 들어선 그의 모습은 초췌했다. 옷은 흙투성이에 얼굴은 땀으로 범벅이 되어 있었다. 선술집 안에는 스트라히냐의 친구들이 모여 있었고, 그들은 아끼는 동생의 귀환을 두 팔 벌려 환영했다. 마을 사람들은 스트라히냐에게 담배와 크바스_{kvass}(곡물을 발효시켜 만드는 맥주─옮긴이) 한잔을 권했다. 그러고는 어쩌다 하루의 끝자락에 닿아서야 이곳에 오게 되었는지 말해보라고 했다. 스트라히냐는 힘겹게 의자에 앉아 크바스를 들이키고는 담뱃대에 불을 붙였다. 이후 자신이 왜 이토록 절망하고 있는지, 자신과 라도이카가 이루어질 수 없는 이유가 무엇인지 들려주었다. 그의 말을 들은 친구들은 모두 안타까워했다. 그때 친구 중 한 명이 아이디어를 냈다.

"그 라도이카라는 여인을 납치하면 어떤가? 딸이 납치된 걸 알면 지반 두슈만이 틀림없이 힘깨나 쓰는 패거리를 이끌고 우릴 찾아올 테니, 그때 시원하게 한판 뜨면 될 것 같은데."

선술집에 있던 모든 이가 기꺼이 싸우려고 했지만, 스트라히냐는 조용히 고개를 저었다.

"아니, 그건 안 돼. 나 때문에 누가 다치는 건 싫어. 친구들, 내가 나의 진가를 증명할 수만 있다면 두슈만이 나를 있는 그대로 받아들여줄 거야. 그럼 이 모든 것이 평화롭게 해결되겠지. 내가 무언가를 해내기만 하면 될 텐데⋯."

스트라히냐의 친구들은 오래도록 열심히 고심했다. 그들은 벽난로의 불을, 그 오렌지색 덩굴손의 춤을, 흐늘흐늘한 흰 연기를, 타다 남은 불씨의 떨림을 바라보았다. 시간이 흐르고, 힘이든 덩치든 사내 둘 몫은 할 법한 선술집 여주인이 스트라히냐에게 물었다.

"뭐라도 좀 드시겠어요?"

"아, 빵이나 좀 주시겠어요?"

"빵이라⋯. 그게 유일하게 공급이 잘 안 되는 음식이에요. 가장 가까운 방앗간도 걸어서 한 시간이 걸리거든요. 특별한 행사가 있는 날이 아니면 우리는 빵을 잘 안 먹어요. 말린 고기나 수프는 드릴 수 있지만, 빵은 없네요."

스트라히냐가 알기로, 자로제 마을에서는 오브치나 마을과 반대 방향으로 더 가야 나오는 마을에서 곡물을 빻았다. 그곳은 당나귀의 힘으로 방아를 돌렸는데, 가격이 더 비싼데도 불편했다. 하지만 그 마을의 주식은 여전히 빵이었다. 보아하니, 이곳은 그렇지 않았다. 스트라히냐가 물었다.

"저기 저 계곡에 있는 방앗간은요?"

여주인이 대답했다.

"물레방앗간을 말하는 건가요? 그곳은 모르는 게 더 나을 거예요. 저희 할머니 때부터 쓰지 않았다고 하더라고요. 제가 알기로는 웬 유령이 괴롭힌다는데⋯. 저희도 그 방앗간을 다시 써보려고 맡아줄 사람을 고용한 적이 있는데요. 맷돌도 그대로 있고 물레방아도 쓸 만하게 손질되어 있었대요. 하지만 일꾼 세 명이 모두 방앗간 일을 시작하고 얼마 안 있어 병에 걸려 죽어버렸어요. 분명히 건강하고 기운이 넘치는 분들이셨는데…. 정말 그곳의 공기에 독이 있거나, 돌 사이에 유령이 있을지도 몰라요. 글쎄요, 유령에게서 그 물레방앗간을 되찾고 자로제와 오브치나 마을을 위해 곡식을 빻겠다는 일꾼이 있다면 분명 두 마을의 크메트가 후한 대가를 치를 거예요. 방앗간에서 일하며 벌 수 있는 돈보다 훨씬 더 많은 대가를 말이죠. 물론 원래도 보수가 좋은 일이긴 하지만요."

스트라히냐의 눈이 반짝였다. 그는 넌지시 말을 꺼냈다.

"혹시 제가 방앗간을 되찾아보면 어떨까요?"

그의 친구들은 언짢은 표정으로 반대했다. 그 일은 위험해 보였고, 사랑하는 동생이 목숨을 건다는 것이 탐탁지 않았다. 하지만 스트라히냐는 매우 단호했다. 그를 만류할 방법이 없었다. 그가 생각한 대로, 방앗간을 되살린다면 두 마을 모두 편리해지는 데다 상당한 대가를 받을 수 있을 것이다. 그뿐만 아니라 지반 두슈만에게 자신의 용기와 가치도 보여줄 수 있었다. 그것은 스트라히냐가 가진 최선이자 유일한 계획이 되었다. 다음 날 스트라히냐는 계곡으로 다시 출발했다. 여전히 춥긴 했지만 그래도 해가 떠서 덜 무서웠다. 오브치나 마을 친구들도 방앗간을 되살리기 위해 필요한 장비들을 챙겨 함께 내려갔다.

방앗간의 나무 문을 걷어차자, 갑작스러운 소란에 항의라도 하듯 벌레들이 쏟아져 나왔다. 벌레를 제대로 볼 겨를도 없이 스트라히냐의 친구들은 펄쩍 뛰며 뒤로 물러났다. 아주 많은 벌레가 박쥐 같은 소리를 내며 움직였다. 처음에는 검은 나방이라고 생각했지만 빛도, 온기도 없는 건물 안에 이토록 많은 나방이 있다는 것은 불가능한 일이었다.

방앗간 내부는 바깥에서 보는 것보다 상태가 괜찮았다. 돌로 만들어진 아래층과 나무로 된 주요 구조물은 마치 오랫동안 물에 떠 있던 익사한 송장처럼 곳곳이 벗겨지고 있었지만 뼈대만큼은 아직 단단했다. 안쪽 물레방아 바퀴는 멈춰 있었는데, 막힌 부분을 치우자 다시 돌기 시작했다. 맷돌 옆에는 안 쓴 지 오래된 금 간 벽난로와 나무로 된 침대 틀과 눅눅하고 여기저기 뜯긴 담요가 놓여 있었다. 쥐들의 뼈도 사방으로 흩어져 있었지만, 그래도 건물은 그럭저럭 온전했다. 침대 위쪽 나무 벽면에는 아주 가느다란 침들이 어떤 형태를 이루듯 튀어나와 있었다. 기묘해 보이긴 했으나 그들의 주의를 끌 정도는 아니었다. 한때 곡물 자루들이 놓여 있었을 나무 다락에 오르내리는 용도의 사다리는 가로대 몇 개가 빠져 삐걱거리기는 했지만 수리는 가능해 보였다. 지붕도 물이 새는 곳은 있었지만 고칠 수 있어 보였고, 전체적으로 문제가 많기는 했지만 여기저기 손만 보면 방앗간이 제대로 가동할 것 같았다. 스트라히냐의 친구들은 밀 한 자루를 가져왔다. 무리 중 한 명이 곡식을 채우고 맷돌을 조절해 제분하는 과정을 보여주었다. 친구 중 몇 명이 스트라히냐 곁에 남아 방앗간을 손보는 동안, 친구 두 명은 스트라히냐가 방앗간을 재운영할 것이라는 소식을 알리기 위해 각각 자로제와 오브치나로 떠났다.

남은 이들은 벽난로를 깨끗이 치우고 얼어붙은 공간을 덥히기 위해 불을 지폈다. 안개가 낮게 드리운 것처럼 싸늘했다. 이윽고 소식을 전하러 갔던 친구들이 돌아와 말했다.

"방앗간을 다시 운영한다고 말하니 지반 두슈만도, 오르치나의 크메트도 깜짝 놀라더군. 둘 다 무척 기뻐했어. 자네가 방앗간을 계속 맡아준다면 방앗간 일꾼이 받는 급료의 1.5배를 주겠다고까지 했지. 두 마을의 크메트 모두 그렇게 말했네."

이는 스트라히냐가 보통 방앗간 일꾼이 받는 급료의 세 배는 받을 수 있다는 뜻이자, 이곳에 남아 계속 방앗간을 관리한다면 지도층이 될지도 모른다는 뜻이었다. 스트라히냐는 이 소식, 특히 지반 두슈만이 자신이 하려는 일을 인정했다는 소식에 자신감을 얻었다. 자신의 계획을 밀고 나가겠다는 결심은 그 어느 때보다 강해졌다. 자로제 마을과 오브치나 마을에서 각각 큰 곡물 자루 하나가 도착했다. 스트라히냐가 그 곡물을 갈아 가루로 만든 뒤, 다음 날 아침 각 마을의 크메트에게 가져간다면 그는 분명 자신의 능력을 인정받을 수 있으리라.

해가 지기 전, 친구들은 그에게 조심하라고 일렀다. 그들은 이전에 방앗간에서 일하다 죽은 세 사람이 왜 갑자기 병에 걸렸는지 알지 못했지만, 어린 스트라히냐가 세 사람과 같은 운명이 되지 않기를 바랐다.

"내일 아침에 다시 돌아올게. 너에게 별일은 없는지 확인도 해야 하고 곡물 가루도 마을로 날라야 하니까. 아, 나방 분비물로 덮인 지붕도 원래대로 복구해야겠군."

그들은 스트라히냐에게 권총 두 자루와 터키 은화 몇 닢도 빌려주었다.

"이 총에는 납으로 만든 총알을, 다른 총에는 은화를 장전하도록 해. 은화는 너무 물러서 사람을 죽일 수 없지만 죽은 자에게는 분명 고통을 줄 거야."

친구들은 불안해 보였고 해가 지기 전에 떠날 생각이었다. 스트라히냐는 속으로는 친구들이 함께 있어주길 바랐지만, 그렇다고 그들을 붙들고 싶지도 않았다. 얼마 지나지 않아 친구들은 떠났고, 그는 작업을 시작해야 했다. 완전히 혼자인 채로 말이다.

스트라히냐는 일을 시작했다. 먼저 맷돌에 제분할 곡물을 넣었다. 곡식이 두 자루뿐이라 일은 금세 마무리되었다. 자루가 갓 제분한 가루로 채워지는 동안, 그는 불을 때고 장작 몇 토막을 들고 난로 앞으로 갔다. 사람이 누워 있는 모양으로 장작을 내려놓더니 어디선가 여기저기 다 뜯긴 담요를 가져와 장작이 보이지 않도록 그 위를 덮었다. 불이 밤새 견딜 수 있도록 벽난로 안에 통나무를 더 집어넣은 뒤, 방금 피운 담뱃대를 난로 위 선반에 올려놓고 가로대가 듬성듬성한 사다리를 타고 다락 위로 올라갔다. 다락에서는 방앗간 1층의 주요 공간이 훤히 내려다보였다. 물레방아가 돌아감에 따라 맷돌은 서서히 곡물을 빻았고, 벽난로에서는 불꽃이 타올랐다. 난로 앞에는 담요를 덮고 잠든 사람처럼 보이는 형태가 있었고, 스트라히냐는 총 하나에는 납으로 만든 총알을, 다른 하나에는 은화를 장전했다. 벨트에 사냥용 칼이 꽂혀 있는지도 확인했다. 그런 다음 다락에 배를 깔고 엎드려 쏟아지는 잠과 싸우면서 망을 보았다.

스트라히냐와 라도이카 사이에 사랑이 싹트기 90년 전, 자로제 마을에는 명망 있는 가문 출신의 일꾼 한 명이 방앗간을 맡고 있었다. 그의 이름은 사바 사바노비치로, 마을에서 부유한 축에 속했다. 사바의 할아버지는 크메트이자 사바가 일하는 방앗간을 지은 사람이었다. 사바의 동생 스탄코Stanko는 일찍 결혼해 많은 아이를 낳았다. 그는 가업을 물려받아 가축을 사고팔며 마을 사람들과 잘 어울려 살았다. 하지만 좀 특이했던 사바는 사람들이 쑥덕거릴 정도로 오랜 시간을 미혼으로 지냈다. 사바의 나이가 많은 편은 아니었지만 더는 젊지도 않았다. 대다수의 남자가 아내를 맞는 나이를 훌쩍 넘겼다. 그는 키가 과하게 컸고, 몸은 너무 말라 있었으며, 얼굴은 지나치게 창백했다. 어쩌면 사바는 잘생긴 것과 거리가 멀어 결혼을 못 했을지도 모른다. 또 급한 성미와 라키야와 떼려야 뗄 수 없는 사이라는 점도 문제였다. 다만 뒤에 언급한 조건들은 세르비아의 촌구석, 숲이 빽빽이 우거진 불모지에 사는 덜 신사적인 '신사들'의 특징으로 볼 수도 있었다.

사바의 부모님은 신붓감을 데려오라며 사바의 신경을 긁었다. 마을 선술집에서 만난 남자들은 그가 마늘을 너무 많이 먹어서 다가오는 여자가 없는 것이라고 짓궂은 농담을 했다. 사바가 방앗간 난롯가에 앉아 나방과 나비를 수집하는 데 푹 빠져 있을 때면, 어린 소년들이 몰래 다가가 그를 염탐하기도 했다. 사바는 나방과 나비를 잡아 가슴 바로 아래 부위를 찔러 죽였는데, 최소치의 숨통 조이기 같은 것이었다. 그런 다음 맷돌에서 멀리 떨어진 난롯가 침대 위쪽에 있는 나무 벽에 뾰족한 침으로 꽂아두었다. 사바가 외출하고 나면 마을 소년들은 방앗간 앞에 모였다. 그들은 들어갈 테면 들어가보라며 호기롭게 달려들기도 했고, 나방과 나비를 꽂아 만든 벽면의 모자이크에 감탄하기도 했다.

사바는 행복하지 않았다. 행복할 일이라고는 아무것도 없었다. 그에게 행복은 달성할 수 있는 목표로 보이지 않았다. 그의 말에서도 '행복'은 거의 들을 수 없는 단어였다. 아마 그는 자신에게 주어진 몫에 만족했을 것이다. 골짜기 양쪽에 있는 두 마을을 위해 곡식을 빻고, 자신의 수집품을 정리하고 돌보며, 담뱃대를 피우고 라키야를 홀짝거리거나, 그렇지 않으면 그저 흘러가는 생각에 맡기는 삶. 하지만 나머지 세상, 즉 가족과 자로제 마을 주민들은 사바를 편안히 두지 않았다. 대놓고 말을 하지는 않았지만 그는 어딘가 이상하다고, 자연법칙에 어긋날 정도로 곤충과의 사랑에 집착하고 있다고 비난했다. 사바가 생각하기에 사람들을 진정시킬 수 있는 유일한 방법은 몽땅 죽여버리거나(비현실적으로 보이지만), 아내를 얻는 것이었다. 그래서 사바는 결혼을 결심했다.

문제가 있다면 마을이 작고 사바의 결혼 상대에 알맞은 미혼 여성이 거의 없다는 점이었다. 그 얼마 안 되는 여성마저도 방앗간 일꾼의 아내가 되는 것에 아무런 흥미가 없었다. 설령 수입이 좋다고 해도 사바는 좀 이상한 사람으로 여겨졌고 실제로 마늘 냄새가 심하게 나기도 했다.

그나마 가능성이라면 미라Mira라는 이름의 어린 처녀가 유일했는데, 솔직히 말해 그녀는 아직 혼기가 찬 나이도 아니었다. 다만 여태 결혼을 못 했다는 이유로 사바를 놀리거나 비웃은 적이 한 번도 없었다. 아직 너무 어려서 그런지 남자를 결혼의 관점에서 바라보지 않았기 때문에 사바에게 큰 거부감을 갖지도 않았다. 그녀의 아버지 마티야 두슈만 Matija Dušman은 사바의 동생 스탄코에게 가축을 조달하는 사람 중 한 명으로, 마을에서 가장 많은 가축을 키우는 목양업자이자 크메트였다.

사바는 미라에게 구애를 시작했다. 젊은 남자가 젊은 여자에게 하는 일반적인 방식은 아니었다. 그녀가 양을 돌보는 시간이면 둘은 들판에 함께 앉아 구름이 어떤 모양인지, 어떤 양과 닮았는지 이야기를 나누었다. 사바의 주머니칼로 나무 조각에 나비를 조각하기도 했다. 미라의 아버지는 걱정과 혐오가 뒤섞인 눈빛으로 사바를 지켜보았다. 저렇게 나이 많고 이상한 남자가 어린 여자와 함께 있는 걸 두고 누가 좋게 보겠는가? 사바는 자신이 미라를 사랑하는 것 같다고 생각했지만 확신할 수는 없었다. 그도 그럴 것이 그의 삶에서는 사랑이라는 단어가 쓰인 적이 없었다. 사바가 사랑에 대해 어렴풋이 아는 것이라고는 일요일마다 듣는 신부의 설교, 그러니까 전혀 같은 유형의 사랑으로 보이지 않는 것, 기사와 공주가 나오는 서사시에서 들은 것이 전부였다. 사바는 그저 미라와 함께 있을 때 마음이 편안하다는 것을 깨달았을 뿐이다. 하지만 그건 다른 사람들이 그들의 견해를 강요하기 전까지였다. 마리와의 결혼을 반대하는 사람들이 생겨난 시점부터, 사바는 결혼하라고 압박받던 때보다 훨씬 더 불편해졌다.

어느 따사로운 여름날, 사바는 미라와의 만남을 기대하며 쌀쌀하고 응달진 계곡에서 나와 볕이 좋은 들판으로 향했다. 그는 주머니칼과 얼마 전 깎기 시작한 산사나무 조각도 챙겼다. 사바는 나무를 나비 모양으로 조각해 마리에게 선물할 생각이었다. 산사나무는 무척 단단했지만 사바는 가느다란 팔다리와 누렇게 뜬 얼굴에 비해 힘이 좋았다. 자신의 사랑을 보여주는 이 나비가 영원하리라고 믿었다. 집에서 깎기 시작한 나무를 토막 형태로 만들고, 언젠가 나비의 복부 끝이 될 밑부분을 뾰족하게 다듬었다. 이제 계획한 대로 미라의 옆에 앉아 어떤 것이든 그녀가 가장 아름답다고 생각하는 날개 무늬를 고르게 해서 조각하기만 하면 되었다.

그러나 숲이 우거진 골짜기의 끝자락에 다다라, 생기 넘치는 태양 아래 목초지가 펼쳐지던 그때 사바의 동생이 나무 뒤에서 걸어 나왔다. 스탄코는 근심스러운 표정을 지으며 사바에게 다가갔다.

"형, 나 할 말이 있어. 마을 사람들이 형보고 양치기 처녀를 찾아가지 말래. 그 여자의 아버지는 형이 자기 딸에게 구애하는 걸 원하지 않아. 형이 너무 늙었고 이상하대. 한 번만 더 그 여자에게 접근하면 사람들은 형을 해치고 내쫓을 거야. 지금 이 순간에도 그 여자의 아버지랑 농장 일꾼들이 숨어서 기다리고 있어. 형이 가까이라도 가면 바로 달려들어서 쫓아내려고. 이건 함정이야, 형. 정말 유감이야."

사바의 표정에는 변함이 없었다. 그는 그저 동생을 향해 고개를 끄덕이고는 목초지로, 그녀를 만날 수 있는 방향으로 걸어갔다. 스탄코가 사바의 뒷모습에 대고 계속 소리쳤지만 아무런 소용이 없었다. 사바는 계속 걸었다. 스탄코가 형을 도로 데려오려고 해봤지만, 사바는 동생 쪽으로 돌아서더니 주머니칼을 꺼내 그의 가슴에 박아 넣었다. 스탄코의 몸에 떨림이 멈추고 힘이 풀릴 때까지 그를 따스한 풀밭에 눕히고 꼼짝도 못 하게 눌렀다. 사바는 동생의 피를 뒤집어쓴 채 미라를 향해 걸음을 재촉했다. 그는 미라를 자신의 하나뿐인 진정한 사랑이라고 확신하고 있었다.

목초지에는 육지에 갇힌 파도처럼 생긴 산등성이가 있었다. 그 반대편은 미라의 아버지의 땅으로, 곳곳에 양이 돌아다니고 있었다. 창백하고, 수척하고, 삐쩍 마른 사바는 한 손에는 산사나무 나비 조각을, 다른 한 손에는 피가 뚝뚝 떨어지는 칼을 들고 산등성이 정상으로 걸어갔다. 미라는 그가 오는 방향에 등을 보이고 앉아 양떼를 보고 있었기 때문에 피로 얼룩진 사바가 다가오는 것을 알지 못했다. 사바는 불쑥 나타나 그녀의 햇빛을 가리며 말했다.

"나랑 좀 걷자."

미라는 그와 보내는 묘한 시간을 즐겼으므로, 몸을 돌려 미소를 띠었다. 하지만 그때 그녀의 눈에 들어온 건 선혈을 뒤집어쓴 사바의 모습이었다. 그녀는 비명을 지르며 도망쳤다. 사바가 미처 따라가기도 전에 남자 네 명이 그를 둘러쌌고, 그중 한 명은 미라의 아버지였다. 사바는 마리를 해칠 의도가 없었지만, 골짜기 끝자락에 있는 생생하고 김이 모락모락 나는 동생의 시신을 본 남자들은 그를 저지할 수밖에 없었다.

남자들은 일제히 사바에게 달려들어 각자 손에 들고 있던 것으로 공격을 퍼부었다. 그들은 군인이 아니었기 때문에 마땅한 무기가 없었다. 하지만 고작 일할 때 쓰는 연장도 어떤 마음으로 휘두르느냐에 따라 무기가 되기도 한다. 그들은 지팡이, 나뭇가지, 괭이, 도리깨, 삽을 들고 사랑을 주기만 하고 받지는 못한 것이 자신의 유일한 죄라고 생각하는 가련한 사바 사바노비치를 매질했다. 사바 역시 네 남자와 격렬하게 싸웠고, 산사나무 조각의 뾰족한 끝을 미라의 아버지인 마티야 두슈만의 가슴에 박아 넣어 치명적인 부상을 입혔다. 나머지 사람들은 사바의 몸이 터지고 부러져 몸 안보다 밖에 더 많은 피가 흐를 때까지 그를 때렸다.

사바가 몸이 뒤틀린 채로 죽어가며 마지막 숨을 꺽꺽거리는 순간, 검은 나비가 나타났다. 그를 죽인 사람 중 누군가는 나비가 그의 입에서 나왔다고 생각했고, 다른 누군가는 입으로 날아들었다고 생각했다. 또 다른 누군가는 그건 나비가 아니라 검은 나방, 날개에 해골 무늬가 있는 박각시나방이라고 주장했다. 하지만 이는 훗날 겨울밤에 선술집에서 라키야를 마시며 젊은이에게 들려주는 이야기에 덧붙인 곁가지일 뿐, 중요한 것은 아니었다. 그들은 그냥 죽은 자는 죽은 자일 뿐이라고 생각했다.

사람들은 스탄코의 시신을 마을 공동묘지에 묻었다. 며칠 후, 마티야 두슈만도 세상을 떠났다. 선하지만 무능한 의사가 사바가 입힌 상처의 출혈을 멎게 하지 못했던 것이다. 몇 주가 지난 뒤 미라가 양들을 데리고 목초지로 돌아왔을 때, 그녀는 높이 자란 풀밭에서 이상한 모양의 무언가를 발견했다. 몸을 숙여 살펴보니, 나비라고 해도 될 법한 나무조각이었다. 산사나무로 만들어진 나비 조각에는 거무스름하고 끈적거리는 광택제가 발라져 있었다. 조각에 비해 광택제를 바르는 실력은 형편없어 보였다. 미라는 그것을 만든 사람이 사바라는 사실을 몰랐다. 그녀는 조각을 집에 가져가서 침대 머리맡에 있는 나무 벽에 길고 가는 못으로 고정시켰다.

묻어줄 가치도 없는 사바의 시신은 물레방앗간에서 그리 멀지 않은

곳에 가지를 넓게 펼친 느릅나무 옆, 계곡의 개울이 가장 급하게 꺾이는 자리의 얕은 구덩이에 묻었다. 이윽고 방앗간은 버려졌고, 저주받은 곳으로 소문나 모두에게 외면당했다. 이따금 치기 어린 도전장을 주고받는 소년만이 발을 들였고, 한번 들어간 소년은 다시는 밖으로 나오지 못했다. 물레방아는 움직임을 멈추었고, 제 계절이 아닐 때조차도 모여드는 나비들의 기이한 증식만이 생명의 유일한 신호였다. 그 외에는 죽은 공간이나 다름없었다.

사람들이 더 깊은 구덩이를 골랐더라면 좋았을 것을….

스트라히냐는 잠이라 불리는 유령과 사투를 벌였다. 벽난로의 바닥 돌 위로 불이 조용하게 날름거렸고, 길고 피곤한 하루를 보낸 그는 눈을 감지 않으려고 허우적댔다. 밤에 무슨 일이 일어날지 감도 오지 않았다. 앞서 방앗간 일꾼 세 명을 죽인 것은 질병이나 독, 아니면 뭐 비슷한 것들 중 하나였을지도 모른다. 스트라히냐는 그게 무엇일지 곰곰이 생각하며 대비하려고 했다.

스트라히냐는 갑자기 눈을 번쩍 떴다.

'잠이 들었던 건가?'

불이 거의 불씨만 남은 걸 보니 잠에 들었다가 깬 것 같았다.

'어떻게 잠이 들 수 있지?'

그는 스스로에게 화가 났다. 그리고 곧 무언가가 잘못되었음을 느꼈다. 너무 고요했다. 부엉이가 울음을 멈추었고 쏙독새와 매미도 마찬가지였다. 심지어 바람조차도 소리를 죽이고 숨는 쪽을 택했다. 물레방아 바퀴는 여전히 돌고 있었지만 소리는 나지 않았다.

바로 그때, 스트라히냐는 보았다. 느릿느릿 벽난로 화구를 가로질러 길고 넓게 늘어나는 그림자. 흡사 방앗간이 눈에 뒤덮이기라도 한 듯,

돌연 매서운 추위가 느껴졌다. 그림자가 점점 커지더니, 뒤를 이어 그림자의 주인이 들어왔다. 키가 크고 몹시 마른 남자였다. 벗겨진 머리는 인간의 피부가 이 이상 하얗지 못할 정도로 파리했고, 팔다리는 여위고 뻣뻣했으며, 몸은 기아 상태라고 할 정도로 가냘파 보였다. 하지만 뺨은, 오직 볼만은 촛불 켜진 교회에 있는 바로크양식의 아기 예수 동상처럼 핏기가 돌고 통통하고 발그레했다. 눈은 어둠 속에 있는 동물의 것에 가까웠고, 꺼져가는 난롯불의 빛을 반사해야 할 눈 안에는 어떠한 빛도 없었다. 까만색의 길고 더러운 시트를 두르고 있었는데, 매장할 때 시신을 감싸는 천이었다. 그는 그것을 마치 목에 단추를 채워 두르는 망토처럼 입고 있었다. 습기, 깊은 땅 속의 흙, 덩어리진 진흙, 재, 썩은 나무 냄새가 매우 심했다. 스트라히냐는 가까스로 메스꺼움을 참으며 조용히 있었다. 그 남자는 스트라히냐를 보지 못한 것일까?

그 수척한 인물은 잠시 벽난로 앞에 서서 난로 위 선반에 놓인 담뱃대를 쳐다봤다. 그러고는 담요 아래 바닥에 놓인 형체를 살펴보더니 늑대처럼 민첩한 움직임으로 그것을 향해 달려들었다. 그는 펄쩍 뛰듯 뒤로 물러나더니 담요 밑에 만져진 것이 잠든 사람의 살이 아니라 통나무 더미라는 것에 혼란스러워했다. 그는 낭패감에 소리내어 혼잣말을 했다.

"아, 사바 사바노비치가! 90년 동안 뱀파이어로 지내온 사바노비치가! 오늘 밤처럼 만찬 없이 견뎌야 하는 날이 올 줄이야!"

다락 위에서 이 모든 것을 본 스트라히냐는 더 이상 시간을 지체할 수 없었다. 남자가 주춤거리던 바로 그때, 기회를 포착했다. 스트라히냐는 다락에서 그를 향해 권총 두 자루를 모두 발사했다. 총알 하나는 그에게 맞았지만 나머지 하나는 맞지 않았다. 하지만 하나면 충분했다. 화약으로 인한 연기가 걷히자 그 파리한 남자는 사라진 상태였다.

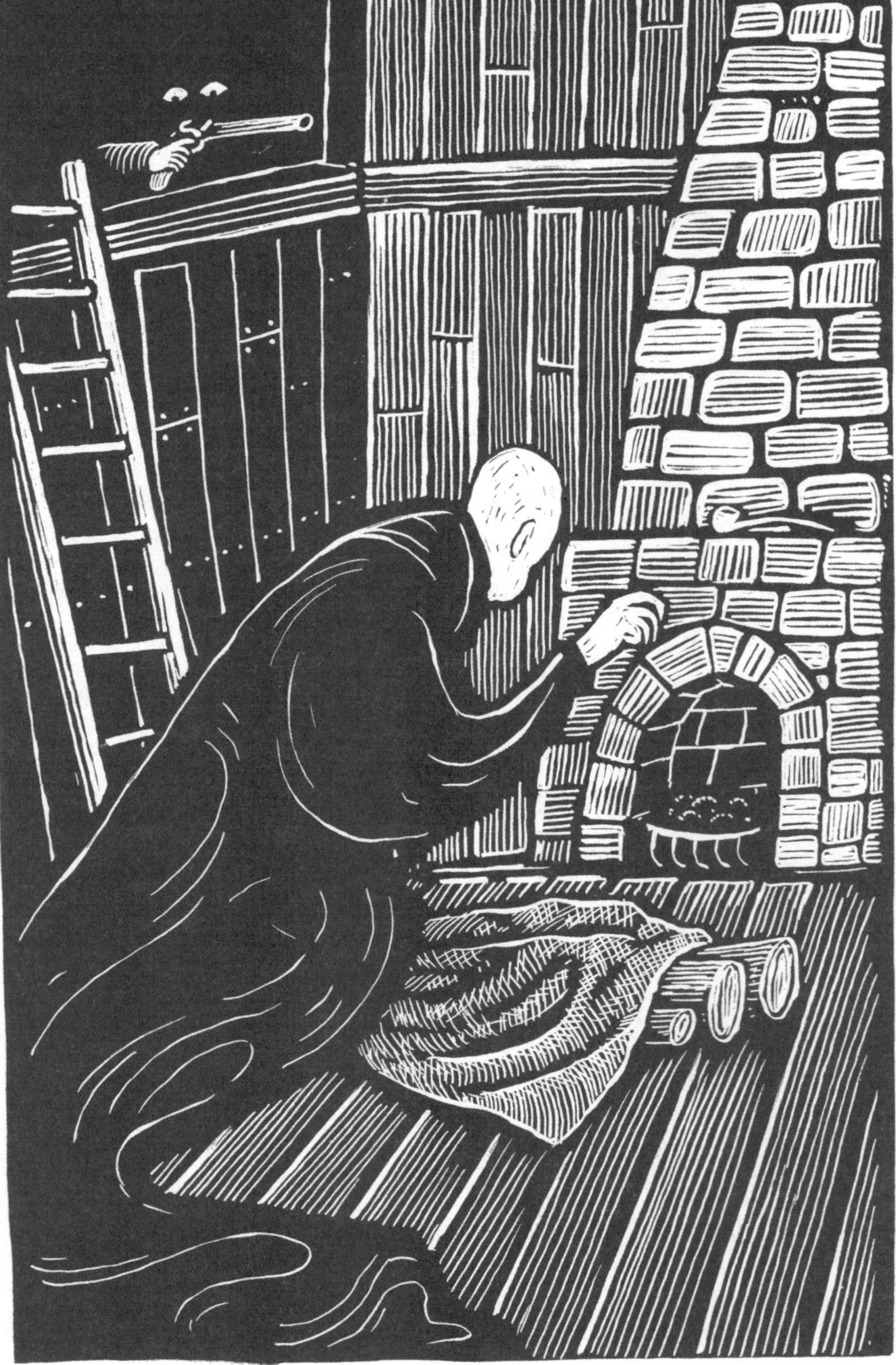

밤의 소리가 다시 연주회를 시작했다. 스트라히냐는 칼을 빼 들고 미끄러지듯 1층으로 내려갔다. 수척한 남자의 흔적은 딱 하나뿐이었다. 그건 벽난로와 가까운 바닥에 놓인 기이하게 길고 분필처럼 흰 손가락이었는데, 흙이 엉겨 붙고 끝이 부러진 갈고리 모양의 손톱이 붙어 있었다.

스트라히냐는 권총 하나는 납제 총알로, 다른 하나는 은화로 재장전을 했다. 그런 다음 벽난로 선반 위에 놓인 담뱃대를 집어 들었다. 그 위에는 그을음으로 뒤덮인 나비 한 마리가 앉아 있었고, 그는 나비를 쫓아냈다. 그는 담뱃대에 신선한 담배를 채우고 불을 붙였다. 담배는 그 어느 때보다 맛이 좋았고, 덕분에 떨림이 가라앉았다. 담요 밑에 놓았던 통나무도 화구에 넣어 불을 땠다. 곁눈질로 볼 때마다 손가락이 자꾸 움직이는 것 같았다. 스트라히냐는 해가 뜨고 동료들이 올 때까지 기다릴 생각이었다. 방앗간 일꾼의 삶이 자신에게 맞는지 확신은 들지 않았다.

드디어 계곡 위 마을에 사는 수탉들이 아침을 알렸다. 스트라히냐는 숨을 깊게 내쉬었다. 태양이 안개를 뚫고 협곡 깊숙이 빛줄기를 뻗기까지 몇 시간이 더 걸렸다. 바깥에서 무슨 소리가 들렸지만, 그는 더 이상 걱정하지 않았다. 그때 친구들이 그를 불렀다.

"어이, 스트라히냐! 자네 아직 살아 있나?"

"응, 나 여기 있네. 해줄 얘기도 있어."

스트라히냐는 오브치나에서 온 친구들을 껴안고 자신이 겪은 일을 모두 들려주었다.

"놈은 자기 자신을 사바 사바노비치라고 불렀어. 처음 듣는 이름이지만 한번 알아볼 필요는 있겠지. 은화 총알에 그자 손가락이 떨어진 것 같아. 손가락은 저기 저쪽 난롯가에 있어."

친구들은 난롯가로 모여들었다. 하지만 손가락은 보이지 않았다.

"스트라히냐, 손가락이 없는데?"

스트라히냐가 고개를 저으며 말했다.

"맹세코 여기 있었는데…."

"동생, 얼굴이 창백한데 좀 쉬는 게 어때? 우린 네 말을 믿어."

"믿고말고. 용케 곡식 빻는 일까지 해냈잖아. 우리가 네가 꼭 방앗간을 맡을 수 있도록 해줄게."

"이젠 잘 모르겠어. 라도이카를 얻을 수 있다고 한들, 이런 밤을 또 견뎌야 한다면 내가 과연 그럴 수 있을지 잘 모르겠어."

다른 친구가 말했다.

"음…. 스트라히냐 네 말대로라면 그자의 정체는 뱀파이어가 분명해."

스트라히냐가 대답했다.

"그런 괴물이 있다는 이야기를 들어본 적은 있는데, 아는 바가 전혀 없네. 일단 자로제에서는 사바노비치 가문에 대해 들어본 적이 없어. 그 가문은 내가 잘 알거든. 그자의 정체가 무엇이든지 간에 내가 끝장을 내야해."

한 친구가 미소를 지으며 말했다.

"우리가 도와줄게. 넌 우리가 아끼는 친구니까. 자로제 마을의 신부님과 이야기를 나눠봐야겠어. 아마 그분은 알고 계실 거야. 오브치나 신부님보다 기억하시는 게 훨씬 많을 테지. 우리 신부님은 자기 라키야를 어디에 뒀는지만 기억하시거든."

친구들은 스트라히냐가 빻은 곡물 가루가 담긴 자루를 들고 자로제 마을로 출발했다. 그들은 자작나무 숲을 통과하는 구불구불한 오솔길을 따라 가파른 비탈을 올랐다. 밝은 낮에 오르는 걸음걸음은 스트라히냐의 마음을 편하게 해주었다.

그들은 먼저 마을 신부에게 가서 지금까지 있었던 일을 모두 들려주었다. 신부는 동료 성직자들로부터 뱀파이어에 대해 들은 적이 있었다. 발바소르 남작이 저술한 연대기에서 그 괴물에 대한 글을 읽은 적도 있었다. 게다가 뱀파이어를 죽이기 위한 몇 가지 의식과 놈들이 십자가를 보거나 마늘 냄새를 맡으면 괴로워한다는 것까지 다 알고 있었다. 어떤 까닭인지, 신부는 조그마한 성당을 조심스레 둘러보며 속삭였다.

"그것이 어디에 묻혔든, 하루빨리 은신처를 찾아야 합니다. 은신처가 어딘지 모른다면, 일단 거세하지 않은 새까만 종마 한 마리를 데리고 돌아다녀야 합니다. 말이 뱀파이어의 무덤 위에 서면 점점 광분할 겁니다. 뱀파이어를 죽이려면 몇 가지 일을 해야 합니다. 먼저 검은 산사나무 토막으로 만든 말뚝을 가슴에 박아 관에 고정시켜야 합니다. 그런 다음 성수를 입에 부어 영혼이 그의 몸을 벗어나 다른 사람의 몸에 깃들지 못하게 해야 합니다. 다음으로 2미터 이상의 깊은 곳에 뱀파이어를 다시 매장하고, 관 위에 무거운 돌들을 쌓아 그가 뚜껑을 들어 올릴 수 없게 해야 합니다. 마지막으로 성수를 뿌린 흙으로 그 위를 덮고 무덤 위에는 검은 산사나무 한 그루를 심어야 합니다. 뱀파이어는 절대 완전히 죽지 않아요. 하지만 관에 고정된 채 성수에 젖어 무겁게 짓눌린 상태라면 다신 일어나지 못할 겁니다."

그때 예배당 끝에서 쩌렁쩌렁한 목소리가 들렸다.

"이 모든 일을 해낸다면, 그때는 내 딸을 주겠다."

신부 주변에 모여 있던 모든 사람이 깜짝 놀랐다. 그곳에는 콧수염이 빽빽하게 난 지반 두슈만이 커다란 배 위로 야무지게 팔짱을 끼고 서 있었다. 그는 신부의 말을 계속 듣고 있었던 듯했다.

"스트라히냐, 자네는 이미 사나이임을 증명했네. 내가 생각했던 것 이상이야. 그러나 누구든지 라도이카와 결혼하는 사람은 제대로 된 직업이 있어야 하네. 자네가 방앗간을 맡게 된다면 이 기대치를 충족시킬 수 있겠지. 나는 내 딸을 너무나 아끼기 때문에 그 녀석이 '내 사위'라고 자랑스럽게 말할 수 있는 사람과 결혼하길 바라네. 자네가 골짜기에서 그 괴물을 없앤다면 내 앞으로 자넬 아들이라 부르겠네."

스트라히냐는 고개를 끄덕였다.

"네, 말씀대로 하겠습니다. 하지만 제게 힘을 좀 보태주십시오. 사바 사바노비치에 대해 들어보신 적 있으십니까? 여기서 평생을 살았지만 사바노비치 가문에 대해서는 아는 게 없어서요. 그 뱀파이어의 무덤을 찾아야 합니다. 종마가 도움을 주긴 하겠지만, 먼저 수색 범위를 좁혀야 할 듯합니다. 성당 안에 있는 묘비 중에 사바노비치 가문의 것도 있을까요?"

친구 하나가 확인을 위해 급히 밖으로 나갔다. 지반 두슈만이 말했다.

"이름이 낯설지는 않은데, 일단 지금은 마을에 그런 가문이 확실히 없다네. 아니 내가 살아 있을 적에도 없었지. 뱀파이어가 자기 이름을 말하면서 '90년 동안'이라고 했다고? 확실한가?"

"확실합니다. 그 순간은 잊으려야 잊을 수 없죠."

오브치나의 목수 중 한 사람이 물었다.

"마을에 90년 전의 일을 기억할 만큼 연로하신 분이 있으려나?"

지반 두슈만과 스트라히냐는 거의 동시에 대답했다.

"미랴나 아주머니."

미랴나 아주머니는 마을에서 유일하게 아흔이 넘은 사람이었다. 그녀가 몇 살인지는 아무도 몰랐지만 이미 한 세기를 살았을 거라고 추측하는 이들도 있었다. 다만, 문제는 그녀는 이미 오래전에 귀가 멀었고, 최근에는 시력도 잃었다는 점이었다. 이제는 자식, 손주, 스트라히냐처럼 그녀가 입양해 키웠던 아이의 보살핌을 받고 있었다. 그래도 어쩌면, 그녀가 무언가를 알 수도 있지 않을까?

성당 밖에서 들리는 큰 소리에 사람들은 밖으로 나갔다. 아까 나갔던 친구가 사바노비치라는 이름이 새겨진 가족묘 옆에 털썩 무릎을 꿇었다. 무덤 위로 풀이 무성히 우거져 있어 공동묘지 중에서도 쉽게 눈에 뜨일 것 같았다. 주위로 다른 사람들이 모여들자 신부가 입을 열었다.

"누가 건드린 것처럼 보이진 않네요. 이 안에 있을 수도 있겠어요."

지반 두슈만이 말했다.

"그럼 나는 거세하지 않은, 새까만 종마가 있는지 확인해보겠소."

신부는 성당 안에 있는 먼지 쌓인 기록 보관소에서 세례 성사, 견신례, 결혼식, 장례식 기록을 살폈다. 사바노비치라는 이름이 적힌 90년 전의 기록이 있기는 했지만, 그 이후로는 아무것도 없었다. 그해 스탄코 사바노비치가 가족묘에 묻혔는데, 사바의 흔적은 보이지 않았다. 그보다 더 이전의 기록을 살펴보니 사바노비치 가문 사람들이 여럿 나왔다. 132년 전의 세례 성사 기록까지 샅샅이 뒤지고 나서야 스탄코의 형인 사바 사바노비치의 기록을 발견할 수 있었다.

이윽고 지반 두슈만이 잘생긴 종마 한 마리를 끌고 들어왔다. 사람들은 사바노비치가 새겨진 가족묘 무덤으로 말을 데려갔지만, 말은 아무런 반응도 보이지 않았다. 공동묘지 구석구석을 빙 돌아봤지만 말은 내내 무심하고 차분했다. 신부가 판단을 내렸다.

"뱀파이어는 여기에 없는 게 분명합니다. 혹시 이 지역을 벗어나서 죽은 건 아닐까요? 만약 이 사바라는 사람이 생전에도 괴물이었다면, 기독교식 매장을 허락받지 못했을 겁니다. 자살을 했거나 살인을 저질렀을지도 모르고요."

스트라히냐의 친구가 물었다.

"더 찾아볼 만한 데가 있을까요?"

그들은 미랴나 아주머니의 집을 찾아갔다. 그녀의 농가는 스트라히냐가 자란 곳으로, 금방이라도 무너질 듯했다. 하지만 스트라히냐에게는 여전히 포근한 집처럼 느껴졌다. 마당에는 장난을 치는 손주들과 닭을 돌보는 노인들로 정신 없었다. 미랴나 아주머니는 집 중앙에 놓인 타일을 바른 난로 옆 쿠션에 몸을 기대고 있었다. 그녀는 노쇠하고 핼쑥하고 쭈글쭈글했다. 몸을 약간씩 떨었으며 긴 백발을 허리까지 땋아 내린 모습이었다. 눈동자는 흐렸지만 어찌 된 일인지 그녀는 스트라히냐를 한눈에 알아보았다. 그녀가 다 쉰 목소리로 속삭였다.

"이리 와, 한번 안아보자. 우리 꼬맹이."

스트라히냐가 다가가 미랴나의 종잇장 같은 손등에 입을 맞추었다.

"미랴나 아주머니…."

그는 입을 떼려다가 머뭇거렸다. 미랴나를 속상하게 한다거나, 심각한 충격을 주어 건강이 나빠지게 하고 싶지 않았다. 자신이 뱀파이어에게 공격을 받았다는 이야기를 하면 미랴나가 크게 놀라 잘못될지도 모르는 일이었다. 그는 방향을 바꿔 물었다.

"미랴나 아주머니, 혹시 사바 사바노비치라는 이름에 대해 아는 게 있으세요?"

미랴나는 자신의 손을 컵 모양으로 만들어 귀에 가져다 댔다.

"얘야, 뭐라고 했니?"

스트라히냐는 전보다 큰 목소리로 다시 질문했다.

"사바 사바노비치라는 사람에 대해 아는 게 있으세요?"

미랴나의 얼굴은 그가 상상했던 모습처럼 변해버렸다. 그나마 남아 있던 피부색이 다 빠져나갔다. 그녀는 가슴을 움켜쥐고 숨을 헐떡거렸다. 스트라히냐는 미랴나를 품에 안았다. 그녀의 몸은 참새만큼이나 작았다. 그녀는 성호를 긋고 속삭였다.

"사악한 자였어. 사람들이 목초지에서 죽였는데…."

"아주머니, 그가 어디에 묻혀 있는지 아세요? 공동묘지가 아니라 다른 곳이요."

그녀가 대답했다.

"묘지에는 없어. 사람들이 굽이진 협곡에 묻었어. 가지를 넓게 펼친 느룹나무 아래에. 그자가…."

미랴나는 말을 채 마치지 못하고 스트라히냐에게 기대듯 쓰러졌다. 숨소리는 평온했으나 더 이상 위험을 감수하면서까지 묻고 싶지 않았다. 그녀는 눈을 감고 이내 잠이 들었다. 스트라히냐는 가능한 한 천천히 그녀를 자리에 눕히고 농가를 나섰다. 미랴나의 말을 전해 들은 지반 두슈만이 곰곰이 생각하더니 말했다.

"굽이진 협곡이라고? 골짜기 아래로 강이 급격히 꺾이는 지점이 몇 군데 있긴 하지. 그중 하나를 말한 게 분명해. 자네가 그 지점들을 모두 찾아가보는 게 좋겠군."

그는 종마의 고삐를 스트라히냐에 넘겨주고는 곧 자리를 떠났다. 스트라히냐가 말했다.

"먼저 무기를 준비해야겠어."

태양이 하늘 높이 떠 있는 동안, 신부는 성당에 들어가 성수와 예배 행렬을 할 때 쓰는 십자가를 챙겨 왔다. 그의 동료들은 삽과 곡괭이를 모았고, 스트라히냐는 검은 산사나무 관목을 찾아 튼튼한 가지로 말뚝을 만들어 한쪽 끝을 송곳니처럼 날카롭게 깎아냈다. 모든 무장을 마친

후, 그들은 종마를 끌고 다시 골짜기 아래로 걸어갔다.

어깨 높이에 있던 태양이 또다시 빠르게 떨어지면서, 기온도 함께 내려갔다. 자작나무 숲을 지나 여울에 닿을 때까지 구불구불한 오솔길이 이어졌다. 그들은 골짜기를 따라 걷기 시작했다. 폭포에서 시작되는 강의 한쪽 끝부터 땅 밑으로 사라지는 반대쪽 끝 사이에 굽이진 곳이 있는지 확인하기로 했다. 골짜기의 하류까지 도달하는 데는 몇 시간이 걸렸다. 그동안 굽어진 부분은 두 차례 있었다. 첫 번째 굽이에서는 느릅나무가 보이지 않았다. 두 번째 굽이에는 느릅나무가 있어 종마를 데려가 보았지만, 말은 아무런 반응도 보이지 않았다. 스트라히냐의 일행들은 마침내 사람은 가까이 갈 수 없는, 낭떠러지가 위치한 강의 끝에 다다랐다. 그들은 강의 나머지 반도 확인해봐야겠다고 판단했다.

걸음을 되돌려 처음 출발했던 여울에 도착했을 때, 대부분이 꽤 피곤해했다. 하지만 상류 지역을 조사하기 위해 계속 나아가야만 했다. 그들은 몇 시간을 더 걸었고 굽이도 두 번이나 지났다. 첫 번째 굽이는 물레방앗간에서 멀지 않은 곳이었지만 느릅나무가 없었다. 폭포에서 그리 멀지 않은 두 번째 굽이 옆에는 어린 느릅나무 두 그루가 있었는데, 둘 다 90년도 안 된 것처럼 보였다. 슬슬 포기할 때가 되었다고 생각한 일행들은 마을로 돌아가기 위해 여울로 돌아와 오솔길에 들어섰다. 서서히 하늘이 어두워지며 밤이 찾아왔다. 뱀파이어를 사냥할 시간도 점점 줄어들고 있었다. 이윽고 그들은 전날 저녁과 다름없이 으스스해 보이는 물레방앗간에 다다랐다. 조금만 더 올라가면 강의 굽이가 보였을 테지만, 안개가 짙어 시야가 꽉 막혀버린 일행은 몸이 덜덜 떨렸다. 그때 한 친구가 제안했다.

"우리 같이 방앗간에서 하룻밤을 보내는 건 어때? 뭉치면 살고 흩어지면 죽는댔어. 뱀파이어가 돌아와도 우리가 힘을 합쳐 공격하면 돼.”

이 제안을 마음에 들어 하는 사람은 아무도 없었다. 침묵을 깨고 신부가 먼저 입을 열었다.

“밤에 뱀파이어를 죽이려는 건 좋은 생각이 아닙니다. 뱀파이어가 실제로 죽는 게 아니니까요. 어젯밤에 용감한 스트라히냐가 그랬던 것처럼, 우리도 단지 겁을 줘서 쫓아낼 수 있길 바라야 합니다. 뱀파이어는 반드시 땅에 묻어 가둬야 합니다. 아, 방금 살아 있는 상태로 묻어야 한다고 말할 뻔했네요. 뱀파이어는 이미 죽어버린 존재인데 말이죠.”

하늘이 멍든 살구색으로 변하고 있었다. 그들이 방앗간 앞에서 한창 상의하던 그때, 갑자기 종마가 거칠게 고삐를 잡아당기더니 목수의 손에서 벗어났다. 그러고는 방앗간 건물과 강의 굽이 사이를 지나 방앗간 바로 옆에 쌓여 있던 장작더미 쪽으로 돌진했다. 말은 큰 소리로 울며 뒷다리로 서더니 앞발굽으로 땅을 내리치기 시작했다. 일행은 깜짝 놀라 말에게 재빠르게 다가갔다. 종마는 장작더미에 가려져 거의 보이지 않던 땅을 밟아 뭉개고 있었다. 처음에는 발굽이 진흙탕을 쳐서 사방으로 흙이 빗발쳤다. 그때 발굽이 무언가 다른 것을 치는 소리와 함께 무너지는 소리가 들렸다.

“워― 워―”

동료들은 말을 달랜 뒤 힘겹게 고삐를 잡고 한쪽으로 데려갔다. 말발굽이 반쯤 묻힌 나뭇등걸을 치면서 무너지는 소리가 난 것이었다. 나무의 둘레는 어마어마했고, 대충 나이를 짐작할 수 있었다. 목수 중에 특히 나무에 조예가 깊었던 사람이 썩어가고 있는 그루터기 쪽으로 잠시 몸을 굽히더니, 이내 고개를 들며 미소 지었다.

“느릅나무야.”

일행은 곧장 삽과 곡괭이를 들었다. 이제는 시간 싸움이었다. 만약 의식을 끝내기 전에 해가 저문다면, 뱀파이어가 무덤에서 일어나 그들을 위협할 수 있었다. 곡괭이로 오래된 느릅나무 그루터기를 산산조각 내고 삽으로 칙칙한 흙을 걷어내던 중 무언가에 부딪히는 느낌이 났다. 속이 빈 채로 울리는 소리가 들려 일행들은 흙을 더 긁어냈다. 이윽고 관 뚜껑 치고는 엉성해 보이는 거친 나무판자가 드러났다. 신부는 거무스름해지는 하늘을 계속 올려다보며 성호를 긋고 숨죽여 기도문을 외웠다. 그는 어깨에 영대를 걸치고, 마치 무기를 든 것처럼 십자가를 양손에 들고 있었다. 그때 스트라히냐가 말했다.

"연장들 준비해. 다들 어떻게 해야 하는지 알지? 두 사람이 뚜껑을 열면 내가 말뚝을 박을 테니, 놈의 입에 성수를 부어줘. 그러고 나서 두 사람이 다시 뚜껑을 닫아. 이후에 크고 판판한 돌을 쌓아 관을 누르자고."

신부가 단단히 일렀다.

"무엇을 하든 저 뱀파이어의 피가 여러분의 피부에 닿으면 안 됩니다!"

스트라히냐가 말했다.

"시간이 얼마 없어. 지금 당장 관을 열어!"

목수 두 사람이 곡괭이를 지렛대 삼아 뚜껑을 밀어젖혔다. 임시방편으로 만든 관 안에는 전날 밤 스트라히냐가 보았던 키가 크고 창백하고 수척한 남자가 누워 있었다. 가슴에는 매장할 때 쓰는 검은 천이 덮여 있었고, 양팔은 옆으로 뻗어 있었으며, 한쪽 다리는 다른 쪽 다리 위로 무심히 놓여 있었다. 어떤 시신도 이런 자세로는 매장되어 있지 않을 것이다. 이마와 손의 살갗은 하늘의 어슴푸레한 색을 띠고 있었다. 시신의 어느 부분도 부패되지 않았으며 빛이 날 정도로 새하얬다. 완벽한 상태는 아니었지만, 수십 년이 아니라 며칠 전에 묻힌 시신이라고 해도 믿을 정도였다. 오로지 뺨에만 피가 축적되어 연분홍색의 홍조를 띠고 있었고, 손가락 하나가 없었다. 소름이 절로 돋는 모습이었다. 스트라히냐가 소리쳤다.

"어서!"

하지만 그 누구도 움직이지 않았다. 일행 모두가 공포에 사로잡혀 아무런 반응이 없었다. 유일하게 움직인 것은 사바 사바노비치였다. 관 안에 누워 있던 그의 몸이 천천히 위로 올라오더니 앞으로 접히면서 거의 앉은 자세가 되었다. 그때 그의 눈에 십자가가 들어왔다. 무표정했던 얼굴이 심한 고통으로 일그러졌다. 신부는 뱀파이어 쪽으로 십자가를 휘둘렀고, 십자가는 정확히 뱀파이어의 머리에 맞았다. 십자가는 화염에 휩싸였고, 그 기운으로 뱀파이어의 얼굴에 낙인을 찍는 것처럼 보였다. 신부의 무모한 행동은 망연자실하던 다른 사람들을 깨웠다.

스트라히냐는 뱀파이어 쪽으로 달려들어 가슴에 말뚝을 박고 온 힘을 다해 내리눌렀다. 나무 말뚝이 무르고 창백한 살점을 꿰뚫는 기괴한 소리는 뱀파이어의 입에서 터져 나오는 끔찍한 비명에 묻혀 들리지 않았다. 스트라히냐가 급하게 외쳤다.

"빨리, 빨리 성수를 부어!"

성수 병을 들고 있던 다른 목수가 비명을 지르느라 열린 입을 겨냥해 성수를 퍼부었다. 다만, 너무 두려워 도저히 가까이 갈 수 없었던 그는 뱀파이어 주변으로만 성수를 끼얹었다. 성수가 사바의 피부에 닿자, 마치 염산이 닿은 것처럼 "치익" 소리를 내며 타들어갔다. 상처 부위에서 김이 피어 올랐고, 사바는 고통에 몸부림쳤다. 희뿌연 김 사이로 또 다른 무언가가 날아올랐다. 사바의 숨통에서 검은 나비가 빠져나와 어스름한 공기 속으로 날아갔다. 뱀파이어는 동상처럼 가만히 누워 있었다. 충격을 받은 신부는 덜덜 떨면서도 십자가를 수습하고 기도문을 읊었다. 십자가는 화염에 휩싸였는데도 손상된 곳 없이 멀쩡했다. 목수들은 관 뚜껑을 닫고 그 위에 판판하고 무거운 돌을 층층이 쌓아 올린 뒤, 흙을 덮어 시체를 되묻었다.

이것이 사바 사바노비치의 끝이었다. 이 일로 오브치나 마을과 자로제 마을은 서로에게 감사하는 마음을 가지게 되었다. 다음 날이 되고, 신부는 무덤 위에 검은 산사나무 관목을 심었다. 얼마 지나지 않아 신부는 세르비아 내 멀리 떨어진 다른 마을로의 이동을 요청했다. 지반 두슈만은 스트라히냐에게 딸 라도이카를 시집보냈고, 미랴나 아주머니도 결혼식을 볼 수 있을 정도로 오래 살았다. 하지만 문제의 물레방앗간은 건드리지 않고 그대로 두었다.

그 대신, 지반 두슈만과 오브치나의 크메트가 자금을 모아 비교적 안전한 자로제 마을에 당나귀를 이용해 곡물을 빻는 방앗간을 지었다. 스트라히냐가 운영하고 격일로 두 마을에 곡물 가루를 배달하는 조건이었다. 곡물 가루를 나를 수 있도록, 스트라히냐는 결혼 선물로 거세하지 않은 검은 종마를 받았다. 목수 동료들은 빌려줬던 권총 두 자루를 그에게 선물로 주었다. 혹시 모를 일이니까 말이다.

한 걸음 더 깊이 읽기

뱀파이어의 유래

동유럽 세계의 모든 신화 가운데 흔히 볼 수 있고, 가장 영향력 있는 존재는 틀림없이 뱀파이어일 것이다. 하지만 이는 순수한 동유럽 신화가 아니다. 뱀파이어에 대한 실제적 믿음을 토대로 한 이야기가 처음 유래한 곳은 몰도바의 카르파티아산맥으로, 이 지역은 그들의 언어인 라틴어와 동유럽 문화의 전통이 어우러지는 곳이다. 뱀파이어는 오스제국과의 국경 교전 지역에서 파생된 신화적 요소들을 지니는 발칸반도의 흥미로운 현상에 가깝다고 말할 수 있다.

많은 사람이 오늘날 우리가 생각하는 뱀파이어가 브램 스토커의 1897년 소설 『드라큘라』에서 만들어졌다고 생각할지도 모른다. 하지만 뱀파이어가 수 세기 동안 많은 세계 문화 속 신화의 한 부분이었다는 사실을 생각하면 이는 다소 부정확하다. 사실 뱀파이어는 수 세기 동안 슬라브족의 설화 속에 존재해왔다. 그 방향이 『드라큘라』로 이어졌고, 이 소설의 영향을 크게 받은 뱀파이어 열풍이 오늘날까지도 수그러들지 않고 있다. 하지만 그 열풍은 스토커의 작품이 나오기 훨씬 이전에, 민간 신앙(주로 세르비아)이 오스트리아 관리들의 범죄 관련 정밀 조사를 받게 되면서 인기를 얻기 시작했다. 당시 이 보고서들은 국제 신문의 헤드라인을 장식하고, 일반 대중들의 호기심을 자극했다. 또, 『드라큘라』로 절정에 이르게 되는 뱀파이어를 소재로 한 문학적 모험담의 물결에 영감을 불어넣었다.

옥스퍼드 영어 사전은 뱀파이어vampire라는 단어가 1734년 저술되고 1745년 익명으로 출간된 『세 영국 신사의 여행』이라는 에세이에서 처음으로 사용된 것으로 보고 있다. 1725년경, 오스트리아 관리들은 매장된 시신을 파내고 뱀파이어를 죽이는 세르비아의 전통에 대해 보고했다. 하지만 뱀파이어 전설의 영향은 중유럽과 동유럽 전역에 미친다. 실제 뱀파이어라는 용어의 기원은 불확실하다. 한 학설에 따르면, 『성 그리고리의 말씀Word of Saint Grigoriy』이라는 중세 러시아 문헌에서 명사로 언급된 '사납게 찌르는 것'을 뜻하는 옛 러시아어 단어 upyri에서 유래했다고 한다. 크로아티아의 가장 위대한 어원학자 페타르 스코크Petar Skok는 뱀파이어를 수욕주의적·민속학적 개념으로 설명하며 그 기원에 대해 두 가지 가능성을 제시한다. 하나는 마녀를 의미하는 북부 터키어인 ubyr에서 온 차용어라는 것, 다른 하나는 문자 그대로 날지 않는 자라는 뜻의 슬라브어 밤피르vampir에서 왔다는 것이다. 언어학자이자 고대 발칸반도 지역 연구자인 밀란 부디미르는 뱀파이어가 물뱀을 뜻하는 단어 vidra와 연관 있는 물의 요정에서 기원한 것으로 보고 있다. 세르비아어로 늑대인간werewolf을 나타내는 단어 부코들라크vukodlak(문자 그대로 하

면 '늑대의 털'이라는 뜻)는 관습적으로 너무 무서워서 소리 내어 말할 수 없는 것으로 여겨졌기 때문에 대신 밤피르가 사용되었다. 이는 『해리포터』에서 볼드모트의 이름을 부르는 것조차 두려워 '이름을 말해서는 안 되는 자'로 부르는 것과 비슷하다. 늑대인간과 뱀파이어의 전설이 다소 얽혀 있기는 하지만, 늑대인간에 관해서는 별도로 다룰 예정이다.

옥스퍼드 영어 사전에는 실제 뱀파이어와 뱀파이어 사냥꾼을 설명한 최초의 활자 책에 대한 정보가 빠져 있다. 이 책은 1689년에 출판되었으며, 제목은 『카르니올라 공국의 영광』이다. 책의 저자는 당시 합스부르크제국(현재의 슬로베니아)의 심장부에 살면서 독일어로 글을 쓰는 귀족, 야네즈 바이카르드 발바소르Janez Vajkard Valvasor 남작이었다. 그의 작품은 꾸준히 호평을 받으며 널리 읽혔다. 독일어 판은 런던 왕립학회의 명예 회원으로 뽑히기도 했다.

발바소르는 대학자, 출판인, 과학자, 민족지학자였다. 그는 개인 서재와 유럽 최고의 도서관을 통해 훌륭한 교육을 끝마쳤고, 유럽뿐만 아니라 17세기 북아프리카를 모험하며 14년간 여행했다. 그는 자신의 고향, 카르니올라라고 불리는 오늘날의 슬로베니아 지역의 민속과 전통을 기록하는 데 관심을 가졌다. 발바소르는 마법과 초자연적 존재에 대한 절대적 믿음과, 불가해한 현상을 과학적이고 합리적으로 해석하려는 갈망 사이에서 적당한 균형을 찾고자 했다. 그는 순수하게 진심으로 초자연적 존재를 믿었고 절대적으로 신앙심이 깊었지만, 흔히 마법이라고 여겨지는 것을 해명하기 위한 과학적 증거도 모색했다.

이는 그의 연구 사례에서 아주 명백하게 드러난다. 발바소르는 체르크니차Cerknica의 사라지는 호수를 연구했는데, 이 지역은 1년 중 절반은 마른 목초지였다가 나머지 절반은 홍수 때문에 슬로베니아에서 가장 넓은 호수가 된다. 전통에 따르면, 한 무리의 마녀들이 현지의 산 정상에서 의식을 치름으로써 호수의 범람과 배수를 통제했다고 한다. 발바소르는 마법을 믿으면서도 좀 더 자연스러운 해석을 찾아내겠다고 결심했고, 실제로 다른 원인을 밝혀냈다. 이것은 계몽주의가 널리 받아들여지기 한두 세대 전에 발바소르가 왕립학회의 명예 회원 자격을 얻을 수 있게 해준 연구 결과의 일부였다.

지우레 그란도

발바소르는 1672년부터 이스트리아Istria(이탈리아와 슬로베니아와 크로아티아 사이에 위치한 아드리아해의 북쪽에 있는 반도) 역사 지구의 뱀파이어, 지우레 그란도Giure Grando의 이야기를 기록한다. 뱀파이어 신화의 전통, 특히 뱀파이어를 죽이는 방법에 대한 세부 사항은 발바소르의 원문에 나온 그대로다. 곧 알게 되겠지만, 그 후 백 년에 걸쳐 남슬라브 지역에서 온 다른 목격자들의 진술에서도 이는 똑같이 되풀이된다.

크린츠크Krinck 마을에서 막 죽은 지우레 그란도를 땅에 묻은 다음 날 밤, 조지 신부Father George라고 불리는 한 사제가 미망인 그란도 부인과 다른 친척들과 함께 장례를 치른 후 식사를 하고 있었다. 밖으로 나가기 위해 문을 열었을 때 신부는 문 뒤에 앉아 있던 죽은 자를 발견했고, 그 순간 그자는 바로 도망쳤다. 그 후 몇 주 동안 수많은 사람이 지우레를 목격했는데, 대개 마을 곳곳의 집을 돌아다니며 문을 두드리는 모습이었다. 그가 문을 두드린 집에 사는 사람들이 하나둘 죽음을 맞기 시작했고, 주민들은 그런 상황이 마음에 들지 않았다. 심지어 미망인인 그란도 부인은 그가 찾아와 동침까지 했다고 주장하며, 지방 행정관인 미호 라데티치Miho Radetič(최초로 기록된 뱀파이어 사냥꾼)에게 보호를 요청했다.

용감한 이웃 아홉 명으로 구성된 무리는 독한 술을 나눠 마시며 기운을 냈다. 그들은 등불 두 개와 십자가 한 개를 들고 지우레의 무덤으로 출발했다. 이윽고 그의 무덤을 파보니, 얼굴이 빨갛게 상기된 송장이 몸을 돌려 웃고 있었다. 또, 사람들을 바라보며 입을 크게 벌렸다. 아홉 명의 뱀파이어 사냥꾼들은 기겁하며 빠르게 도망쳤다. 물론 그럴 만한 상황이기는 했다. 제정신이 돌아온 미호는 몹시 화를 냈는데, 발바소르는 이 상황에 대해 "살아 있는 남자 아홉이 죽은 놈 하나를 어쩌지 못하고 대번에 겁먹은 토끼가 되어버린 것을 알고 꽤나 약 올라 했다"[9]라고 비꼬듯 덧붙였다.

보아하니, 뱀파이어 시체를 다시 죽이는 전통적인 방법이 몇 가지 있었던 것 같다. 행정관 미호가 가장 먼저 시도한 방법은 이 수상쩍도록 혈색이 좋은 시체의 복부를 산사나무로 만든 말뚝으로 찌르는 것이었다. 하지만 지우레의 피부 탄력이 너무 뛰어나 말뚝은 배를 뚫지 못하고 튕겨 나왔다. 차선책을 시도해야 할 때였다. 관리자 미호는 구마 의식을 집행하는 사제를 불렀다. 사제는 등불 가까이에서 십자가를 높이 들고 큰 소리로 되풀이했다.

"보라, 우리를 저주에서 구원하시고 우리를 위해 못 박히신 예수 그리스도가 여기 계시니라!"

지우레의 시체가 슬피 울기 시작했다. 그때 무리 중 한 사람이 지우레의 머리를 자르려고 정원용 괭이를 아무렇게나 휘둘렀다. 지역 유지인 마샬 밀라시치Marshall Milasič가 나서서 죽은 자의 머리를 하늘로 날려버렸다(발바소르는 몸의 일부가 날아가도 주춤하지 않는다). 절단된 머리는 살아 있는 것처럼 비명을 지르기 시작했고 무덤은 피로 가득 찼다. 발바소르는 놀랄 만큼 무미건조한 문장으로 이야기를 끝맺는다. "그리고 그 이후, 그란도는 자신의 아내와 다른 사람들을 괴롭히지 않았다."[10]

발바소르의 이야기는 유혈이 낭자하고 생생하다. 그는 이야기를 들려주는 데 큰 재미를 느꼈던 것 같다. 전 세계 대부분의 문화권에서 뱀파이어와 유사한 괴물이 고대 설화에 묘사되는 등 뱀파이어의 전통은 훨씬 오래전으로 거슬러 올라간다. 하지만 처음으로 뱀파이어 이야기를 현실화하고, 체계적으로 정리해 출판한 사람은 기세 좋은 남작 발바소르였다고 말할 수 있다.

페테르 플로고요비츠

1720년대 지방 관리였던 프롬발드Frombald 재무관은 황제 카를 6세로부터 한 가지 임무를 받았다. 합스부르크제국의 변방에서 일어난 시체 살해 사건을 관찰해 보고해라는 내용이었다. 이는 1725년 오스트리아의 점령하에 있던 세르비아 키실로바Kisilova에서 일어난 대표적인 사건으로 페테르 플로고요비츠Peter Plogojowitz(세르비아어로는 페타르 블라고예비치Petar Blagojević)라는 남자와 관련되어 있다.

1725년 페테르의 사망 이후, 다른 사람 아홉 명이 여드레에 걸쳐 갑작스럽게 죽었는데, 그중 병색을 보인 이는 단 한 명도 없었다. 몇몇 희생자들은 숨을 거두기 전 페테르가 자신의 방에 나타나 목을 졸랐다고 주장했다. 페테르의 아내 또한 그가 죽음 이후 찾아와 신발을 달라 했다고 주장했다. 그녀는 죽은 남편을 피해 다른 마을로 이사했지만, 곧 페테르의 아들은 아버지가 집으로 돌아와 음식을 요구했다고 말했다. 아들은 거절했고 얼마 지나지 않아 페테르의 다음 희생자가 되었다.

겁이 난 마을 사람들은 페테르의 무덤을 파서 부패 속도가 더디거나 머리카락, 수염, 손발톱이 자라는 등 뱀파이어와 관련된 징후가 있는지 확인해보기로 했다. 재무관 프롬발드와 교구 사제는 발굴 현장에 참석해달라는 요청을 받았다. 프롬발드는 베오그라드에 있는 오스트리아 당국으로부터 허가를 받아야 한다고 주장했지만, 마을 사람들은 기다리는 동안 뱀파이어에게 또 다른 희생자가 생길 위험을 무릅쓰고 싶지 않았다. 지역 주민들은 1718년 튀르크 시대, 즉 이곳이 오스만제국 지배하에 있던 시절에 뱀파이어 하나 때문에 공동체 전체가 완전히 파괴된 적이 있었다고 주장했다.

프롬발드는 마지못해 따라야 했고, 사제와 함께 시체를 발굴하는 장면을 지켜봤다. 그는 페테르의 시체에 마을 사람들이 예상했던 징후가 그대로 나타나 있는 것을 보고 경악했다. 시체는 거의 부패하지 않았고 수염과 머리카락은 죽었을 때보다 더 길었으며, 새로운 피부와 손발톱이 자라 있었다. 또, 그의 입가에는 피가 묻어 있었다.

이 자료는 뱀파이어에 대한 민간신앙을 설명하기 위해 1728년 미하엘 란프트_{Michael Ranft}가 쓴 『무덤 속 죽은 자들의 저작 행위에 관하여』에 처음 게재되었다. 이후 빈의 유명 신문인 「비엔나 데일리」에도 실렸다. 그 내용에 따르면 마을 사람들은 "비통함보다 분노가 더 컸다"라고 하는데, 짐작건대 그들은 오스트리아 관리나 사제와 달리 뱀파이어의 징후가 보일 것으로 확신했기 때문인 듯하다. 마을 사람들은 시체의 가슴에 산사나무 말뚝을 박았다. 곧 귀와 입에서 새빨간 피가 끊임없이 쏟아져 나왔고, 이후 시체는 소각되었다.

란프트의 글은 계몽운동 스타일에 걸맞게 초자연적 믿음을 합리적으로 해석하고자, 다음과 같이 설명하고 있다.

> 훌륭한 사람이었던 페테르는 부자연스러운 원인으로 갑자기 죽음에 이르렀다. 이유가 무엇이든지, 그의 죽음은 유족에게 환영을 불러일으킬 수 있다. 예기치 못한 죽음은 가까운 사람들 사이에 불안과 동요를 깨운다. 불안과 동요는 슬픔을 동반하고, 슬픔은 우울한 기분을 일으킨다. 그리고 우울한 기분은 잠 못 이루는 밤과 고통스러운 꿈을 낳는다. 이 꿈들은 병에 잠식당하고 결국 죽음에 이를 때까지 육체와 정신을 약화시킨다.[11]

란프트는 뱀파이어가 전염병으로 죽은 사람이며, 시체에 접근한 사람이 같은 병에 걸린 것이라고 주장했다. 또는 이미 존재하고 있던 질병이 진화해 가장 악화된 형태의 병에 걸린 사람이 뱀파이어로 지목된 것이라고도 보았다. 가장 먼저 죽었을 뿐인데, 나머지 사람들의 병과 죽음에 대한 책임을 뒤집어쓴 셈이다.

아르놀드 파올레와 메드베자의 뱀파이어들

두 번째는 슬라브 자치령에서 오스트리아 관리들의 호기심을 자극한 사건이었다. 아르놀드 파올레Arnold Paole는 오스트리아령 세르비아의 메드베자 출신인 하이두크hajduk(지방 민병대원의 일종)였다. 사람들 말에 따르면, 불행하게도 파올레는 터키에 있는 동안 뱀파이어에 물려 사망했다고 한다. 그 이후 그는 죽은 상태로 일어나 남자뿐만 아니라 여자와 아이, 심지어 양과 소까지 공격했다. 파올레의 무덤은 파헤쳐졌고, 시체에 말뚝이 박힌 채로 태워졌다. 이 사건은 마리아 테레지아 여제에게까지 전해졌다. 그녀는 이 일을 끔찍하게 여겨 조사에 착수했다.

1731년 12월, 메드베자Medveđa에 전염병 전문가 글라저Glaser가 파견되었다. 한 달 뒤에는 야전 군의관까지 함께하게 되었다. 크리스토퍼 프레일링Christopher Frayling은 뱀파이어 문학에 관해 쓴 자신의 책에서 다음과 같이 언급한다. "오스트리아인들은 세르비아와 왈라키아의 상당 부분을 점령하고 있어서, 주둔 지역의 기괴한 풍습에 대해, 특히 이러한 풍습이 치안에 방해가 될 경우에는 더욱 알고 싶어 했던 듯하다."[12] 역사가 아담 메제시Ádám Mézes가 묘사하는 글라저의 이야기에는 가지각색의 흥미로운 내용이 담겨 있다.

마을에는 생전에 뱀파이어가 된 두 여인이 있었는데, 그들은 죽은 뒤에도 뱀파이어가 되어 다른 사람들을 뱀파이어화할 것이라는 말이 돌았다.

(…) 마을 사람들은 이런 식으로 죽음을 맞기 전에 차라리 다른 곳에 정착하는 편이 낫겠다고 말했다. 밤에는 두세 가구가 모여서 교대로 잠을 자고 보초를 섰다. 또한 그들은 "훌륭한 행정 당국에서 칭찬할 만한 관리가 뱀파이어들을 처형하는 것을 승인하고 실

행하기 전까지는 죽음이 멈추지 않을 것이다"라고 말했다.

(…) 여인의 이름은 밀리저Miliza로, 뱀파이어였다. 50세, 매장된 지 7주째. 6년 전 튀르크 지방에서 건너와 메드베자에 정착했다. 그녀가 (…) 악마 같은 존재에 대한 믿음을 갖거나 거기에 관여한 적이 있다는 정황은 전혀 알려진 바 없었다. 다만 그녀는 이웃들에게 튀르크 땅에서 뱀파이어가 죽인 양 두 마리를 먹었으니 자신도 죽으면 뱀파이어가 될 것이라고 말하곤 했다. 그 말을 근거로 사람들은 그 생각을 확고히 했다. 실은 나도 그런 사람을 본 적이 있다. 밀리저는 바싹 마르고 여윈 몸에 노쇠한 사람이었고, 아무것도 걸치지 않은 채 축축한 흙에 7주 동안 묻혀 있었다고 한다. 그렇다면 이미 반쯤은 부패했어야 마땅했다. 그런데도 그녀의 코와 입에서는 선홍빛의 신선한 피가 흘러 나오고 있었고, 입은 벌어진 채였으며, 몸은 불룩하게 부풀어 피로 뒤덮여 있었다. 내 눈에도 수상쩍어 보였다.

사람들이 틀렸다고만 할 수 없는 것은, 대조적으로 다른 몇몇 무덤을 열어보았을 때 그 안의 시체들이 밀리저보다 생전에 체격이 더 컸고, 더 가벼운 병을 앓다 죽은 젊은이들이었음에도, 그들은 통상의 시체가 썩는 방식대로 부패해 있었기 때문이다.[13]

야전 군의관인 요하네스 플뤼킹거Johannes Flückinger는 이듬해인 1732년 『목도하고 발견하다』라는 제목으로 자신의 보고서를 출간했다. 이 보고서에서 그는 총 11구의 시체를 발굴했으며 그중 여덟 구를 뱀파이어로 판단했다고 말한다. 이 괴기스러운 이야기들이 설득력을 얻을 수 있었던 이유는 특정 지역의 전통을 객관적으로 관찰해 기록한 관리들이 표면적으로 신뢰할 만해 보였기 때문이다. 플뤼킹거의 보고서에는 다음과 같이 적혀 있다. "나와 보조 군의관들은 1732년 1월 7일 세르비아의 메드베자에서 벌어진 모든 일을 정확히 기록했다고 단언한다."[14] 또, 연대의 야전 군의관, 요하네스 플뤼킹거, 그 외 네 사람이 서명을 남겼다.

분명히 말하자면, 이 군의관들 중 뱀파이어와 마주쳤다고 말한 사람은 아무도 없었다. 그들은 그저 지역 주민들 사이에 존재하는 뱀파이어에 대한 절대적인 믿음을 관찰했다. 메제시의 설명에 따르면, 그들의 조사는 "메드베자의 공중 보건 상황을 파악하고 추가적 사법 조치를 위해 전문가의 의견을 내야 한다는 현실적이고 절박한 압박에서 비롯된 것"[15]이었다. 슬라브족 시골 농부들의 무지몽매한 관습들을 보고하는 문명화된 오스트리아 군인들의 이야기에는 식민주의를 옹호하는 요소가 있으며, 종교적 차이 또한 그들의 관점에 상당한 영향을 주었을 것이다. 오스트리아인들은 거의 로마가톨릭교회 신자들뿐이었지만, 뱀파이어의 존재를 믿던 지역 주민들은 주로 정교회의 신자들이었다. 죽은 자를 모독하지 않는 것을 중시하는 가톨릭 신자들은 무덤에서 시체를 꺼내 다시 죽인다는 발상 자체를 혐오했다.

그럼에도 불구하고 믿음직스러운 화자가 전하는 뱀파이어 이야기는 그 존재 가능성을 시사했고, 이야기는 거기서부터 눈덩이처럼 커져 끝내 영국에 이르렀다. 작가이자 골동품 전문가인 호레이스 월폴Horace Walpole에 따르면 국왕 조지 2세는 그 이야기를, 더 전반적으로는 뱀파이어 자체를 믿었다. 월폴은 "나는 작고하신 우리 국왕께서 뱀파이어의 존재와 그들이 죽은 자들을 대상으로 벌이는 연회에 대해 믿고 계셨다는 것을 알고 있다오. 물론 이웃 나라보단 아니지만 말이오"[16]라고 적었다.

국경을 초월한 뱀파이어 열풍

이 이야기들은 곧 오스트리아와 헝가리의 국경을 넘어 널리 퍼져 나갔다. 1746년 프랑스 베네딕트회의 수도사이자 지식인 앙투안 오귀스탱 칼메Antoine Augustin Calmet는 『헝가리, 보헤미아, 모라비아, 실레시아 지역의 천사와 영혼, 망령, 뱀파이어의 출현에 관한 논문』에 뱀파이어에 대한 글을 실었다. 이 책은 뱀파이어 이야기(신화 속 뱀파이어의 역할에 대한 분석), 문화적 전설, 역사적으로 기록된 사건에 이의를 제기하는 글 등을 담은 초기의 광범위한 모음집이었다. 이 책은 평판이 매우 좋은 덕분에, 추가 연구 내용을 덧붙이고 초판에 쏟아진 찬사들을 수록해 1751년에 재출간되었다. 칼메는 뱀파이어가 실재할 가능성을 고찰했지만, 결론을 내리지는 않았다.

1732년 5월 런던에서 발행된 잡지 『젠틀맨스 매거진』에 실린 「정계의 뱀파이어들」이라는 제목의 기사는 역사적 관점에서 뱀파이어를 기록했지만, 이는 정치가가 지역 주민들의 피를 빨아 먹는 것을 비유하기 위한 디딤돌로 사용되었다.

아래에 적힌 뱀파이어 이야기는 언제나 우화적 문체가 두드러지는 세계의 저쪽 지역(동유럽)에서 유래한 것이다. 헝가리는 튀르크족Turks과 게르만족Germans의 지배를 받고 있다. 이 뱀파이어들은 산 자의 피를 모조리 빨아들임으로써 고통을 주고 목숨을 빼앗는다고 한다. 세계의 이쪽 지역(서유럽)에서는 탐욕스러운 고위 관리들이 거머리나 뱀파이어에 빗대어 표현된다. 그들의 부조리한 권력

행사는 죽어도 끝나지 않으며 틀림없이 정치 공동체의 생명과 정신을 점진적으로 고갈시킬 것이다… '하이두크'라고 불리는 폴 아놀드Paul Arnold(세르비아의 뱀파이어인 아르놀드 파올레의 졸렬한 영국식 철자법)는 그저 하찮은 하급 관리다. 겨우 네 사람을 죽였다고 알려져 있으므로. 그런데 만약 그가 계급이 좀 있는 뱀파이어였다면 아마 만 명 정도는 죽였다는 말이 들렸을 것이다. 말뚝이 가슴을 꿰뚫자 아놀드가 끔찍한 신음 소리를 냈다는 말은 이야기 전체가 어떤 살아 있는 폭군에 반대하는 풍자적 우화라는 주장의 핵심 근거로 보인다. 아놀드가 잃어버린 피는 그가 동향인들의 피에서 착취한 부정한 대가를 갚게 만드는 형상화일지도 모른다. 개개인이 뱀파이어가 될 수는 있다. 하지만 재정적 힘이 뒷받침되지 않고서는 결코 완전한 뱀파어이가 탄생할 수 없다.[17]

마찬가지로 볼테르도 정계의 인물들을 뱀파이어에 비유했다. "정확히 말하자면 왕은 뱀파이어가 아니다. 진정한 뱀파이어는 왕과 국민들의 희생으로 먹고사는 성직자들이다"[18] 이와 같이 18세기에 뱀파이어는 너무나 쉽게 볼 수 있는 개념이 되어 관용적으로 쓰였다. 동시에 멀리 떨어진 동유럽 사회에서 뱀파이어의 존재를 믿게 만드는 실제 이야기들이 서서히 퍼지면서 공포심을 자극했다. 1770년 10월 26일 프랑스 신문 「가제트 프랑세즈」에는 유럽 전역에 자리 잡은 뱀파이어에 대한 걷잡을 수 없는 관심을 보여주는 뉴스 기사가 게재되었다.

수년 전 헝가리에서 엄청난 돌풍을 일으켰던 뱀파이어에 대한 공포가 몰다비아 국경의 작은 마을에서 기괴하리만치 소름 끼치는 사건들과 함께 또다시 시작되고 있다. 이 전염병이 마을로 들어오면서 몇몇 협잡꾼들은 병균에 오염된 시체들의 이를 뽑고 그 잇몸에서 피를 뽑아내는 것이 감염을 막는 확실한 방법이라고 일부 하층민들을 설득했다. 경관들이 이를 막기 위해 애썼지만 역부족이었다. 결국 이 역겨운 행위는 많은 사람을 죽음으로 내몰았다.[19]

사람들은 계몽운동의 합리주의 사상에 따라 뱀파이어를 과학적 용어로 풀어내기 위해 노력했다. 이스트리아에서 세르비아, 몰도바에 이르는 슬라브족 시골 공동체가 공유하는 뱀파이어 신앙의 기원은 당시 빈번했던 조기 매장 관습에서 비롯되었을 가능성이 가장 크다. 당시에는 의학에 대한 이해가 부족해, 실제 사람이 완전히 죽지 않은 상태에서 사망 선고를 받는 일이 드물지 않았다. 조기 매장에 대한 두려움이 얼마나 널리 퍼졌는지, 최고급 관을 제작할 때는 방울을 달기도 했다. 희생자가 관에 묻힌 상태에서 의식을 찾으면 방울을 울려 도움을 청하도록 한 것이다.

너무 일찍 매장된 사람들 중 몇몇은 숨이 막히기 전에 필사적으로 무덤에서 탈출했을지도 모른다. 최근에 죽어 매장된 사람이 지금은 피(만약 나무 관과 쌓인 흙을 부수고 나왔다면 아마도 자신의 것일)가 범벅이 되어 묘지 주변을 비틀거리며 걷는 광경이 사람들의 상상력을 자극해 초자연적인 설명으로 이어졌을 것이라 충분히 짐작할 수 있다. 게다가 죽은 후에도 머리카락과 손톱이 계속 자라는 이유와 몇몇 시체의 몸이 붓거나 붉은색으로 상기된 것처럼 보이는 이유에 관해서도 과학적 설명이 가능하다. 지금은 이 시골 공동체에서 뱀파이어 전설에 불을 지피는 역할을 한 조기 매장과 관련된 실제 일화가 몇 가지 있었을 것이라고만 알아두자. 이 문제에 대한 현실적인 해결책은 분명하게 존재한다. 먼저, 시체를 무덤에 박아 고정시키면 밤새 배회하면서 아수라장을 만드는 일은 없을 것이다. 또, 시체를 화장하는 것도 한밤의 산책을 불가능하게 할 것이다.

부크 카라지치

슬로베니아 땅에서 민간 전설과 풍습을 기록한 가장 중요한 연대기 작가가 발바소르 남작이었다면, 세르비아에서는 부크 카라지치Vuk Karadžić가 그 역할을 맡았다. 당시 세르비아 국경을 넘어 보스니아, 몬테네그로, 크로아티아의 일부 지역까지 다룬 민족지학자로서 카라지치의 중요성은 아무리 강조해도 지나치지 않다. 남슬라브족의 전통은 발바소르와 카라지치 두 사람을 통해 잘 다루어졌다. 카라지치는 독재자 밀로시 오브레노비치의 눈 밖에 나서 1810년대 세르비아에서 강제로 추방된 후 빈에 정착하게 되었고, 오히려 더 영향력 있는 사람이 되었다. 오스트리아·헝가리제국의 중심부에서 도시를 선도하는 세르비아 출신 지식인이자 작가로, 오스트리아인들에게 세르비아인에 대해 알려달라는 요청을 받았다. 무엇보다도 레오폴트 폰 랑케Leopold von Ranke의 주요 저서 『세르비아 혁명』의 소중한 정보원이었다. 같은 처지에 놓여 있던 세르비아인들은 스스로를 더 잘 이해하기 위해 그에게 기대를 걸었다. 그는 괴테, 알렉산더 폰 훔볼트Alexander von Humboldt, 야코프 그림, 몬테네그로의 유명한 시인 페타르 페트로비치 네고시Petar Petrović Njegoš 등 유럽의 뛰어난 문화계

인사들과 정기적으로 연락을 주고받았다.

카라지치의 영향력은 언어학 분야에서 특히 두드러졌다. 1850년 빈에서는 세르비아어와 크로아티아어를 하나의 언어로 통일하는 어문 협약이 체결되었고, 이 언어는 세르보크로아트어라고 불렸다. 이 협약은 폭풍우가 몰아치는 역사를 견뎠다. 현재 구 유고슬라비아에서 시작된 두 나라는 언어의 독립을 주장한다. 보스니아어와 몬테네그로어도 마찬가지로, 실제로는 네 언어가 거의 동일하지만 사람들은 정치적인 이유로 그것들이 서로 다르다고 주장하고 있다. 카라지치가 세르비아어로 글을 쓴 것도 정치적 행동처럼 느껴졌는데, 그는 형식에 매우 까다로운 교회 세르비아어Church Serbian와 구별하기 위해 자신이 '목자의 언어'라고 부르는 토착어로 글을 썼다.

카라지치는 독학으로 공부했고, 대부분의 학자에게 필수 전제 조건이었던 출생 환경의 이점이 전혀 없었다는 점에서 특히 눈에 띄었다. 그는 유럽의 여러 대학교에서 수많은 명예 학위를 받았지만 전통적인 학위를 받은 적은 없다. 그의 글은 불화를 일으켰다. 카라지치는 신약성서에 대한 새로운 해석을 내놓았지만, 세르비아 정교회는 이를 못마땅하게 여기며 인정하지 않았다. 그의 방대한 글은 대부분 사망한 지 한 세기가 지난 1970년대에서야 출판되었다.

우리의 목적과 관련해, 카라지치가 기록한 세르비아의 민족지학은 중요하다. 오스트리아의 지배 아래 있던 슬라브족에 대한 오스트리아인들의 개념 형성에 영향을 미쳤기 때문이다. 카라지치는 늑대인간과 뱀파이어를 포함한 많은 민속 전통에 관한 글을 썼다. 잘 알려진 동유럽 신화 속 두 괴물은 간혹 그의 글에서 하나로 합쳐지기도 하는데, 특히 빈 궁정의 슬로베니아어 검열관 예르네이 코피타르Jernej Kopitar와 공동 저술해 1818년 첫 인쇄를 한『세르비아어 사전』이 그랬다.

늑대인간은 죽은 지 40일 뒤에 어떤 사악한 영이 깃들어 되살아난 (뱀파이어가 된) 존재다. 그는 밤마다 무덤에서 일어나 집에 있는 사람들의 피를 빨아먹는다. 정직한 사람은 새나 다른 동물이 그의 시신을 가로질러 지나지 않는 한 늑대인간이 되지 않는다. 그래서 최근에는 동물이 죽은 사람을 가로지르지 않도록 항상 무덤을 지킨다. 늑대인간은 대개 성탄절부터 스파소브단Spasovdan(승천일, 그리스도가 무덤에서 부활한 이후를 기리는 부활절 전통의 일부) 사이의 겨울에 나타난다. 한마을에서 사람이 갑자기 대거 사망하기 시작하면 묘지에 늑대인간이 있다는 소문이 소용돌이치면서(더구나 누군가는 밤에 장례용 수의를 어깨에 걸친 그를 맹세코 봤다고 하고), 사람들은 누가 늑대인간이 된 것인지(혹은 늑대인간으로 되살아난 것인지) 추측하기 시작한다. 그들은 간혹 어리고 얼룩이 없는 검은 종마를 데려가 늑대인간이 숨어 있을 것으로 의심되는 무덤 위를 지나도록 이끈다. 그들이 그렇게 행동하는 이유는 검은 종마는 늑대인간의 무덤 위를 걷지도 않고 걸을 수도 없을 것이라고 생각하기 때문이다. 그 무덤이 늑대인간의 무덤이라고 확신할 때, 무덤을 파헤친다. 모든 마을 사람이 산사나무 말뚝을 들고 모여서(늑대인간은 오직 산사나무 말뚝만 무서워하며, 산사나무가 꼭두서니 위에 자라기 때문에 "이자가 가는 길에 산사나무와 꼭두서니를 보게 하라"라는 속담도 있음) 관을 연다. 만약 시신이 부패하지 않았다면 말뚝을 박고 불 속에 던져 태워버린다. 가끔은 인간의 피로 혈색이 불그레하고 ('뱀파이어처럼 붉다'라는 표현도 있음) 두툼하게 부풀어 오른 늑대

인간을 발견할 때도 있다. 늑대인간은 자신의 아내를 찾아가(특히 그녀가 젊고 예쁘다면) 함께 잠자리를 하는데, 사람들이 말하길 늑대인간과 낳은 아이는 뼈가 없이 태어난다고 한다. 방앗간, 밀과 곡식을 비축해둔 곳 근처에서는 굶주린 늑대인간이 자주 목격된다.[20]

이 짧은 구절에 담긴 내용은 많지만, 가장 인상적인 부분은 아마 이스트리아의 지우레 그란도 사건에서부터 세르비아와 그 너머에 이르기까지 동유럽 전설과 전통에 일관성이 있다는 점일 것이다. 외딴 마을에서 일어난(민속 전통에서 뱀파이어는 도시의 괴물이 아닌 시골 마을의 초자연적 현상) 의문의 죽음이나, 무덤을 파내면 드러나는 비대하고 뺨이 붉으며 부패하지 않은 시신, 산사나무 말뚝을 박아 의심스러운 뱀파이어를 제거하는 행동 등이 그러하다.

카라지치는 산사나무 말뚝을 무기로 선택한 이유를 가장 먼저 설명한 인물이기도 하다. 발칸반도에서는 산사나무에 열리는 핏빛의 붉은 열매가 심장 질환을 다스리는 전통 약재로 쓰였다. 산사나무는 목질이 단단해 튼튼한 말뚝을 만들 수 있는데, 뱀파이어의 심장을 꿰뚫는 행위가 '심장과 관련된 문제를 바로잡는다'는 상징적 연관성까지 띤다는 점에서 그 선택은 더욱 의미심장해 보인다.

카라지치가 적어둔 세르비아 속담은 대략 "이자는 산사나무 막대기로만 다칠 수 있다"로 옮길 수 있는데, 이는 누군가 육체적으로나 정신적으로 매우 강인함을 뜻한다. 산사나무는 뱀파이어를 예방하는 수단으로도 쓰였다. 매장하기 전, 집에 모셔놓은 고인의 시신 머리맡에 산사나무 가지를 걸어두기도 했고, 더 섬뜩하게는 산사나무 가시를 고인의 배꼽에 억지로 박았다는 사례도 기록되어 있다. 마찬가지로 되살아날까 우려되는 이들의 무덤을 덮은 흙에도 가시를 박아두었다.

산사나무 가지를 문에 붙이거나, 아이들이 가지고 다니는 보호 부적에 산사나무 조각을 넣었을 가능성도 있다. 산사나무 앞에 케이크, 꽃, 약초, 심지어 말편자 같은 제물을 바치는 일은 슬라브족의 전통이었다. 이는 산사나무가 악마의 집일지도 모른다는 고대의 믿음과 관련되어 있다. 제물을 바치면 악마가 나무에 머무르지만, 그렇지 않으면 배가 고픈 상태로 마을까지 내려올지도 모른다는 이야기였다. 더구나 악마는 쇠붙이를 두려워한다고 알려졌기에, 말편자는 악마를 나무에 가두기 위한 장치로 사용되었다.

세르비아의 고대 우주 신화에 따르면, 온 세상은 산사나무 위에 얹혀 있고 검은 개가 그 나무를 끊임없이 물어뜯고 있다고 한다. 개가 나무를 깊게 물수록 산사나무는 기울기 시작하는데, 이때 발생하는 흔들림이 곧 지진의 시작이다. 훗날 이 신화에 기독교적 요소를 덧붙인 변형에서는 성 베드로가 지팡이를 휘두르자 산사나무가 다시 곧게 섰고, 그와 함께 지진도 멈추었다고 전한다.

산사나무가 슬라브족에게만 특별한 울림을 지닌 것은 아니다. 타키투스Tacitus의 기록에 따르면, 게르만족 또한 매장 관습에 산사나무를 사용했다. 산사나무는 산 자의 세계와 죽은 자의 세계를 가르는 경계를 상징하는 나무로 알려져 있으며, 고대 그리스와 로마의 전설에서도 악마와 마녀를 막고 죽은 자가 다시 돌아오는 일을 방지하는 데 효과적이라고 언급되기도 한다.

카라지치는 『세르비아어 사전』에서 늑대인간, 부코들라크, 뱀파이어, 뱀피르를 서로 호환되는 단어처럼 사용하며 과감한 독자성을 드러냈다.

특히 '부코들라크'라는 단어의 등장은 몇몇 독자들을 놀라게 했을 것이다. 카라지치 자신의 세례명인 부크Vuk는 세르비아어로 '늑대'를 뜻하는데, 그의 부모가 신생아를 해친다고 믿었던 악마들로부터 아이를 지키기 위해 붙인 일종의 부적 같은 이름이었다. 이름 자체가 그가 살아남도록 돕는 방패였던 셈이다.

사바 사바노비치

사바 사바노비치 이야기는 세르비아의 뱀파이어 설화 가운데 제법 유명한 편이다. 게다가 앞서 보았듯이 세르비아는 뱀파이어 설화의 요람으로도 자주 언급된다. 세르비아가 아직 유고슬라비아의 일부였던 1973년, 이 이야기는 세르비아 최초의 공포 영화로 여겨지는 〈렙티리카〉로 각색되었다.

다만 현지 구전 전설을 바탕으로 한 가장 널리 알려진 버전은 밀로반 글리시치Milovan Glišić가 쓴 글이다. 그는 '세르비아의 고골'로 불리는 19세기의 인기 작가이자 프랑스어·러시아어 번역가였다. 글리시치는 부크 카라지치를 깊이 이해하고 존경했으며, 자신의 뱀파이어 이야기에 카라지치의 민족지학적 참고 자료들을 적극적으로 끌어들였다. 여기에 고골을 비롯한 북슬라브 작가들의 전설적 모티브까지 혼합했다. 이 작품은 1880년 「90년 후」라는 제목으로 처음 발표되었다. 은銀은 상처를 입히지만 다른 금속은 그렇지 않다는 설정, 산사나무 말뚝 같은 요소를 통해 오늘날 우리가 전형적으로 떠올리는 뱀파이어 서사의 일부를 이미 갖추고 있으면서도, 다른 한편으로는 『드라큘라』의 영향 아래 굳어진 익숙한 구상에서 벗어나려는 면모를 보인다.

이 이야기와 관련된 방앗간은 거의 한 세기 동안 바히나바슈타와 발레보(글리시치의 출생지)를 잇는 도로에서 약 3킬로미터 떨어진 로가치차강 유역에 자리했으며, 1950년대까지도 실제로 사용되었다. 이후에도 여행자들의 호기심을 자극하는 현장으로 남아 있다가, 2010년 일부 주민들이 복구해 제대로 된 관광지로 만들 계획을 세웠다. 그러나 2012년, 수리가 시작되기도 전에 방앗간이 무너지고 말았다. 시 당국은 능청스러운 유머를 섞어 "사바 사바노비치가 드디어 마음 놓고 새집을 찾아볼 수 있게 되었다"라고 발표했다. 이 프로젝트는 2018년 재개되었고, 여전히 진행 중인 것으로 전해진다.

뱀파이어 전설에 불을 지피다

뱀파이어 전설의 대중화는 거의 19세기 내내 계속되었고, 20세기 후반에 다시 유행했다고 해도 무방하다. 이 책의 목적이 동유럽 기원을 넘어 뱀파이어에 대한 문화적 관심의 흐름을 추적하는 데 있지는 않지만, 영국제도 출신 작가들이 변방의 기이한 믿음을 처음으로 더 넓은 대중의 관심사로 끌어올렸다는 점은 주목할 만하다.

또한 잔혹하기로 악명이 높아 '뱀파이어'라는 별칭을 얻은 역사적 인물들을 스치듯 언급해두는 것도 의미가 있겠다. 다만 이런 맥락에서 '뱀파이어'라는 표현은 문자 그대로의 비난이라기보다, 누군가를 '악마' 혹은 '악의 화신'이라 부르는 것과 비슷한, 일반적인 경멸의 수사로 더 자주 사용되었다.

자신의 혈색을 유지하려고 처녀의 피로 목욕했다고 전해지는 헝가리·슬로바키아의 백작 부인 엘리저베트 바토리Elizabeth Báthory가 대표적 사례다. 그녀는 약 300명의 여성과 소녀를 고문하고 살해했다는 혐의를 받았다. 다만 남아 있는 증거가 주로 정황증거고, 상당 부분이 고문 뒤 얻어진 진술에 기대고 있어 오늘날의 기준으로는 법정에서 그대로 인정되기 어렵다. 그렇다고 해서 그녀가 실제로 그런 범죄를 저지르지 않았다고 단정하기도 쉽지 않다.

어쨌든 뱀파이어를 검색하다가 바토리가 불쑥 등장하더라도, 그녀의 이야기는 초자연적 뱀파이어라기보다 연쇄적이고 무자비한 가학성, 혹은 적어도 그렇게 간주되어온 폭력성의 문제로 이해하는 편이 더 정확하다.

최초의 뱀파이어 소설은 19세기 초, 한때 바이런 경Lord Byron의 개인 주치의로 일하기도 했던 스무 살 청년 존 폴리도리John Polidori가 썼다. 문학사에서 가장 유명한 두 괴물인 뱀파이어와 프랑켄슈타인의 기원을 둘러싼 이야기는 1816년 6월, 비가 흠뻑 내리던 어느 휴일에 스위스 제네바 호수를 내려다보는 빌라 디오다티Villa Diodati에서 시작된다. 바이런과 그의 친구이자 동료 시인인 퍼시 비시 셸리Percy Bysshe Shelley, 그리고 소수의 친인척과 몇몇 친구는 장엄하기로 이름난 알프스산맥을 한눈에 담을 수 있는 전망에 이끌려 그곳에서 함께 휴가를 보냈다. 그러나 악천후 탓에 어쩔 수 없이 실내에 머무르게 되었다.

그들은 이 별장에서 독일 괴담집의 프랑스어 번역본, 장바티스트 브누아 에리에스Jean–Baptiste Benoît Eyriès가 옮긴 『판타스마고리아나, 혹은 유령과 환영, 망령 등의 역사』를 우연히 접했다. 그 책에서 영감을 받은 일행은 각자 초자연적 이야기를 지어 서로에게 들려주기로 했다. 퍼시 셸리의 어린 아내 메리 울스턴크래프트 셸리_{Mary Wollstonecraft Shelley}도 이 모임의 일원으로서, 그 어둡고 비 오던 밤에 탄생한 창작물 가운데 가장 불후의 명작이 될 소설『프랑켄슈타인』을 써냈다.

바이런은 한 젊은 남자와 함께 튀르크 지방을 여행하던 경험을 바탕으로, 그곳의 묘지에서 "한 달 뒤 돌아오겠다"라는 약속을 남긴 채 죽는 영국 귀족을 주인공으로 하는 뱀파이어 이야기의 초안을 구상했다. 폴리도리는 이 아이디어를 가져와 발전시켰는데, 그의 버전에서는 그 인물을 비교적 결백하게 묘사한다. 크리스토퍼 프레일링은 다음과 같이 적었다. "1816년 여름, 바이런과 셸리가 다른 일에 매여 있는 동안 폴리도리는 두세 번의 한가로운 아침나절 시간을 때우기 위해 바이런의 이야기를 고쳐 쓰고 확장했다. 그리고 그 원고를 제네바에 남겨둔 채 더는 그 일에 대해 생각하지 않았다. 훗날 그는 누군가가 자신의 동의도 구하지 않은 채 그 원고를 런던의 한 출판사에 보냈다고 주장했다."[21]

폴리도리는 얼마 지나지 않아 바이런에게 해고되었다. 그해 영국에서는 바이런의 옛 연인 캐럴라인 램 부인_{Lady Caroline Lamb}이 그를 모델로 주인공을 창조해 쓴 소설『글레나본』이 출간되었다. 소설은 상업적 성공으로 이름을 떨치던 출판업자 헨리 콜번_{Henry Colburn}에 의해 큰 흥행을 거두었다.『뱀파이어』도 콜번의 손에서 출간되었다. 그야말로 '바이런 관련 베스트셀러'의 해였다.

성공의 비결 가운데 하나는『뱀파이어』가 당시 명성이 절정에 달했던 바이런의 비밀 작품처럼 홍보되었다는 점이다. 표지에 'L. B.'라는 이니셜이 찍혀 있었기에 대중은 대부분 이 작품이 바이런의 작품이라고 추측했다. 나중에는 실제로 그의 작품집에 수록되기까지 했다. 바이런에게는 당황스러운 일이었지만, 곤혹스럽게도 이 소설은 즉각적인 성공을 거두었고, 그 명성은 뱀파이어 문학의 첫 물결을 촉발했다.

폴리도리의 뱀파이어는 루스벤 경Lord Ruthven이라 불린다. 그는 죽은 듯 생기 없는 회색 눈동자와 송장 같은 빛깔의 얼굴로 묘사되며, 튀르크 지역의 공동묘지 무덤에서 되살아나 런던 상류층의 피를 말린다. 죽음에서 돌아와 영국을 공포로 몰아넣는 발칸반도의 창백한 귀족이 익숙하게 느껴진다면, 바이런과 폴리도리에서 비롯된 이 서사가 빅토리아시대에 대중에게 크게 유행했기 때문이다. 수많은 카피캣copycats이 뒤를 이었다. 아니, 카피뱃copybats이라고 해야 할까.

『뱀파이어』는 이후에도 살아남아 인기 무대극은 물론 셀 수 없이 많은 속편과 변주로 번져 나갔지만, ‘뱀파이어=귀족’이라는 구상은 대체로 유지되었다. 요컨대, 대중적인 뱀파이어 문학의 형식은 연쇄적인 여성 포식자로서의 바이런, 혹은 그에 대한 당대의 이미지에 뿌리를 두고 있었다. 밤중에 침대 곁으로 다가와 당신의 체액을 빨아들이는 남성, 곧 인큐버스(중세 유럽의 성서에 등장하는 남성 악마)로서 뱀파이어가 지닌 성적 함의는 빅토리아시대 독자들에게 특히 강렬한 매력으로 작용했다.

1840년대 선풍적 인기를 끈 연재소설 『뱀파이어 바니』는 이러한 전통을 이어 갔고, 나아가 당대의 유명 연극배우 헨리 어빙Henry Irving(훗날 드라큘라 백작의 일부 영감이 되었을 가능성이 있다)의 아일랜드 공연 매니저였던 브램 스토커Bram Stoker에게도 의미 있는 영향을 미쳤다.

스토커의 1897년 소설 『드라큘라』는 뱀파이어, 특히 제목의 주인공 드라큘라를 전 세계 대중의 상상 속에 확고히 자리매김시켰다. 그는 드라큘라(루마니아어에서 ‘용’을 뜻하는 어근에서 파생된 이름으로 설명되기도 한다)를 형상화하는 데 실존 인물인 군주 블라드 테페스_{Vlad Tepes}의 이야기를 끌어왔다. 드라큘라를 죽이는 방법은 제한적이었는데, 그중 가장 널리 알려진 방식은 나무, 특히 산사나무로 만든 말뚝을 가슴에 박는 것이다. 이 설정은 테페스의 별명인 '찌르는 자_{the Impaler}'를 즉각 떠올리게 한다.

찌르기 형벌은 비잔틴제국에서 계승된 튀르크식 처형 방식으로, 희생자의 복부를 날카로운 나무 말뚝으로 꿰어 땅에 고정시키는 방법이었다. 테페스는 오스만제국에 감금되어 있던 시기에 이 처형이 주는 위협과 공포의 효과를 충분히 체감했으며, 훗날 튀르크인과의 전투에서도 이를 적극적으로 활용한 것으로 전해진다. 그는 1448년부터 1477년까지 군림했는데, 이는 뱀파이어 전설이 문헌에 본격적으로 기록되기 시작한 시점보다 2세기 정도 앞선다. 다만 기록이 남기 이전에도 전설은 오랜 세월 구전되었을 가능성이 크며, 수천 년까지는 아니더라도 적어도 수 세기에 걸쳐 전승되었을 것이라 추정해볼 수 있다.

학자들은 스토커가 『드라큘라』를 집필하는 동안 읽었던 수많은 자료들을 추적해왔다. 예컨대, 그는 『왈라키아 공국과 몰다비아 공국 이야기』, 『튀르크 민족 통사』 등을 통해 블라드 테페스에 관한 지식을 얻었다. 카라지치나 발바소르를 읽었을 가능성은 높지 않다(지금까지도 발바소르의 저술은 영어로 읽기 어렵다). 그러나 초기의 뱀파이어 서사들은 이미 유럽 전역에 널리 퍼져 있었다.

아마도 스토커는 로버트 사우디_{Robert Southey}의 1801년 작품 『파괴자 탈라바』에 실린 변형된 이야기 버전을 통해 세르비아의 뱀파이어 아르놀드 파올레를 알게 되었을 것이다. 그렇다면 그는 최초의 출처를 직접 찾아가지 않더라도, 핵심이 되는 뱀파이어 설화와 전승의 골격을 충분히 파악할 수 있었을 것이다. 또한 스토커가 창조한 의사이자 뱀파이어 사냥꾼인 에이브러햄 반 헬싱Abraham van Helsing의 구상은, 파올레 사건을 조사하기 위해 파견되었던 의학적 자격을 갖춘 오스트리아 관리들의 보고와 서사에서 영감을 얻은 것으로 보인다.

19세기 후반, 이상적인 여성상의 관념이 변화하면서 여성 뱀파이어가 여러 문화적 배경 속에서 본격적으로 등장하기 시작했다. 그중 일부는 서큐버스(중세 유럽의 성서에 등장하는 여성 악마)로 형상화되었다. 그들은 피해자가 잠든 사이 침실에 나타나 생명력을 빨아들이는 존재로 묘사되었다. 에드바르 뭉크Edvard Munch의 잊을 수 없는 1893년작 〈사랑과 고통〉은 (작가가 직접 붙인 것은 아니지만) 곧 '뱀파이어'라는 호칭으로 불리게 되었고, 문학에서는 셰리든 르 파누Sheridan Le Fanu의 「카밀라」에 등장하는 레즈비언 뱀파이어가 특히 주목을 받았다. 이후 남성성의 파멸이라 불리는 제1차세계대전을 거치며, 뱀파이어 팜파탈vampire femme fatale(매혹적인 여자 뱀파이어)은 줄여 '뱀프vamp'라고 부를 만큼 익숙한 인물형으로 자리 잡았다.

18세기부터 크든 작든 다양한 방식으로 사랑받아온 괴물 뱀파이어는 이제 정말 어디에나 존재한다. 뱀파이어는 분석심리학자 카를 융이 말한 원형이 될 자격이 충분하고도 남는다. 20세기 영국의 한 신문에는 베오그라드 중심가에 뱀파이어가 나타나 행인들에게 돌을 던졌다는 기사까지 실렸다. 표현주의는 뱀파이어를 열렬히 받아들였고, 그중에서도 F. W. 무르나우F. W. Murnau의 1922년작 《노스페라투》가 가장 유명하다. 21세기 초에 이르러서는 《트와일라잇》 시리즈든, 《블레이드》든, 《뱀파이어와의 인터뷰》든, 《트루 블러드》든 대중문화 속 수많은 뱀파이어 가운데 하나쯤은 누구나 이미 마주쳤을 것이다. 《뱀파이어 해결사》나 《링컨: 뱀파이어 헌터》 같은 작품이 잠깐 반짝하고 사라진다 해도, 당신이 우스꽝스럽고 과장된 스타일을 좋아하든(《반 헬싱》, "하루 종일 살육하라" 같은 구호와 함께), 더 세련된 스타일을 선호하든(《프리처》, 이 작품에서 뱀파이어 신앙은 과격한 유혈 사태의 구실이라기보다 지적인 장치로 기능한다), 스트리밍 시대에 뱀파이어가 부족할 일은 없다.

뱀파이어는 한 존재가 다른 존재의 생명력을 빼앗아 번성하는 맥락이라면 어디에서든 빈번히 호출된다. 뱀파이어 이야기의 기원은 남슬라브에 있지만, 북슬라브인들은 그 발상을 자기 것으로 끌어안으며 이야기의 우화적 잠재력을 적극 활용해왔다. 카를 마르크스의 『자본론』 10장에는 "자본은 뱀파이어처럼 오직 살아 있는 노동을 착취해 살아가고, 살면 살수록 더 많은 노동을 착취하는 죽은 노동이다"라는 구절이 있다.[22] 어쩌면 마르크스는 부크 카라지치를 읽었을지도 모른다. 그는 뱀파이어와 늑대인간의 비유를 뒤섞어 과잉 노동에 대한 늑대인간 같은 허기를 말하고, "노동일의 연장은 노동자의 생혈에 대한 뱀파이어 같은 갈증을 그저 약간 해소시킬 뿐이다"라고도 썼기 때문이다.[23] 크리스토퍼 프레일링이 주목했듯, 마르크스는 같은 장에서 자신의 봉건 영지를 위해 소작농의 노동력 대부분을 착취한 왈라키야의 귀족에 관한 일화 또한 인용한다. 이는 역사적 사실에 바탕을 두고 있고, 그 귀족이 바로 블라드 테페스였다.

오늘날에도 뱀파이어에 대한 믿음은 여전히 건재하다. 세르비아, 심지어 수도 베오그라드에서도 장례식 조문객들이 한 무리로 묘지를 떠나는 일은 관례로 굳어지지 않았다. 의식이 끝나면 사람들은 망자가 원한을 품고 일어나 뒤따라오지 못하도록 각자 다른 방향으로 흩어져 떠난다. 망자에게 혼란을 주기 위한 예방책인 셈이다. 그러고 나서 미리 정해둔 장소, 대개는 주점에서 다시 모인다.

떠나기에 앞서 장례식장에서 소리 내어 웃는 것이 중요하다고 여기는
이들도 있다. 이는 고대 그리스에도 있었던 전통으로, 큰 목소리와 소음
이 악령을 쫓는 데 효과적이라고 믿었기 때문이다.[24] 어쩌면 그 웃음은
옆구리에 단단한 산사나무 지팡이를 끼운 채 지어 보이는 억지웃음이었
을지도 모른다.

2장

늑대인간

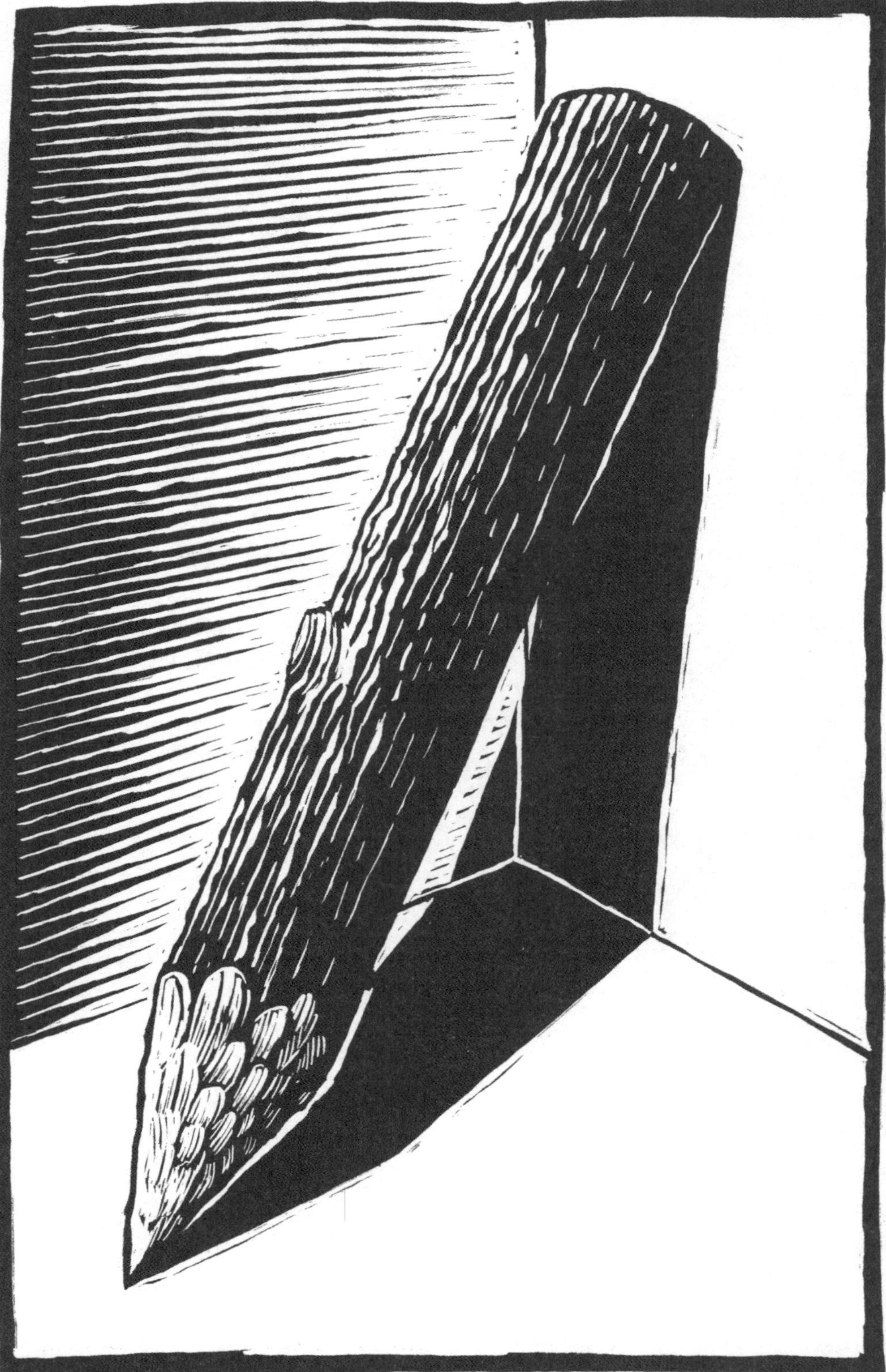

늑대인간 이야기

"몇 시쯤 떠나셨더라?"

아내가 남편을 바라보았다.

"8시였어요. 수도원 종소리가 들렸거든요."

조르제가 대답했다.

"그래, 아직은 때가 아니구만."

그는 사시나무 숲을 가로지르는 길고 인적 드문 하얀 길로 다시 눈을 돌렸다. 아이 하나가 엄마의 앞치마를 잡아당기면서 드리웠던 침묵이 깨졌다.

"할아버지는 집에 언제 오세요?"

엄마가 흠칫 놀라 어린 아들을 찰싹 때리자, 아이는 울기 시작했다.

조르제는 얼굴을 붉히며 손님인 두르페 후작Marquis d'Urfe을 보았다.

"후작님, 정말 죄송합니다. 아시겠지만, 그자가 너무 늦게 돌아온다면 알 수 있을 겁니다. 그자가…. 부코들라크는 그가 나타난 날에 이름을 부르며 초대해주지 않으면 집에 들어올 수가 없거든요. 제 아이들은 이

걸 모르지만 이제는….”

“부코들라크?”

후작이 서툰 세르비아어로 대답했다.

“당신 아버지 말이오?”

조르제는 옅은 안개가 자욱하게 낀 하얀 길에서 눈을 떼지 않은 채 말했다.

“후작님께서 걸음해주셔서 정말 영광스럽고, 변변찮은 저희 여관을 찾아주신 것도 기쁩니다. 하지만 하필 좋지 않은 때 저희 마을을 지나시게 되었습니다. 열흘 전, 제 아버지….”

그의 아내가 헉 하고 숨을 들이쉬었고, 조르제는 그녀에게 조용히 하라는 손짓을 했다.

“조랴Zorja, 어차피 너무 늦었어, 녀석이 이미 아버지 이름을 말해버렸잖아. 제 아버지 고르차Gorča는 이 땅을 공포의 도가니로 몰아넣은 알리베그Alibeg라는 튀르크 도적놈을 잡겠다고 마을 민병대에 합류하러 가셨습니다. 떠나시기 전에 저랑 제 동생 페타르Petar를 불러서 이렇게 말씀하셨죠. ‘내 아들들아, 아비는 이 개자식을 뒤쫓는 훌륭한 사내들이랑 같이 산으로 올라갈 거다. 열흘 내에 돌아오마. 만약 내가 열흘째 되는 날까지 돌아오지 않는다면 죽은 것일 테니 내 혼백을 위한 미사를 올려다오.’”

조르제는 잠시 멈춰서 숨을 길게 들이마시고는 말을 이었다.

“‘하지만 만약, 그런 일은 없어야겠지만, 내가 열흘이 지난 후에 돌아온다면 너희들을 위해서라도 절대 나를 집으로 들여보내서는 안돼! 그런 일이 벌어지면, 명령이니, 내가 한때 너희 아비였던 걸 잊어버려라. 내가 무슨 말을 하고 무슨 행동을 하더라도 말이야. 너희는 산사나무 말뚝으로 내 심장을 찔러야 한다. 나는 너희 모두를 죽이기 위해 돌아온 저주받은 부코들라크일 테니까.' 그리고 오늘이 열흘째입니다."

후작은 방 안을 천천히 둘러보았다. 이곳은 베르사유에서 외교 사절로 파견된 그가 묵고 있는 작은 여관의 식당이었다. 여관은 몰도바와 보스니아의 중간쯤에 자리한 '참나무의 성모'라는 마을에 위치하고 있었다. 한때 대사로 일한 적이 있던 그는 슬라브어를 어느 정도 구사했기에 현지인들과도 그럭저럭 지낼 만했다. 마을은 자갈로 포장된 길 하나 없이, 그저 사시나무 숲속 빈터에 몇 채의 집이 모여 있는 황량한 곳이었다. 눈에 띄는 것이라고는 마을 끝자락의 수도원뿐이었다. 몇몇 나이 든 정교회 수도사들이 돌보고 있는 그 수도원은 사실상 유일한 랜드마크였고, 마을 이름 역시 거기서 유래했다.

후작은 예전에도 한번 이 마을에 들러 같은 여관에 묵은 적이 있었다. 이번에 굳이 길을 우회한 이유도 그 집안의 딸 즈덴카Zdenka에 대한 애정 때문이었다. 처음 머물렀을 때부터 그녀의 아름다움에 마음을 빼앗긴 그는 오늘 아침 도착해 사랑스럽고 여전히 미혼인 그녀를 다시 보자 기쁨을 감추지 못했다. 그러나 때가 좋지 않았다. 새 마차와 말이 도착해 그를 몰도바의 일터로 데려갈 때까지, 그는 적어도 이틀은 더 그곳에서 머물러야 했다.

식탁에는 페타르 부부와 조르제 부부, 두 사람의 여동생인 즈덴카, 열 살도 채 안 된 아이들 넷이 둘러앉아 있었다. 조르제는 좀처럼 앉지 못하고 서성거렸다. 가족의 가장이 앉아야 할 난롯가의 의자가 눈에 띄게 비어 있었다.

후작이 가능한 한 점잖게 말했다.

"곤란한 상황이라니 유감이오. 헌데 부코들라크가 뭐요?"

주머니칼로 산사나무 말뚝의 끝을 뾰족하게 깎고 있던 페타르가 자리에서 고개를 들어 올려다보았다.

"그 단어는 보통 입 밖으로 뱉지 않습니다. 저희는 가끔 밤피르라고 부르기도 합니다. '늑대 가죽을 쓴 자'라는 뜻이죠. 저주 때문에 생긴 것들이에요. 조상들이 모시던 신 부크는 저희한테 힘을 주셨고, 그래서 선조들은 늑대를 숭배했습니다. 하지만 늑대 사이에는 악마들도 끼어 있죠. 부코들라크는 다른 부코들라크에게 죽임을 당한 사람들입니다. 그들은 보통 사람처럼 죽지 않아요. 먹히는 게 아니라 피가 다 빠져 죽습니다. 그러면 피가 없는 늑대인간이 되고, 알려진 바로는 그 후 자기 가족들…."

이 부분에서 페타르의 목소리가 점점 잦아들었다. 조르제가 말을 이었다.

"정상적인 사람을 죽이는 방법으로는 그것들을 죽일 수 없습니다. 칼에 베여도 피가 나지 않으니, 은으로 베지 않는 한은 그 상처가 회복됩니다. 은은 독처럼 작용하죠."

페타르가 말뚝을 들어 보였다.

"혹은 무기가 남아 있는 경우에도 상처가 아물지 않습니다."

후작은 계몽주의자였으므로, 이 지역의 민간설화가 매력적이기는 해도 별 뜻은 없어 보였다. 하지만 방을 가득 채운 긴장감 때문인지, 머리로는 믿지 않더라도 몸에는 그 분위기가 고스란히 전달되었다.

오래된 수도원의 시계가 여덟 시를 알리는 첫 번째 종을 쳤다. 가족들은 모두 얼어붙은 채, 얇고 더러운 창유리 너머로 숲으로 난 길에 시선을 고정했다.

조르제가 속삭였다.

"오신 건가?"

멀리서 한 형체가 홀로 그들을 향해 걸어왔다. 즈덴카가 흐느꼈다.

"아버지야. 신이시여, 감사합니다. 아직 안 늦었잖아. 그렇지?"

페타르가 말했다.

"신이여, 우리를 지키소서. 열흘이 지났는지 아닌지 우리가 어떻게 알아?"

그들은 형체가 성큼성큼 다가오는 모습을 공포에 질린 눈으로 다시 바라보았다. 형체는 지나간 시간보다 빠르게 갑자기 확 가까워졌다. 코 양쪽으로 언월도처럼 휜 은빛 콧수염을 가득 기른 키 크고 뼈만 앙상한 노인이 이제는 후작이 볼 수 있을 만큼 가까워졌다. 그는 긴 머스킷 총을 등에 매고 어깨에는 삼베 자루를 걸친 채, 막대기에 몸을 기대 고통스럽다는 듯이 절뚝거리며 걸었다.

조르제의 눈빛이 단호해졌다. 아이들이 할아버지를 맞이하려고 벌떡 일어나 문으로 향했지만, 조르제가 주먹으로 식탁을 쾅 내리쳤다. 아이들은 걸음을 멈추고 자리로 돌아왔다. 그때 창문에 고르차의 얼굴이 나타났다.

"이거야 원. 날 맞아주는 놈이 아무도 없냐? 들어오라고 안 해? 아비가 다친 게 안 보이는 거야?"

자기도 모르게 측은한 마음이 왈칵 든 후작이 말했다.

"아버지를 도와야 하지 않소? 마실 것 좀 드리시오. 곧 쓰러지실 것 같은데."

조르제는 후작을 쏘아보았지만 고개는 끄덕였다. 그는 문 쪽으로 가서 문을 열어젖히고는 고르차에게 말했다.

"아버지, 상처 좀 보여주세요. 도와드리고 싶어요, 제가…."

고르차가 말했다.

"이 피가 보이지 않냐? 게다가 늑대들, 늑대들이 날 쫓아오고 있었다. 간신히 도망치긴 했다만⋯."

어깨에 있는 핏자국에 조르제는 안심이 되는 듯했다. 그때, 마을 너머 숲에서 번갈아 나는 울음소리에 후작은 소름이 끼쳤다.

즈덴카가 말했다.

"볼코비Volkovi(늑대들―옮긴이)예요. 아버지, 얼른 들어오셔서 문을 닫으세요. 아버지의 피 냄새를 맡고 쫓아오는 거예요."

고르차가 대답했다.

"고맙다, 얘야."

조르제는 아버지를 못 들어오게 막아야 할지 껴안아야 할지 망설였다. 고르차는 그런 아들을 지나 절뚝거리면서 안으로 들어갔다. 그는 힘겹게 식탁에 걸터앉았다. 가족들은 원래 그의 자리인 난롯가의 의자를 바라보곤 혼란스러워하며 그를 돌아보았다. 이윽고 손주들이 다가와 고르차를 끌어안았다.

손주 하나가 말했다.

"근데 할아버지 몸이 너무 차가워요."

다른 아이가 말했다.

"모험이 어땠는지 이야기해주세요."

고르차는 고개를 끄덕였다.

"산에서 무슨 일이 있었는지 이야기는 해주겠다만, 나중에 해주마. 할아비가 지쳤거든. 하지만 이건 말할 수 있지. 도적 알리베그는 더 이상 없단다. 내가 이 손으로 죽였으니까. 의심하는 녀석이 있을까 봐 증거도 가져왔지."

이 말과 함께 그는 어깨에 메고 온 삼베 자루를 열었다. 그 안에서 식탁 위로 잘린 머리가 굴러 나왔다. 눈은 두개골 쪽으로 뒤집혀 들어가 있었고, 터키식 콧수염에는 피가 엉겨 붙어 있었다.

고르차는 그것을 자랑스럽게 내려다보았다.

"문 위에 걸어둬. 그럼 지나가는 사람들도 모두 알리베그가 죽었고 더 이상 길에 도적이 없다는 걸 알게 되겠지. 물론 술탄의 군사인 예니체리들Janissaries은 여전히 득실거리지만."

페타르는 그 말을 따랐다. 그는 등 뒤에 무언가를 숨기고 있었는데, 후작은 산사나무 말뚝이라는 것을 깨달았다. 그는 페타르가 그것을 아내에게 슬쩍 건넨 후 잘린 머리의 머리카락을 잡고 밖으로 나가는 모습을 지켜보았다.

마을에는 밤이 빠르게 내려앉았고, 후작은 방으로 안내되어 마음이 편안해졌다. 자신이 가진 확고한 생각과 논리에도 불구하고 오늘 보고 들은 것은 충격적이었다. 그는 공용 욕실에서 목욕을 하고 방으로 돌아왔다. 옆방의 문이 열려 있었다. 문 너머로 즈덴카가 블라우스를 벗는 모습이 보였다.

"후작님."

목소리에 그는 화들짝 놀랐다. 조르제였다.

"후작님 방은 이쪽입니다."

후작은 침대에 누웠다. 그는 여관의 유일한 손님이었고, 벽이 얇아서 가족들의 대화가 들렸다.

"목 부분, 봤지?"

"응. 깔끔하게 베인 게 아니라 뜯긴 거 같더라."

"칼로 자른 게 아니라, 그건…."

"물어뜯은 거지."

"오늘 밤은 내가 지켜볼게. 아버지는 잠에 드셨어. 얼굴이 평온해 보이기는 한데…."

피로가 몰려오자 후작은 무거워진 눈을 감았다.

그리고 곧 다시 눈을 떴다. 꿈인지 현실인지 확신할 수 없는 수면과 각성의 경계에 걸려 있었다. 무언가 방문이 열려 있다는 예감이 들었다.

'하지만 분명 문을 꼭 닫아두었는데….'

문간에 키 크고 마른 실루엣 하나가 서 있는 듯했다. 후작은 그 형체가 틀림없이 고르차일 것 같았지만, 입이 떨어지지 않았다. 실루엣이 그를 향해 미끄러지듯 다가오자 후작은 죽은 사람처럼 꼼짝도 하지 못했다. 그리고 그 형체는 순식간에 침대 머리맡으로 불쑥 나타났다. 후작은 죽은 사람에게서 풍기는 것 같은, 눅눅하고 비릿한 입 냄새를 맡았다.

'틀림없이 악몽일 거야!'

겁에 질린 그는 어떻게든 잠에서 깨어나려고 애썼고, 곧 깨어났다. 그는 땀에 흠뻑 젖은 채 숨을 몰아쉬었지만, 방 안에는 자신뿐이었다. 문도 닫혀 있었다. 그는 안도의 숨을 내쉬며 창문 쪽을 바라보았다. 그곳에는 창틀에 맞춰 유리에 얼굴을 바짝 붙인 채, 하얀 눈동자로 방 안을 들여다보는 노인 고르차가 있었다. 후작은 비명을 삼켰다. 아무것도 보지 못한 사람처럼, 깊이 잠든 척 침착하게 몸을 가만히 두었다. 엄청난 노력이 필요했지만, 효과가 있었는지 고르차는 이내 창유리에서 물러났다. 아마 후작이 잠들었는지 확인하려던 것일 테다. 그때 옆방에서 목소리가 들려왔는데, 목소리의 주인은 열 살에 가까운 조르제의 아들이었다.

"꼬맹이, 잠이 안 오는 거야?"

고르차의 목소리였다. 아이가 대답했다.

"아뇨, 할아버지. 모험하신 이야기가 듣고 싶어서요."

"뭐가 그리 궁금해?"

"튀르크족이랑 싸운 이야기요! 저도 할아버지처럼 튀르크족이랑 싸울래요."

고르차가 웃었지만, 그 속에는 즐거운 감정이 전혀 없었다.

"할아비가 알리베그한테서 야타간yatagan이라고 튀르크놈들이 쓰는 칼을 뺏어 온 거 알지? 너한테 주마. 어쩌면 내일."

"싫어요, 할아버지. 제발 지금, 지금 주세요!"

"좋다, 이 녀석. 그럼 밖으로 나가자꾸나. 네 아비를 깨우고 싶지 않거든. 나한테 화를 낼 테니까."

"네, 좋아요! 아무 소리도 안 낸다고 약속할게요!"

후작은 아이가 일어나면서 침대가 삐걱거리는 소리를 들었다. 잠시 후 여관의 문이 닫혔다. 아이를 구해야 한다는 결심에, 후작은 본능적으로 침대에서 벌떡 일어나 문을 향해 돌진했다. 하지만 문은 바깥에서 잠겨 있었다. 그는 주먹으로 벽을 쾅쾅 치며 소리를 질렀다.

"일어나시오! 일어나! 노인이 당신 아들을 데려갔소!"

이에 다른 사람들이 동요했고 누군가가 후작의 방문을 열려고 했다. 문이 잠겨 있는 걸 알고 어깨로 문을 부숴 연 사람은 페타르였다.

후작이 소리쳤다.

"노인이 아이를 밖으로 데려갔소!"

이미 밖으로 나간 조르제를 제외한 모두가 거실에 모여 있었다. 잠시 후 조르제는 아들을 품에 안고 돌아왔다. 조르제는 숨을 헐떡였다.

"숲 초입의 길가에 있었어. 숨은 쉬는데 의식이 없어."

페타르가 물었다.

"아버지는?"

조르제는 고개를 저었다.

다행히 아이는 회복되었고 별다른 부상은 없어 보였다. 다음 날 내내 침대에 누워 있기는 했지만, 후작은 모든 게 괜찮은 것 같다는 말을 들었다. 후작도 잠을 잘 못 잔 것 외에는 무사했다. 모든 것이 그의 상상이었던 걸까?

후작은 시큼한 산유와 부드러운 메밀 빵으로 조촐한 아침을 먹다가 옆방에서 즈덴카와 페타르의 아내 아나Ana가 조용히 대화하는 소리를 우연히 들었다.

즈덴카가 말했다.

"하지만 사실을 고려해보면 나쁘다고 판단할 만한 게 없잖아요. 종이 여덟 번 울리기 전에 집에 돌아오셨고, 애를 데리고 나가시기는 했지만 다치게 한 것도 아니니까요."

페타르의 아내가 물었다.

"그럼 왜 도망치셨을까요? 산으로 돌아가신 건가?"

"뭐, 원래도 아버지는 온다 간다 말씀하시는 분이 아니잖아요. 제 얘기는, 행동이 수상하긴 하지만 무시무시한 도적이랑 싸우고 이제 막 돌아오셨다는 점을 잊으면 안 된다는 거죠. 우리한테 비난받을 어떤 행동도 하지 않으셨다구요! 아무런 증거도 없어요. 아버지가 그…."

"그것만큼은 사실이죠. 아버님은 늘 가족에게 분별 있게 행동하는 분이셨어요. 저도 그분이 우릴 해칠 거라고 생각하지 않아요. 그분이 아버님인 한은요. 그렇지만 아가씨 오빠들 생각은 달라요. 아버님이 돌아오신다면 두 사람은 반드시 그분을 죽일 거예요. 둘은 그분이 더는 아버님이 아니라고 확신하니까요."

후작은 즈덴카가 울며 슬퍼하는 소리를 들었다.

"우리 아버지를 죽인다구요? 그냥 그렇게요? 그렇게 되도록 두면 안 돼요. 언니, 절대 그러면 안 된다고요."

아나가 물었다.

"우리가 뭘 어쩌겠어요? 아가씨 오빠들은 남자들이고, 뭐든 두 사람이 결정하잖아요."

즈덴카가 한숨을 쉬었다.

"저도 알아요. 오빠들한테 그러지 말라고 말해본들 아무런 소용이 없겠죠. 만약 말뚝을 못 찾는다면 어떻게 될까요?"

바로 그때, 문이 열리며 페타르와 조르제가 들어왔다. 그들은 후작이 앉아 있는 식탁에 앉았다. 두 사람이 식탁을 탕 치자, 아나와 즈덴카가 아침을 가져다주었다. 즈덴카는 후작을 한참 바라보다가 부엌으로 돌아갔다.

일몰 때가 되도록 노인 고르차는 나타날 기미도 보이지 않았다. 후작은 일찍 방에 들어가 침대에 누웠지만, 쉬이 잠에 들 수 없었다. 이번에는 위험한 상황보다는 사랑스러운 즈덴카에 대한 생각 때문이었다. 이윽고 눈꺼풀이 무거워졌지만, 잠이 빠져들기 직전 커튼이 꼼짝도 하지 않았음에도 마치 바람이 부는 것처럼 방이 서늘해지는 것을 느꼈다. 그의 시선이 창문을 향했고 거기에 또 그것이 있었다. 창유리에 바짝 밀착한 노인 고르차의 송장같이 파리한 얼굴. 눈동자는 희고 이빨은 사람의 것보다는 개의 것에 더 비슷했다.

'가족들에게 경고해줘야 하는데!'

후작은 침대에서 일어나려 했지만 몸이 전혀 움직이지 않았다. 마치 팔다리가 묶여 있고 묵직한 것이 가슴 위에 놓여 있는 것 같았다. 시선을 창문으로 다시 돌리자 그곳은 이제 텅 비어 있었다. 그때 자신의 방과 인접한 방의 유리를 두드리는 소리가 들렸다.

전날 밤 그랬던 것처럼, 아이의 목소리가 물었다.

"할아버지세요?"

대답하는 이가 작게 속삭였다. 후작은 그 속삭임이 들려서 놀랐다.

"그래, 나야. 너에게 주려고 야타간을 가져왔단다."

"그렇지만 저는 밖에 나가기는커녕 침실을 벗어날 수도 없어요. 아빠가 안 된대요!"

"아, 방에서 나오지 않아도 괜찮아. 그냥 창문을 열고 할아비한테 뽀뽀해주렴. 그럼 힘들게 얻은 칼을 건네주마."

창 너머로 아이가 와다닥 달리는 소리가 들리자, 후작은 몸을 일으켜 온 집안 식구들에게 경고하려고 다시 몸부림을 쳤다. 그때 자신을 옭아매던 보이지 않는 속박을 깨뜨릴 수 있었고, 그는 벌떡 일어나 문을 연거푸 두드리며 소리쳤다.

"돌아왔소! 창문 쪽이오! 아이의 창가에!"

가족들이 잠에서 깨어나 방문을 열고 나왔다. 후작도 그 뒤를 따라 옆방으로 달려갔다. 열린 창문 아래 바닥에 누워 있는 아이 옆에 조르제와 페타르가 털썩 무릎을 꿇었다.

조르제는 후작을 올려다보았다.

"그분이 확실한가요?"

후작은 목이 메어 말이 나오지 않았지만 단호히 고개를 끄덕였다. 눈에 띄는 상처는 없었지만, 아이는 숨을 쉬지 않았다. 온 가족이 비탄에 빠져 있었지만 후작은 즈덴카가 홀로 슬퍼하는 것이 보였다. 오빠들에게는 아내와 남은 아이들이 있었지만 이 청아한 젊은 여인에게는 아무도 없었다. 후작은 그날 저녁 그녀와 함께 앉아 위로하는 말투로 이야기를 나눴고, 그렇게 그들의 애정도 밤새도록 깊어졌다. 즈덴카도 정황상 아버지가 조카의 죽음에 책임이 있다는 점은 인정했지만, 증거도 없이 오빠들이 그를 죽이려는 것은 용납할 수 없었다. 즈덴카의 눈망울에 빠져 연민을 느낀 후작은 그녀의 말에 고개를 끄덕였다. 자신이 봤던 그 흰 눈동자의 끔찍한 얼굴을 설명하지도 못한 채로 말이다.

다음 날 아침, 후작의 마차가 그를 몰도바로 향하는 여정의 다음 구간으로 데려갈 예정이었다. 하지만 그는 그날 열릴 장례식에 남아 자리를 지키기로 결정했다. 아이는 수도원 묘지에 묻혔다. 후작은 즈덴카의 곁에 남아 예의에 어긋나지 않는 범위 내에서 할 수 있는 한 최선을 다해 그녀를 위로했다. 가족들은 두 사람 사이의 애정을 눈치챘지만 정신이 없는 것은 물론이고 마음이 너무 산만해 아무 말도 하지 않았다.

장례식이 끝난 후, 가족들과 후작은 여관 앞의 나무 테이블에 앉아 거의 대화 없이 점심으로 빵과 치즈를 먹었다. 오직 어린아이들만 아무런 영향을 받지 않은 것처럼 보였다. 아이들은 마당에서 작은 목검을 들고 튀르크인과 싸우는 놀이를 했다. 그러다 즈덴카가 혼이 쏙 빠진 표정으로 손을 들어 숲을 가리켰다.

그녀가 속삭였다.

"아버지가…."

그들은 모두 몸을 돌려 고르차가 마치 무대 위 커튼 뒤에서 등장하는 것처럼 나무 옆으로 나타나는 것을 보았다. 그는 더 이상 절뚝거리지 않으며 천천히 그들을 향해 다가왔다. 턱수염은 몹시 빠르게 자라 언월도처럼 흰 콧수염을 따라잡고 있었다. 그는 조금의 망설임도, 죄책감도 없이 태연하게 움직였다. 그리고 가족들이 미처 깨닫기도 전에 다가와 탁자의 상석에 앉았다.

다른 사람들뿐 아니라 스스로에게도 들으라는 듯이 즈덴카가 말했다.

"아버지, 잘 오셨어요."

조르제가 페타르와 의미심장하게 눈빛을 교환하고 입을 열었다.

"아버지, 기도 좀 해주세요."

고르차가 고개를 저었다. 그러자 조르제는 일어서서 주먹으로 사납게 나무 탁자를 내리쳤다.

"당신 손자가 묻혔어요! 지금 당장 기도하고 성호를 그으시라고요!"

즈덴카가 애원했다.

"아버지, 제발 그렇게 해주세요. 그렇지 않으면….'

페타르가 말했다.

"거부하셨어. 왜냐하면 그러실 수 없으니까."

조르제가 갑자기 안으로 뛰어 들어갔다가 나왔다. 그는 울부짖으며 즈덴카를 돌아보았다.

"말뚝 어디 갔어? 도대체 어디로 숨겼냐고?"

그는 눈앞에 있는 한때 자신의 아버지였던 괴물을 바라보았다.

"내 아들한테 무슨 짓을 한 거지? 내 아들 돌려내!"

말하는 동안 얼굴에 핏기가 빠져 그도 눈앞에 놓인 괴물만큼 얼굴빛이 창백해졌다.

"말뚝, 말뚝은 어디 있냐고? 누가 숨겼든 내가 그놈 목을 따버릴 거야!"

마치 누가 불러내기라도 한 듯, 막내 아이 둘이 집 뒤편에서 튀어나왔다. 여전히 결투 놀이에 열중한 채였다. 한 아이는 튀르크인, 다른 아이는 할아버지 역할을 맡아 서로를 겨눴다. 후작의 시선이 아이들에게 쏠렸고, 그는 문득 아이들이 무엇을 들고 노는지 알아차렸다. 제각기 검이라 우기며 긴 나무를 쥐고 있었는데, 하나는 장작 토막이었고 다른 하나는 말뚝이었다.

조르제도 그것을 보고 아이에게 달려갔다. 그는 산사나무 말뚝을 낚아채 쥐더니, 곧장 아버지를 향해 돌진했다. 말뚝을 본 고르차는 벌떡 일어나서는, 인간의 목구멍에서 나올 수 있는 소리라기보다 짐승의 으르렁거림에 가까운 비명을 질렀다. 그러고는 그 나이치고는, 아니 웬만한 장정도 따라잡기 힘들 만큼 빠른 속도로 숲을 향해 미친 듯이 달아났다. 조르제도 괴물의 뒤를 쫓아 잡목이 뒤엉킨 사시나무 숲속으로 사라졌다.

날이 저물기 직전, 후작을 태울 마차가 마을에 도착했다. 그러나 고르차도 조르제도 끝내 숲에서 돌아오지 않았다. 가족들은 그저 넋을 놓고 있었다. 페타르는 임시로 가장의 몫을 떠맡아, 자신의 아내와 조르제의 아내, 아이들까지 보살피느라 정신이 없었다. 그사이 즈덴카는 다시 혼자가 되었다.

그녀와 후작은 그날 몇 시간을 함께 보내며 감정적인 유대까지 깊어져 있었다. 후작은 자신이 느끼는 이 풋풋한 사랑이 그저 착각일 뿐이라고 굳게 믿고 싶었다. 하지만 마음은 뜻대로 움직여주지 않았다. 그는 프랑스어 한마디 모르는 동유럽의 시골 처녀가 어찌어찌 프랑스 왕실의 귀족 대사의 아내가 되는 광경을 상상해보려고 했다. 가능할 리 없는 사랑이었다. 몇 번이나 그녀에게 함께 갈 생각이 없느냐고 묻고 싶었지만, 예의범절과 이성이 그런 충동을 눌러버렸다. 그도 결국 신사로서의 체면이 더 중요했던 것이다. 그래서 그들은 격식을 차려 작별 인사를 했다. 후작은 상황이 전혀 해결되지 않은 채로 떠났다. 그가 마차에 올라 떠나면서 밤의 장막이 눌러앉았다.

후작은 외교적 임무에 따라 이아시Jassy로 향했다. 그곳의 상황 때문에 수개월 동안 머물러야 했다. 드디어 일이 끝나고 기대했던 성과를 달성한 그는 프랑스로 소환되었다. 이 기간 내내 즈덴카는 그의 마음에서 조금도 멀어지지 않았다. 멀리 있는 시간이 길어질수록 그는 자신의 감정을 더욱 확신하게 되었다. 그는 프랑스로 돌아가는 길에 그녀를 꼭 만나야겠다고 생각했고, 왔던 길과 같은 경로를 택했다.

일몰 무렵이 되어서야 마차는 참나무의 성모 수도원을 지나 마을 중심부로 향했다. 후작은 즈덴카를 다시 만날 순간을 간절히 고대하면서, 그녀도 자신을 보고 똑같이 기뻐하기를, 더 중요한 건 그녀가 그의 마음에 자리하듯 그녀의 마음속에도 그가 남아 있기를 바랐다.

갑자기 후드를 깊숙이 쓴 형체가 마차 앞으로 달려왔다. 마차가 급히 서면서 말들은 울음소리를 내고 마부는 욕을 했다. 후작은 무슨 일인지 보려고 마차의 창밖으로 고개를 내밀었다. 곧 그의 귓가에는 마치 수백 마리의 늑대들에게 둘러싸인 것처럼 일제히 울부짖는 소리가 들렸다. 등불의 불빛이 망토를 머리에 쓴 형체에 닿아 그를 하얗게 비췄다. 그 형체는 수도사였고, 그의 수염은 후드 아래로 풍성하게 늘어뜨려져 있었다.

"돌아가시오!"

그가 소리쳤다.

"이 마을은 저주받았습니다. 아무도 없어요. 산 사람은 아무도 없다고요!"

후작이 요동치는 가슴으로 되물었다.

"그게 무슨 뜻이죠? 당신은 살아 있잖아요, 아닌가요?"

수도사가 대답했다.

"수도원 덕분입니다. 거기는 안전해요. 그것들이 들어오지 못하지요. 가던 길을 가시든지, 수도원에서 밤을 보내고 가십시오."

"마을로 가야 합니다."

후작이 말했지만 마부의 생각은 확실히 달랐다. 수도사가 고개를 저으며 말했다.

"신께서 당신과 함께하길 바란다고 말씀은 드리겠지만, 당신이 마을에 들어가면 신께서는 동행하지 않으실 겁니다."

후작이 말했다.

"걱정해주셔서 감사합니다. 하지만 저는 꼭…."

그의 말은 또 한 번의 울부짖음에 묻혀버렸다. 소리는 아까보다 훨씬 더 가까운 곳에서 들렸다.

후작이 말을 이었다.

"저는 늑대가 무섭지 않습니다."

수도사가 대답했다.

"나도 마찬가지요. 거기 있는 게 늑대뿐이라면 말이지."

마부가 말했다.

"묻지는 않으셨지만, 저는 늑대도 무섭고 그 외에 다른 것들도 무섭습니다. 나리, 이 수도사님 말씀대로 수도원 안에서 밤을 보내는 게 현명한 처사가 아닐지요?"

후작이 조바심을 내며 대답했다.

"가당찮은 소리. 특히나 늑대가 있다면, 나는 반드시 마을에…. 마을에 있는 소중한 가족을 보러 가야 하네."

수도사가 비통하게 말했다.

"그럼 한 분이라도 구하게 해주시지요."

후작은 미칠 지경이었지만, 자신의 안위에 대한 걱정은 아니었다. 즈덴카를 만나 그녀가 안전한지 확인해야 했고, 그녀를 사랑한다는 확신이 강하게 드는 만큼 그녀도 자신과 같은 마음인지 확인해야만 했다.

그는 다짜고짜 마부에게 말했다.

"자넨 여기 있게. 내가 그 가족을 만나고 자넬 찾으러 오지."

그는 마차에서 내렸다. 문을 막 닫으려던 찰나, 권총도 가져가야겠다는 생각이 들었다. 뒤돌아보니 수도사가 안타까워하며 자신을 바라보고 있었다.

후작이 말했다.

"늑대 때문에요."

수도사가 대답했다.

"총알이 부족할 텐데요. 그런 총알은 효과도 없을 겁니다."

마부는 후작에게 불 켜진 등불을 건넸고, 수도사는 그에게 신의 가호가 있기를 기원했다. 후작이 반농담조로 물었다.

"정교회 수도사가 하는 축복의 말이 프랑스인 가톨릭교도에게 효과가 있을까요?"

"무얼 믿는가와 상관없이 아무리 많은 축복도 그곳에서는 도움이 되지 않을 테지요."

수도사가 마지막 말을 건넸다.

"그럼 안녕히."

그가 사시나무 숲 사이로 쭉 뻗은 길고 하얀 길 위를 홀로 지나는 동안 밤은 몹시 춥고 어둡게 느껴졌다. 등불도 매우 희미한 것 같았다. 그는 마을을 향해 걸어갔다. 이제 울부짖는 소리는 사라지고 고요해진 밤은 한층 더 으스스했다.

이윽고 다다른 마을은 엄청나게 변해 있었다. 굴뚝에 연기가 피어오르는 집이 한 채도 없었다. 수많은 초라한 집에는 사람이 살지 않는 듯 보였고, 마치 마을 전체가 버려진 것 같았다. 후작은 어스레한 불빛 하나를 찾아냈는데, 여관에서 흘러나오고 있었다. 그는 거침없이 달려 앞뜰의 나무 테이블을 지나쳤다. 여관 문을 두드리면서도 문간 위쪽에 이제는 그저 해골에 불과한 머리가 아직도 못으로 박혀 있다는 사실은 전혀 눈치채지 못했다.

곧 문이 열렸고, 그곳에는 즈덴카가 있었다. 그녀는 촛불 하나를 켜둔 채 식탁 앞에 앉아 있었다. 즈덴카는 후작의 기억 속 모습 그대로 아름다웠다.

후작이 그녀에게 다가서며 말했다.

"즈덴카, 괜찮은가요? 내가 와서 기쁜가요?"

그녀는 후작이 온 것이 별로 놀랍지 않다는 표정으로 그를 올려다보았다.

"정말 기뻐요."

후작이 물었다.

"마을에 대체 무슨 일이 있었던 거죠? 나머지 가족들은 다 어디 가고?"

그녀는 우는 표정을 지었지만 눈물은 흐르지 않았다.

"정말 끔찍해요. 이 모든 게 다 아버지 때문에…."

"고르차가 살아 계신단 말이오?"

그녀가 말을 이었다.

"아, 아니요. 그분은 심장에 말뚝이 박힌 채로 묻혔어요. 기억하시겠지만, 아버지가 조르제 오빠 아들의 피를 빼앗아가셨잖아요."

"그렇지. 정말 미안하오. 내가 떠나던 날 아이를 묻었던 걸로 기억하오."

"그다음 날 밤, 아이가 돌아왔어요. 창가에서 엉엉 울며 엄마를 불렀죠. 너무 춥다고, 집에 들어가고 싶다고 했어요. 우리가 얼마나 놀랐을지 상상할 수 있나요? 조르제 오빠는 아버지를 쫓느라 숲에서 돌아오지 않은 상황이었어요. 아이 엄마를 탓할 수도 없죠. 아이가 묻히는 걸 직접 봤다고 해도 불과 몇 시간 전의 일이었으니까요. 우리 모두 너무 조급하게 아이를 묻었다고 생각했어요. 아이를 산 채로 묻어버렸고, 아이가 간신히 관에서 뛰쳐나와 흙을 치운 거라고요. 올케 언니는 서둘러 아이를 집으로 들였고, 아이는 문턱을 넘자마자 제 엄마를 공격해 피를 빨아 먹었어요. 페타르 오빠가 간신히 녀석을 쫓아냈고, 아이는 숲으로 도망쳤어요. 네 발로 뛰더군요. 머지않아 아이 엄마도 묻어줬어요. 물론 묻힌 건 잠시였지만요."

후작은 그녀를 안아주고 싶어 바짝 다가갔다.

"나의 가여운 즈덴카, 너무 끔찍한 일이오. 당신에게 이런 일이 생기다니 정말 유감이오. 내가 당신을 이곳에서 구해주겠소. 당신이 나를 받아준다면 우리 결혼합시다. 당장이라도 떠날 수 있소. 나는 당신이 이 저주받은 곳에서 단 1분도 머무르게 하고 싶지 않아."

즈덴카는 아무런 감정이 없는 사람처럼 대답했다.

"네, 받아줄게요."

그때 지금껏 조용하던 숲속에서 울부짖는 소리가 들리기 시작했다. 심장이 빠르게 쿵쾅거리던 후작은 불현듯 상황을 맞춰보기 시작했다.

“내가 떠난 바로 그날 밤에 조카가 당신 올케를 공격했다고 했소?”

즈덴카는 고개를 끄덕였다.

“그럼 나머지 가족들은 어디 갔소?”

즈덴카가 느릿느릿 대답했다.

“아주 가까이에 있어요. 정말 아주 가까이요.”

한 걸음 더 깊이 읽기

늑대인간에 대하여

얀 포토츠키Jan Potocki 백작은 폴란드에서 가장 존경받는 작가이자 계몽주의 지식인이었다. 1805년경 처음 출간된 그의 대표작 『사라고사에서 발견된 원고』는 『아라비안나이트』와 같은 산문 서사 방식으로 쓰인 작품으로, 폴란드 문학의 걸작으로 꼽힌다. 폴란드에서 매우 부유한 귀족 가문 출신인 포토츠키는 세계를 누비는 여행가이자, 프랑스어로 작품을 쓰는 다국어 구사자이기도 했다. 그는 스위스에서 교육을 받고 폴란드 군대에서 공병대 대위로 복무했으며, 몰타 기사단과 프리메이슨에도 입단했다. 1815년 12월 23일, 세상 경험이 풍부했던 이 남자는 어머니의 은 주전자에서 떼어낸 은으로 총알을 만들고 사제의 축복을 받은 뒤, 그 축복받은 은 탄환으로 자신의 머리에 총을 쏘아 생을 마감했다. 얀 포토츠키는 자신이 늑대인간이라고 믿었고, 스스로 목숨을 끊음으로써 더 많은 생명을 구하며 세상에 큰 호의를 베풀 수 있다고 굳게 확신했다.

현대 서구인의 상상 속에서 늑대인간과 뱀파이어는 전혀 다른 신화적 괴물이지만, 동유럽 신화에서 둘은 불가분의 관계에 있다. 같은 괴물을 가리키는 두 개의 단어라는 주장도 가능하다. 20세기 이전의 많은 이야기, 심지어 표면적으로는 늑대인간을 뜻하는 부코들라크를 포함한 이야기조차 오늘날 우리가 뱀파이어라고 부르는 존재로 묘사되곤 한다.

이 책에 소개된 전설은 알렉세이 톨스토이Alexei Tolstoi의 1839년 소설 『부르달락 가족』(대략 '늑대인간 가족'으로 번역됨)을 바탕으로 한다. 톨스토이의 이야기는 《블랙 사바스》(1963년에 개봉한 보리스 칼로프 주연의 영화, 영화 제목이 훗날 록 밴드 이름의 영감이 되었다)와 1972년작 《악마들의 밤》 등 여러 고전 공포 영화는 물론, BBC 라디오 제작물에도 영감을 주었다. 작품에 늑대가 등장하기는 하지만, 실제적인 위협은 우리가 뱀파이어로 간주할 수 있는 괴물에서 비롯된다. '부코들라크'라는 세르비아 단어는 입 밖으로 내는 것조차 두렵게 여겨져, 그 대신 '밤피르'가 사용되었다는 점을 상기해보라. 우리가 이 전설을 선택한 이유도 뱀파이어와 늑대인간 사이의 경계를 모호하게 만드는 동유럽 신화의 전형적인 특성이 이 이야기 속에 고스란히 반영되어 있기 때문이다.

세르비아 신화에서 늑대가 차지하는 특별한 지위를 알면 뱀파이어의 유동성을 더 잘 이해할 수 있다. 동유럽 세계에서 늑대는 세르비아인과 다른 남슬라브족이 숭배하는 주요 동물일 뿐만 아니라, 늑대 신 부크는 다양한 기원 신화와 연관된 최고신, 곧 우주적 지배자로 여겨지기도 한다. '늑대'라는 단어를 넣어 지은 남녀 이름과 지명도 셀 수 없이 많다. 세르비아의 풍부한 언어학·민족지학 문헌에 따르면 '밤피르'는 늑대인간의 신성한 이름인 '부코들라크'를 대신하는 말이다. '언급해서는 안 되는 자'라는 뜻의 네폼니크nepomnik는 단순형인 부크vuk와 마찬가지로, 입에 담아서는 안 되는 늑대인간을 가리키는 또 다른 대체어다. 동유럽 전설 속 뱀파이어는 늑대나 검은 개의 모습을 하기도 한다. 보스니아, 몬테네그로, 이스트리아의 전설에 등장하는 동유럽 악마 프소글라브Psoglav(개의 머리)는 개의 머리와 말의 다리, 하나뿐인 눈을 지닌 존재로 묘사된다.

또한 비기독교적 동유럽 전설이, 9세기 이후 남슬라브족, 10세기 동슬라브족, 9~12세기 서슬라브족이 받아들인 초기 기독교 전통과 뒤섞이게 된 것은 테살로니키 출신의 두 형제, 키릴과 메토디우스(훗날 둘 다 성자의 반열에 오름)의 문화·선교 활동과 무관하지 않다. 두 사람은 키릴 문자를 발명하고, 슬라브족에게 읽고 쓰는 능력과 함께 정교회를 전파했다. 슬라브 기독교 전통의 악마가 부코들라크처럼 보인다고 전해지기도 한다. 세르비아·마케도니아·그리스의 일부 프레스코화와 성화icons에서 개의 머리를 한 모습으로 그려지는 성 크리스토포르Saint Christophor는 프소글라브와 맞물린다. 이 인물은 외경에 등장하는 개머리 부족과 싸운 로마 병사들의 이야기와도 연결된다. 전승에 따르면, 당시 붙잡힌 포로 가운데 한 명이 기독교로 개종했으나 로마인들에게 고문을 당해 죽었고, 이후 크리스토포르라는 이름의 성자가 되었다. 그는 가톨릭 전통의 성 크리스토포로스와 동일 인물은 아니지만, 이름이 비슷한 만큼 서로의 이야기가 뒤섞인 것을 충분히 짐작할 수 있다.

부코들라크의 단순형인 kudlak은 달마티아어로 '나비'를 뜻하며, 나비 또한 이 책의 「검은 나비」에서 볼 수 있듯 뱀파이어의 한 형태로 나타난다. 부코들라크는 구름을 끌어당겨 날씨를 바꿀 수 있고, 그와 유사한 존재인 즈두하치zduhać는 날씨에 영향을 미치는 악마(때로는 인간 마술사)

로 여겨진다. 일부 전설에서 뱀파이어가 안개로 변신한다는 점을 떠올리면, 이러한 설정은 더욱 자연스럽게 이어진다. 부코들라크는 대개 보름달과 함께 등장하지만, 어떤 이야기에서는 태양의 신으로 등장하기도 한다.

늑대 가죽은 발칸반도 전역에서 슬라브족의 여러 의식과 축일을 구성하는 핵심 요소였다. 그중에는 11월에 열리는, 늑대와 관련된 축제 주간인 므라틴치Mratinci도 포함된다. 흔히 늑대 가죽을 걸친 젊은이들이 결혼을 약속한 처녀의 집 앞에 나타나고는 했다. 페타르 스코크는 부코들라크를 가죽으로 덮인 자(혹은 가죽을 입은 자)로 해석할 수 있다는 설득력 있는 의미론적·언어학적 풀이를 제시한다.[25] 반면, 닉 그룸Nick Groom은 뱀파이어에 관한 자신의 저서에서, 어원적으로는 다소 설득력이 떨어지지만 vuk(늑대)와 dlaka(털)의 결합이라는 설명을 한 적이 있다.[26]

사빈 베링굴드Sabine Baring—Gould는 1865년 『늑대인간에 관한 서』에서 다음과 같이 말했다.

세르비아인들은 뱀파이어와 늑대인간을 하나로 이어서 블코슬락 vlkoslak이라는 이름으로 부른다. 블코슬락은 주로 한겨울에 사나운 위세를 떨친다. 그것들은 매년 회합을 열고 자신들의 늑대 가죽을 스스로 벗어 주변의 나무에 걸어둔다. 만약 누군가 그 가죽을 가져다 태우는 것에 성공하면 그때부터 블코슬락은 마법에서 풀려나게 된다.[27]

진정한 늑대로 변신하는 것이 아니라 늑대와 인간의 혼종이 되는 늑대—인간wolf-man이라는 발상은 슬라브족의 므라틴치 의식에서 기원한 것으로 추정된다. 늑대 가죽을 걸치는 풍습은 기독교 이전 동유럽 세계의 샤머니즘적 관습이었고, 샤먼은 늑대의 역할을 맡아 노래하고 춤을 추었을 것이다. 술이나 환각성 약초를 더해 의식을 한층 격렬하게 만들었을 가능성도 크다. 이러한 이미지가 론 채니의《울프 맨》에서《런던의 늑대인간》에 이르기까지, 나아가 그 너머까지 이어지는 할리우드식 늑대인간 개념으로 굳어졌다고 볼 수 있다. 고대 동유럽 전설의 뱀파이어 개념과 서구 대중문화가 수용한 뱀파이어 개념 사이의 차이는 비교적 작은 편이다. 하지만 동유럽 전설의 늑대인간은 대중문화 속 늑대인간과 상당히 다르다. 두 개념이 가장 가까이 결합된 사례는 아마도《트와일라잇》에서 나타날 텐데, 이 작품에서 영원히 10대인 뱀파이어들은 영원히 10대인 늑대인간들과의 끝없는 싸움에 사로잡혀 있다.

얀 포토츠키는 환자가 자신이 늑대인간이라고 전적으로 확신하는 정신 질환 증후군인 '임상적 동물화 망상'을 앓고 있었다. (짐작컨대) 그는 이 오해 때문에 목숨을 잃었다. 동물화 망상lycanthropy이라는 용어를 이해하려면, 먼저 늑대로 변신하는 인간에 관한 전승이 풍부한 고대 그리스까지 거슬러 올라가야 한다. 그 뒤 동유럽 전설이, 동유럽 신화 체계의 왕으로 여겨지는 늑대 신 부크나 인격화된 늑대인간 발상과 결합된 형태를 취하게 된 배경을 살펴볼 필요가 있다. 여기서 말하는 늑대인간은 애니마구스animagus(특정 의식을 통해 동물로 변하는 마법사)와 달리, 늑대로 변신할 수 있는 능력을 지녔거나 자신의 의지와 무관하게 저주를 받아 늑대로 변하는 남자(앞으로 보겠지만, 전통적으로 늑대인간이 된 여자는 없는 것으로 여겨진다)를 가리킨다.

늑대인간의 발상: 그리스와 슬라브

늑대인간이 최초로 언급된 기록은 스키타이족에 대해서도 기술한 헤로도토스Herodotus가 남긴 것이다. 초기 동유럽 문헌 속의 늑대인간은 부정한 존재가 아니었고, 동물 모습으로 지내는 동안 사람들에게 해를 끼치지도 않았다. 불가리아의 차르였던 시메온의 아들 보얀Bojan(바이아누스)은 언제든지 늑대나 다른 동물로 변할 수 있는 마법을 알고 있었다고 한다.

11세기 폴로츠크 공국의 왕자이자 마법사volchv였던 프셰슬라프 브랴치슬라비치Všeslav Brjačislavič 또한 밤이면 늑대로 변했다. 12세기 러시아의 영웅 서사시 『이고리 원정기』는 프셰슬라프가 낮에는 공국을 통치하고 결코 잠을 자지 않았다고 묘사한다. 추측컨대 밤이 되면 늑대처럼 주변을 배회했던 것 같다. 이는 사실 다모증hypertrichosis이라 불리는 생리적 질환을 나타낼 수도 있다. 태아기에 존재하는 미세한 체모층이 출생 후 빠지지 않고 계속 자라는 경우, 지나치게 과도한 양의 체모가 자라는 증상을 보이며, 간혹 얼굴에까지 털이 자라기도 한다. 이런 환자들이 '늑대ー인간'으로 보였고, 프셰슬라프는 이 질환을 앓았을 수도 있다. 그러나 전 세계적으로 알려진 사례가 50건에 불과할 정도로 매우 희귀한 질환이기 때문에, 이것이 문화적 믿음에 영향을 미칠 정도로 널리 퍼졌을지 판단하기는 쉽지 않다.

서사시에 따르면 언젠가 프셰슬라프가 수탉이 울 무렵 키이우Kyiv에서 티무타라칸Tmutarakan까지 달려간 적이 있는데, 이때 속도가 태양보다도 빨랐다고 한다. 어머니는 마법을 써서 그를 낳았고, 그는 신생아를 감싸고 있는 막인 양막caul을 머리에 둘러쓴 상태로 태어났다. 그는 평생 이 막을 부적으로 지녔으며, 이는 많은 문화에서 일반적으로 여겨지는 관습이었다.[28]

타타르족에 맞서 싸워 옛 러시아 서사시의 주인공이 된 볼가(마법사를 뜻하는 volchv에서 따온 이름) 스뱌토슬라비치Volga Svjatoslavič 또한 늑대로 변신할 수 있었다. 프셰슬라프나 다른 역사적 인물에게서 영감을 받은 것으로 보이는 볼가는 마르파 프셰슬라베브나Marfa Všeslavevna(프셰슬라프의 딸이라는 뜻)의 아들로, 아버지는 용이거나 뱀이었다고 한다. 열 살이 되었을 때 그는 강꼬치고기, 매, 회색 늑대로 변신할 수 있었으며, 훌륭한 사냥꾼이었고 프셰슬라프처럼 밤에 잠을 자지 않았다고 전해진다.

부크는 과거에도 지금도 세르비아에서는 흔한 이름이지만, 사람들은 15세기 세르비아의 전제군주 부크 그르구레비치 브란코비치Vuk Grgurević Branković를 늑대인간이라고 믿었다. 그는 전제군주국이 멸망한 뒤 헝가리의 마티아스 코르비누스 왕을 섬기며 튀르크족에 맞서 싸웠다. 그 용기와 승리 덕분에 그는 화염의 드래건 울프(불의 용 부크Zmaj Ognjeni Vuk)로 묘사되며 세르비아 영웅 서사시의 주인공이 되었다. 그에게는 역사적 전기와 신화적 전기, 두 개의 일대기가 존재한다. 일반적으로 이런 두 층위의 서사는 쉽게 뒤섞이고 융합된다.

프셰슬라프와 마찬가지로 부크는 특이한 신체적 특징을 지닌 채 태어났다고도 전해지는데, 손바닥에 털이 난 상태였다는 것이다(사실이 아닐 가능성도 크지만, 어쩌면 다모증을 암시하는 전승일 수 있다). 또 볼가와 마찬가지로 그는 용의 아들이거나, 용들 사이에서 살았다고 한다. 러시아의 영웅 볼가와 세르비아의 영웅 부크 사이에 존재하는 유사점은, 두 이야기의 밑바탕에 더 오래된 동유럽 전통이 놓여 있음을 시사한다.

다른 유럽 문화권에서는 늑대와 늑대인간을 본래부터 나쁘고 위험한 적으로 여긴 반면, 동유럽에서는 늑대를 오로지 부정적으로만 보지 않았다는 점을 이해하는 것이 중요하다. 그들은 늑대를 보호의 힘을 지닌 동물로 여겼다. 부모는 아이에게 늑대와 관련된 이름을 지어주며, 악으로부터 지켜주고 힘과 건강과 행복을 가져다주기를 바랐다. 이교도적 전통에서 이름은 힘을 부여하고, 그 이름을 받은 아이의 운명을 좌우할 수 있다고 여겨졌다.

9세기 초 슬로바키아 지역에서 아이들에게 붙여진 늑대 이름으로는 블키나Vlkina, 블첸Vlčen, 블코Vlko, 블칸Vlkan, 블추타Vlčuta, 블코슬라프Vlkoslav, 블카스Vlkas, 블카신Vlkašin, 블크Vlk, 블치크Vlčik 등이 있다. 그러나 이러한 이름들은 이후 다른 슬라브계 이름과 마찬가지로 성서에서 유래한 이름들로 대체되었다. 그럼에도 슬로바키아어로 늑대인간을 뜻하는 블콜라크vlkolak는 그리스어·알바니아어·루마니아어는 물론 터키어에 이르기까지 여러 언어로 전파되었다.

동유럽 전통에서 살아 있는 사람이 늑대인간이 되는 방식은 크게 세 가지였다. 첫째, 자발적으로 마법 주문을 외우거나 늑대 가죽 벨트를 사용하거나, 늑대가 밟고 지나간 자국에 고인 물을 이용하는 방식이 있다. 둘째, 저주를 받아서 되는 경우가 있다. 셋째, 애초에 늑대인간으로 태어나는 경우인데, 예를 들어 초승달(보름달이 아니다)이 뜬 시기에 태어나거나 마법사를 아버지로 두었거나 분만 때 발이 먼저 나오는 경우가 여기에 속한다. 과도한 체모, 하나로 이어지는 양쪽 눈썹, 태어날 때부터 존재하는 치아, 꼬리의 흔적 같은 해부학적 이형 또한 늑대인간의 징후로 간주될 수 있었다. 계몽주의와 과학적 사고가 부상하기 전에는 기준에서 벗어난 온갖 편차가 마법이나 부정한 힘이나 사악한 존재의 개

입으로 설명되고는 했다.

19세기 슬로바키아 민속학자 파볼 도브신스키Pavol Dobšinský가 기록한 섬뜩한 이야기 『블콜라크』는 세 딸을 둔 식인종 아버지의 이야기다. 막내딸은 아버지에게서 도망쳐 왕의 보호를 받게 되고, 마침내 왕과 결혼한다. 두 사람 사이에는 두 아이가 태어난다.

폭풍우가 몰아치던 어느 밤, 부부는 한 거지에게 비를 피할 곳을 내어준다. 그러나 그 거지는 변장한 아버지였다. 그는 두 아이의 목을 베고, 피 묻은 칼을 마치 자신의 딸의 것인 양 몰래 숨겨둔다. 왕은 거지의 조언대로 아내의 두 손을 자르고 아이들의 시신을 천으로 감싸 그녀의 등에 묶은 채 내쫓는다(이 이야기가 우리가 책에 싣기로 한 전설이 아니라는 사실을 다행으로 여겨야 할 것이다).

하지만 이야기는 해피엔딩으로 끝난다. 늑대인간 같은 아버지는 죽고, 딸은 마법의 샘물에서 되찾은 두 손을 다시 제자리에 붙인다. 그 샘물은 그녀의 죽은 아이들까지 되살린다. 남편인 왕은 아내의 결백을 인정하고 두 사람은 이후 행복하게 살아간다(그녀가 얼마나 관대한 사람인지 짐작할 만하다).

이 이야기에서 늑대인간은 우리가 흔히 떠올리는 늑대인간과의 공통점이 거의 없다. 그는 늑대로 변신하는 존재가 아니라, 다만 늑대 같은 특성을 가진 인물로 묘사될 뿐이다. 여기서 늑대인간은 인간이지만 사이코패스적 성향을 지닌 폭력적인 연쇄살인범이며, 근친상간 성향까지 암시되는 식인종이다.

의학적 해석

이 글은 초자연적 존재에 대한 믿음을 과학으로 환원해 설명하려는 고찰이 아니다. 다만 늑대인간 신앙을 촉발했을지도 모르는 질환들에는 주목할 만한 가치가 있다.

얀 포토츠키 백작은 '임상적 동물화 망상'이라는 진단을 받았다. 이는 환자가 자신을 동물이라고 믿는 정신 질환이다. 어떤 동물과 동일시하는지는 환자의 문화적 배경과 자아상과도 깊이 연관된다. 얀 포토츠키가 자신을 늑대인간, 즉 거칠게 날뛰고 통제가 불가능하며 살인을 저지를 여지까지 있는 현대적 의미의 늑대—인간이라고 여긴 것은 당시의 대중문화와 환경에 부합한다. 임상적 동물화 망상을 겪는 사람은 이와 비슷한 방식으로 자신이 실제 동물이라고 믿을 수 있다. 브램 스토커의 『드라큘라』에 등장하는 렌필드가 그 예다. 그는 자신을 거미로 여기며, 소설 속에서 육식 미치광이로 진단된다.

인간이 인육을 소비하면, 즉 식인을 하면 늑대인간으로 변한다는 관념은 플라톤의 『국가』를 비롯한 여러 문헌에 반영된 고전적 믿음에 기반한다. 그 기원은 헤시오도스가 기록을 남기고, 오비디우스가 라틴어로 쓴 『변신 이야기』를 통해 널리 알려진 그리스 신화의 리카온 왕 이야기에서 찾을 수 있다. 고대 아르카디아의 왕 리카온은 제우스의 전지전능함을 시험하려고 자신의 막내이자 쉰 번째 아들 닉티무스Nyctimus의 살점을 넣은 음식을 대접한다. 제우스는 바로 이를 간파하고 리카온을 벌하기 위해 닉티무스를 되살린다. 그러고는 리카온을 늑대로 변신시킨다. 16세기 독일 태생의 네덜란드 예술가 헨드리크 골치우스Hendrick

Goltzius는 한 판화에서 리카온을 늑대의 머리와 인간의 몸을 지닌 늑대인간으로 묘사했다.

슬라브족이 오늘날의 주된 거주지에 막 정착하던 기원후 7세기경, 알렉산드리아에서 활동하던 비잔틴제국의 의사 파울루스 아이기네타Paulus Aegineta는 흥미로운 기록을 남겼다. 그는 '늑대인간 증후군'으로도 불리는 다모증의 원인이 검은 담즙의 과다 분비에 있다고 보았다.

자신이 동물이라고 믿거나 동물로 변할 수 있다고 믿는 증상이 우울증과 관련되어 있다는 설명은 꽤 시적인 구석이 있다. 물론 이는 임상적 동물화 망상과는 엄연히 다른 이야기다. 다모증은 털이 과도하게 자라는 생리적 질환일 뿐, 자신이 동물로 변할 수 있다고 믿는 정신적 망상과는 결을 달리하기 때문이다.

임상적 동물화 망상을 겪는 환자는 자신이 몸 밖으로 빠져나가는 듯한 감각을 느끼며, 본래의 자아를 잃고 낯선 존재로 변해가는 경험을 한다. 당시 슬라브족이 비잔티움의 의학서를 직접 읽고 공부했다고 단정할 수는 없으나, 비잔틴제국의 서쪽 경계가 곧 동유럽 세계의 시작점이었다는 지리적 인접성은 간과할 수 없다.

기원후 2세기, 오늘날의 튀르키예에 해당하는 페르가몬 출신의 의사 갈레노스Galenos는 임상적 동물화 망상 환자가 게걸스러운 식욕을 보이고, 그 밖에도 늑대 같은 특성들을 띤다고 주장했다. 그의 문헌에는 그리스어 루코스λύκος(늑대)와 안트로포스ἄνθρωπος(인간)에서 유래한 리칸트로포스lycanthropos라는 용어가 기록되어 있다.

7세기 무렵 펠로폰네소스반도의 많은 지역에 슬라브족이 거주했으며, 그 전통은 한동안 지속되었다. 우리는 발칸반도를 구 유고슬라비아의 일부로 떠올리면서도, 그리스 역시 발칸반도의 일부라는 점은 종종 잊어버린다. 그리스 문헌을 읽을 수 있었던 슬라브족은 많지 않았겠지만, 문화적·과학적·의학적 지식의 교류 자체는 존재했을 것이다. 어쩌면 슬라브족은 고대 그리스의 늑대인간 전설을 전해 듣고 이를 동유럽 신화 체계 속에서 새롭게 엮어냈는지도 모른다. 다만 이것이 사실인지, 혹은 동유럽 신앙이 독자적으로 전개된 결과인지 분명히 단정하기는 어렵다.

'임상적 동물화 망상'이라는 용어는 오랫동안 의사들 사이에서만 쓰였다. 1563년 신성로마제국의 루터교 의사 요한 바이어Johann Weyer는 이 질환을 가진 환자들이 탈수, 움푹 꺼지거나 흐릿한 눈, 창백한 피부 같은 증상을 보이고 몹시 우울해한다고 말했다. 동물화 망상은 1597년, 다름 아닌 스코틀랜드의 왕 제임스 6세가 쓴 강령술과 흑마법에 관한 철학 논문『악마론』에서 다시 등장한다. 제임스는 마녀의 존재는 믿었지만, 인간이 늑대로 변신한다는 것은 믿지 않았다. 오히려 그는 사람들을 늑대처럼 행동하게 만드는 우울 과잉superabundance of melancholie으로 고통받는다고 보았다. 본문에서 제임스는 고대 그리스 신앙과 리칸트로피(동물화 망상)라는 용어를 언급하며, 다음과 같이 글을 이어 간다.

> 이 문제에 대한 내 의견을 간단히 말하자면, 만약 그것이 어떤 병이라면 나는 그것이 그저 자연스러운 '우울 과잉'에서 비롯된 것이라고 본다. 당신도 알다시피, 사람이 미쳤을 때 어떤 이는 스스로를 물 주전자라고 여기고, 또 어떤 이는 말이나 다른 짐승, 혹은 그 밖의 다른 무언가라고 생각하기도 한다. 그래서 내 추측인데, 그것은 잠시 정신이 명료해지는 시간per lucida intervalla 동안 떠오르는 상상이나 기억과 관련이 있다. 그 시간 동안 그들은 자신이 정말로 늑대 같다고 믿고 늑대의 행동을 흉내 내는 것이다. 손과 발로

기어다니거나, 여인이나 소녀를 탐닉하거나, 개가 앞발을 들듯 손을 치켜들거나, 갑자기 달려들기도 하고…. 그런 병적인 행동을 보이는 것이다. 결국 그들은 상상을 통해 짐승이 되는 것이 아닐까.[29]

여기서 특히 주목할 점은 제임스가 자신의 기독교 악마학 논문에서 늑대인간을 실재하는 악마의 반열에 올리지 않았다는 점이다. 그는 오히려 늑대인간을, 제대로 이해받지 못한 채 정신적 고통을 겪는 사람으로 본다. 마녀와 요정의 존재를 비교적 순진하게 믿었던 인물이 내린 해석치고는 대단히 현대적이다. 이는 당시 학자들 사이에 널리 퍼져 있던 관점을 반영하며, 그보다 앞선 1584년 레지널드 스콧Reginald Scot의 『마술의 폭로』에서도 같은 취지로 언급된다. "리칸트로피아Lycanthropia는 변신이 아니라 질병이다."[30]

만월과 늑대 같은 행동을 결부하는 관념은 동유럽 전설에서 유래했지만, 한편으로는 객관적으로 관찰되는 의학적 현상으로도 이해되었다. '루나시lunacy'(정신 이상, 광기―옮긴이)라는 용어는 달을 뜻하는 라틴어 luna에서 비롯되었고, 적어도 13세기 후반부터 의사들은 만월에 인간이 더 불안정한 정신병적 행동을 보이기 쉽다고 인지해왔음을 시사한다. 신약성서에 등장하는 그리스어 selēniazomai는 '간질을 앓다'라는 뜻인데, '달'을 의미하는 그리스어 selēnē에서 파생된 표현이다. 고대 영어 monseoc은 문자 그대로 '달 환자moon-sick'를 뜻하며, monaðseocnes는 '월례 질환month-sickness', 즉 한 달에 한 번 달과 함께 찾아오는 병을 가리킨다. 오늘날까지도 의사들은 만월에 불안정한 행동의 발생 빈도가 높아지는 경향에 주목하지만, 그 현상을 설득력 있게 설명할 방법은 아직 찾지 못하고 있다.

재판대에 오른 르네상스 시대의 늑대인간

16세기 유럽에서 끔찍한 마녀재판이 벌어지던 시기, 그 수는 훨씬 적었지만 늑대인간 재판 역시 기록으로 남아 있다. 그중 가장 유명한 사건은 1500년대 후반 신성로마제국의 농부 페터 슈툼프Peter Stumpp에 관한 것이었다. '베트부르크의 늑대인간'이라 불린 슈툼프는 마술, 식인, 리칸트로피(고발자들이 보기에 말 그대로 늑대로 변하는 것), 심지어 늑대를 타고 조종했다는 혐의로 기소되었다. 이 사건은 1590년 런던에서 출간된 16쪽짜리 소책자를 통해 널리 알려졌다. 슈툼프의 범죄와 정교한 수법을 유혈이 낭자할 정도로 상세히 묘사해, 잔혹하면서도 눈을 떼기 어려운 기록으로 평가받는다. 그의 이름 표기는 이야기마다 조금씩 다르지만, 왼손이 잘린 뒤 남은 부분 때문에 슈툼프(독일어 Stumpf, '남은 토막'이라는 뜻)라는 별명이 붙었을 가능성도 있다.

가혹한 고문이 이어지자 슈툼프는 자신이 12살 때부터 흑마법을 익혔다고 자백했다. 그는 마법의 벨트를 두르면 힘이 세고 탐욕스러운 거대한 늑대로 변할 수 있다고 주장했다. 또 그 늑대는 불꽃처럼 번뜩이는 눈, 찢어질 듯 커다란 입, 매우 뾰족하고 날카로운 이빨, 강력한 발톱을 가졌다고 묘사했다.[31] 벨트를 벗으면 다시 인간으로 돌아온다는 말도 했다. 소책자는 이어서 슈툼프가 25년 동안 탐욕스러운 뱀파이어로서 저지른 행적도 늘어놓는다. 그는 자신의 아들을 포함해 14명의 아이들을, 스스로 '맛 좋은 한입 거리'라고 평한 태아를 품고 있던 임산부 두 명을 먹었다고 자백했다.

물론 이 모든 진술이 고문 속에서 나온 자백이라는 점은 감안해서 들어야 한다. 그럼에도 슈툼프는 딸과 연인과 함께 처형되었다.

리보니아(현재의 라트비아와 에스토니아)에는 1527년부터 1725년까지, 여성 18명과 남성 13명이 늑대인간으로 변해 지역 주민에게 큰 피해를 입혔다는 혐의로 기소된 재판이 최소 18건 기록되어 있다. 곰 인간으로 변했다는 고발도 있었다. 파르나우 출신의 상상력이 풍부한 그레트Gret는 1633년, 칸티 한스 부부가 늑대로 변신해 활동할 때 어떤 여성이 그들과 함께 일을 벌이기 위해 곰으로 변했다고 증언했다. 1696년 티차 토머스의 딸 그레타Greta는 마을 소녀 리베 마츠Libbe Matz가 11마리의 늑대인간 무리를 이끌고 자신의 고향 바스테르모이사Vastermoisa 인근 숲에서 사냥하는 장면을 목격했다고 진술했다. 1651년 한스Hans라는 남자는 18세부터 늑대인간이었다는 이유로 이다베레Idavere에서 재판대 위에 서게 되었다. 기록에 따르면, 그의 다리에는 늑대인간의 모습일 때 개에게 물린 이빨 자국이 남아 있었다. 재판대에 오른 사람들이 임상적 동물화 망상을 앓았는지, 아니면 고문에 따른 강제 자백을 했는지 판단하기는 어렵다. 또, 당시의 역사적 기록이 실제로 벌어진 사건의 진실을 후대로 전하는 과정에서 자의적으로 각색되거나 부풀려졌을 가능성도 배제할 수 없다.

리보니아에는 이른바 착한 늑대인간의 사례도 있다. 1692년 오늘날의 라트비아에 해당하는 위르겐스부르크 마을에서 칼텐브룬 출신의 80세 노인 티스Thiess는 자신이 늑대인간이라고 말했다. 그는 풍작을 위해 해마다 세 번 동료 늑대인간들과 함께 지옥으로 내려가 악마의 하수인인 마녀나 마법사들과 전투를 벌였다고 증언했다. 법정은 티스가 악마를 섬겼다고 자백하도록 합심해 압박했고, 자칫 그는 마녀로 처형될 수도 있었다. 그러나 그는 끝내 그 자백을 하지 않았다. 결국 그는 사형이 아니라 태형을 선고받았다. 마녀재판이라는 맥락에서 보면 태형은 비교적 가벼운 꾸지람일 뿐이었다.

이러한 늑대인간 재판은 볼프제그너Wolfssegner, 즉 '늑대술사'라 불리는 바이에른 설화 속 인물과도 연결된다. 늑대술사에 대한 공포는 소빙하시대(알프스, 노르웨이, 알래스카 등의 지역에서 산악 빙하가 크게 팽창했던 시기로, 16세기 말에 시작되어 1850년까지 계속되었다—편집자)라 불리는 이례적인 한파와 맞물리며 17세기 바이에른과 오스트리아 전역을 휩쓸었다. 당시 기록에는, 혹독한 기후 조건 속에서 시골 주민들을 공포에 빠뜨린 늑대들이 바이에른 알프스에서 번성했다는 언급도 남아 있다.

사람들은 볼프반Wolfbann이라 부르는 사악한 주술이 늑대를 부추겨 사람을 공격하게 만들고, 볼프제겐Wolfssegen은 늑대를 막기 위한 역주술이라고 믿기도 했다. 이를 명목으로 늑대 부적을 팔던 이들은 농부들을 속여 돈을 벌려는 사기꾼으로 여겨졌다. 당시 발칸반도까지 영토를 확장하던 합스부르크제국의 일부 지역에서는 늑대에 대한 공포가 상당히 고조되어 있었다. 실제로 빈에 성벽을 세워 늑대의 위협이 사라진 일을 기념하며, 성탄절 밤 미사 후 '볼프제겐'이라 불리는 특별 기도를 읊조렸다는 기록까지 전해진다.

오늘날에는 간과하기 쉽지만, 유럽에서 늑대(그리고 훨씬 드물게는 곰)는 인간에게 굉장히 위협적인 동물 가운데 하나였다. 그러니 늑대와 늑대에 협력하거나 늑대로 변할 수 있다고 여겨진 인간들을 둘러싼 신화가 풍부하게 발전한 것은 어쩌면 자연스러운 일이다.

현대의 늑대인간

19세기 초 뱀파이어 열풍은 동유럽 설화 속 뱀파이어뿐만 아니라 늑대인간으로까지 번져 나갔다. 러시아어에서 뱀파이어를 뜻하는 부르달라크vurdalak는 세르비아어 '부코들라크'와 분명한 연관이 있으며, 알렉산드르 푸시킨Alexander Pushkin이 1836년에 쓴 시 「부르둘라크」에서 처음 등장한다. 이 시는 존 폴리도리의 단편 『뱀파이어』를 바탕으로 쓰였고, 다시 프로스페르 메리메Prosper Mérimée의 『로키스』에 영감을 주었다. 또한 니콜라이 고골Nikolai Gogol의 『디칸카 근교 마을의 야회』, 이 책에서 우리가 각색한 알렉세이 톨스토이Alexei Tolstoi의 작품, 미하일 불가코프Mikhail Bulgakov의 『개의 심장』에도 뱀파이어 모티브가 부분적으로 스며들어 있다. 우크라이나 출신으로 러시아어로 저작 활동을 한 오레스트 소모프Orest Somov는 『늑대인간』을 비롯해 고딕소설로 이름을 알렸으며, 알렉산드르 쿠프린Alexander Kuprin도 『은빛 늑대』로 같은 계열의 상상력을 보여준다.

16세기 미콜라이 레이Mikołaj Rey의 단편에서 출발해 19세기의 아담 미키에비치Adam Mickiewicz, 얀 바르슈체프스키Jan Barszczewski, 토마시 올리자로프스키Tomasz Olizarowski에 이르기까지, 폭넓은 동유럽 문화권 안에서도 특히 늑대인간 이야기가 풍성하게 변주된 곳은 아마 폴란드였을 것이다. 미키에비치는 파리에서 진행한 강연에서 이러한 괴물이 동유럽 정신의 반영이라고 설명하기도 했다.

14세기 체코의 서사시 『알렉산드레이다』에 등장하는, 사람을 잡아먹는 존재 베디vědi에 대한 언급은 체코 지역에서 뱀파이어나 늑대인간 신앙이 존재했음을 보여주는 증거로 해석되곤 한다. 체코 문학에는 실제로 얀 네루다Jan Neruda의 유명 단편소설 「밤피르」를 비롯해 늑대인간 이야기의 전통이 이어져왔다. 20~21세기 체코의 여류 작가들 역시 이 주제를 선택했다. 예컨대 드라큘라를 다룬 일련의 소설에서 공포와 역사적 허구를 결합한 예니 노바크Jenny Nowak(본명 야나 모라프코바)나, '체코의 앤 라이스'라 불리는 다니엘라 미차노바Daniela Mičanová가 그 예다.

슬로베니아·크로아티아·세르비아 문학에도 늑대인간 이야기가 풍부하다. 프란 비스탈러Fran Wiesthaler는 1883년 잡지 『류블랴나의 소리』에 슬로베니아의 늑대인간 이야기 다섯 편을 실었다. 야네즈 트르디나Janez Trdina는 선집 『고랸치 지방에 대한 동화와 이야기』에, 프란체크 보하네츠Franček Bohanec는 『슬로베니아 민담 모음집』에 블코들라크 이야기를 포함했다. 크로아티아 문학에서 주라 수데타Ðura Sudeta의 소설 『모르』는 다가올 생태학적 재앙을 예견하듯 인간과 자연의 관계를 우화적으로 그려낸 작품이다. 세르비아에서 늑대인간의 문학적 존재는 요크심 노비치 오토차닌Joksim Nović Otočanin의 동화 「황금과 다이아몬드 마을 주변을 도는 악마의 춤」까지 거슬러 올라갈 수 있다.

동유럽 세계와 문학계 전반에서의 유행은 최근 수십 년 사이 가속화되었다. 이제는 늑대와 인간의 혼종이고, 만월이 되면 의지와 무관하게 변신하고(또한 얀 포토츠키의 사례를 떠올리게 하듯), 은 총알로만 죽일 수 있는 늑대인간상이 두루 친숙해질 정도에 이르렀다. 이들은 영화 〈틴울프〉(그리스 신화의 리카온을 참조한다)부터 〈해리 포터와 아즈카반의 죄수〉(친절한 늑대인간 교수 루핀), 〈몬스터 호텔〉 시리즈에 이르기까지 인기 있는 이야기들에 잇달아 등장한다. 이제 뱀파이어와 겹치는 지점은 두 신화적 괴물이 함께 존재하는 장르적 영역, 곧 고딕 판타지 정도로 좁혀진다. 그곳에서 둘은 쉽게 마주치고, 어쩌면 우위를 점하기 위해 결투를 벌이기도 한다.

뱀파이어와 마찬가지로 늑대인간 역시 단순한 판타지 괴물을 넘어 상징적 존재가 되었다. 고딕소설과 문학비평을 많이 남긴 독특한 영국 성직자 몬터규 서머스Montague Summers는 오컬트에 관한 책을 집필했는데, 그중 하나가 『늑대인간』이다. 이 책에는 서머스가 들었다는 러시아 이야기 하나가 실려 있다. 일종의 '역逆 늑대인간', 더 정확히 말하면 '곰 인간'의 이야기다. 차르의 궁정에서 사람들의 유흥을 위해 강제로 보드카를 마시고 춤추도록 길러진 곰 한 마리가 있다. 곰은 기지를 발휘해 시베리아로 탈출하고, 자신을 인간으로 만들어줄 샤먼을 만나 마침내 차르의 가족에게 복수할 수 있게 된다.

그 곰이 인간이 되어 얻은 이름은 무엇이었을까? 블라디미르 레닌Vladimir Lenin이다.

3장
리부셰 여왕

리부셰 여왕 이야기

몸과 몸이 맞닿은 은밀한 사랑의 순간이 지나간 후, 리부셰Libuše는 여전히 가쁜 숨을 몰아쉬었다. 그녀는 행복의 문턱에서 연인의 눈을 쳐다보며 속삭였다.

"정말 이렇게 지내야만 하나요? 고작 태생의 불운 때문에 우리 사랑을 숨겨야 한다고요?"

프르제미슬Přemysl은 숲의 보호막 아래 이끼를 침대 삼아 여왕과 나란히 누워 있었다. 그는 그녀와 시선을 맞춘 채로 품에 꼭 껴안았다.

"제가 왕 같은 마음과 강철 같은 용기로 폐하를 사랑한다고 감히 말씀드려도 농부의 몸으로 태어난 건 변하지 않습니다. 쟁기를 왕관으로 만들 수 있는 건 경이로운 연금술뿐이지요."

리부셰는 혼잣말을 중얼거렸다.

"과연 그렇군요."

문자가 발명되기 훨씬 이전의 먼 옛날, 아들은 없지만 세 딸을 자신의 자랑으로 여기던 크로크Krok라는 훌륭한 왕이 살고 있었다. 크로크 왕은 현명한 이들을 모아 종교와 찬송가, 신의 예언과 마법을 가르치는 학교를 세웠다. 하지만 이때는 아직 문자가 없던 시절이라 가르침은 오직 암기에 의존해야 했다. 그래서 그 모든 내용이 노래로 만들어져 스승에서 제자로 구전되었다.

마법은 신들이 내린 선물이었던 만큼 학교의 모든 과목 가운데 가장 중요하게 여겨졌다. 크로크는 조언이 필요할 때면 홀로 숲속 깊은 곳의 호젓한 공터로 가서 신들에게 가르침을 구하곤 했다. 한번은 신들이 그를 찾아와 딸들과 살고 있는 작은 성에서 벗어나 블타바강Vltava River을 따라 새로운 성을 쌓을 곳을 찾으라고 말했다. 크로크는 자신이 다스리는 부족들 중 믿음직스러운 인물들을 모아 신이 가르쳐준 대로 움직였다. 그들은 강기슭을 따라 적당한 자리를 찾아 이동했다. 흐르는 강물이 내려다보이는 가파른 절벽 위에서, 바위를 뚫고 담수가 보글보글 솟아오르는 샘을 발견했다. 이 샘이 있는 땅이 바로 그의 토대가 될 곳이었다. 크로크는 수도가 될 성을 짓고, '높은 성'이라는 뜻의 비셰흐라드Vysehrad를 이름으로 붙였다. 크로크는 그곳에서 30년간 훌륭하게 나라를 다스렸다.

또 그는 자신의 세 딸 카지Kazi, 테타Teta, 리부셰를 키웠다. 그들은 모두 아름답고 지혜로웠다. 카지는 의술에 재능이 있었다. 약초, 식물, 마법으로 치유하는 법을 알았고, 자신의 성인 카진Kazin에서 아버지 왕국의 병자들을 치료했다. 테타는 왕국 종교의 대제사장이었고, 자신의 성인 테틴Tetin에서 예배를 보았다. 리부신Libušin이라는 성에 살던 막내딸 리부셰는 예언의 재능을 가지고 있었다. 가끔 그녀는 무아지경에 빠져 예언을 했고, 그 일은 필연적으로 현실이 되고는 했다. 그럴 때마다 백성들은 그녀를 두려워했다. 하지만 상냥하고 아리따우며 총명한 리부셰는 자매들 가운데 가장 큰 존경을 받았다. 크로크 왕이 죽고, 왕위를 물려받아 여왕이 된 것은 리부셰였다. 그래서 그녀는 비셰흐라드로 거처를 옮겼고, 백성들은 오랫동안 그들의 여왕에 만족했다.

비셰흐라드에는 재판소가 없었으므로, 백성들 사이의 분쟁을 판결하는 일은 통치자의 몫이었다. 현명하고 공명정대한 리부셰 여왕은 성 안뜰의 거대한 피나무 아래, 카펫이 깔린 단상에 앉아 있었다. 그녀는 왕국에서 지혜롭기로 소문난 12명의 사람에게 둘러싸인 채, 고발된 사건들에 귀를 기울였다.

어느 날, 남몰래 품은 사랑을 그리워하며 마음 저려 하던 그녀는 땅과 땅 사이의 경계를 두고 다투는 두 이웃의 분쟁을 조정하고 있었다. 두 사람의 주장을 모두 들은 뒤, 그녀는 조언자들과 함께 사실관계를 객관적이고 공정하게 따져보았고, 마침내 둘 중 젊은 이웃의 손을 들어주기로 결정했다.

그러자 나이 든 이웃의 얼굴이 점점 붉어지기 시작했다. 이윽고 그는 분노에 휩싸여 입에 거품을 물더니, 허공을 찢는 목소리로 그녀에게 소리를 질렀다.

"여자에게 무슨 정의를 기대하겠는가? 머리만 길고 뇌는 짧은 족속들인 것을!"

그는 12명의 현자를 돌아보며 말을 이었다.

"여자들은 실을 자아 바느질이나 하게 하시오. 그저 아이나 낳게 하란 말이오! 통치하고 판결을 내리는 건 그들 몫이 아니오. 이 세상에 여자가 남자 위에 군림하는 곳이 또 있을까? 우리 왕국은 다른 나라들의 웃음거리요!"

그곳에 모여 있던 모두가 깜짝 놀랐다. 다들 말문이 막혀 한동안 적막만이 감돌았다. 몇몇 현자가 나서서 말을 하려고 했지만 리부셰가 가만히 있으라는 은근한 손짓을 보냈다. 그녀의 뺨이 붉어졌고 주변에서는 그 모습을 수치심과 슬픔으로 읽었다. 하지만 여왕의 눈은 어렴풋이 반짝거리고 있었다. 그녀는 자리에서 일어나더니 군중을 향해 말했다.

"그대 말이 맞네. 나는 여자고 여자답게 통치한다네. 철퇴가 아니라 그대가 약점이라고 착각하는 인정으로 다스리지. 그대는 이런 통치자를 따를 자격이 없어. 철퇴를 원하는가? 그렇다면 바라는 대로 해줘야겠지. 백성들에게 새로운 왕으로 남자를 뽑게 해 그들이 선택한 자와 결혼하겠네."

리부셰는 이 말을 끝으로 얼떨떨해진 군중을 뒤로하고 자신의 성으로 물러났다. 그녀는 테타와 카지를 부르고는, 세 자매 외에는 아무도 들어갈 수 없는 성 깊숙한 곳에 자리한 비밀스러운 개인 정원에 틀어박혔다. 그곳에서 그녀는 금박을 입힌 나무 조각상 앞에 섰다. 페룬의 모습을 한 그 조각상은 머리는 순은으로, 수염은 금으로 만들어져 있었다. 리부셰는 그 앞에 서서 어둠이 내려 언니들이 도착할 때까지 동상의 눈을 가만히 응시했다. 이윽고 세 자매는 수평선 너머로 여명이 물들 때까지 비밀스레 이야기를 나누었다.

그날 아침, 리부셰 여왕은 자신이 다스리는 부족의 수장들에게 추수가 끝난 다음 날 모이라고 명했다. 당일이 되자 족장들은 누가 여왕과 혼인하게 될지 궁금해하며 사방에서 모여들었다. 트럼펫 소리로 회의가 소집되자, 양옆에 언니들을 거느린 채 왕좌에 앉아 있는 리부셰에게 모두의 시선이 쏠렸다.

마침내 그녀가 입을 열었다.

"내가 그대들을 왜 소환했는지, 모두 이유를 알 것이오. 내가 그대들에게 준 자유를 고맙게 여기지 않았기에 신들은 내게, 더는 그대들을 통치하지 않겠노라 말하라고 계시하셨소. 그대들은 남자의 지배를 받고 싶어 하며, 그대들의 자식들을 끌고 가 자신을 섬기게 하고, 자신을 위해 죽고 죽이게 할 그런 통치자를 원하오. 마땅한 방식으로 세를 매기고, 그대의 가장 좋은 소와 말을 빼앗아 갈 사람을 원하지. 엄격한 주인을 섬기고 그 대가를 치르길 바란단 말이오. 나는 이 가운데 어떤 것도 요구한 적이 없소. 그럼에도 그대들은 여왕을 모시는 부끄러움보다는, 차라리 지배당하는 쪽이 낫다 여기는 게지. 그렇다면 그러시오! 왕을 선택하되 신중하고 현명하게 해야 할 것이오. 누군가를 왕위에 앉히기는 쉽지만, 끌어내리기는 훨씬 어려운 법이니까."

모여 있던 사람들이 난색을 보였다. 그녀의 말을 듣고 나니, 자신들이 엄격한 왕을 원하는지 더는 확신할 수가 없었다. 리부셰는 망설이는 이들을 보며 말을 이었다.

"원한다면, 누구를 선택할지 조언해주겠소."

이 말에 그들은 안도감을 느끼며 소리쳤다.

"말씀해주십시오! 조언해주십시오!"

리부셰가 고개를 끄덕였다. 그녀가 자리에서 일어서자 눈앞이 흐려지고 온몸이 떨렸으며, 훗날 누군가는 회상하기를 그녀가 땅에서 떠올라 공중에 부양하는 듯 보였다고 말했다. 목구멍이 아니라 내면 깊은 틈에서 새어 나오는 듯한 목소리로, 그녀는 이렇게 말했다.

"언덕 너머에는 빌리나Bilina라는 좁은 강이 굽이져 흐르고 있소. 그 굽이에 스타디체Stadice라 불리는 조그마한 마을이 있지. 마을을 지나 백이십 걸음쯤 가서, 좁은 골짜기를 따라 올라가면 밭이 나올 것이오. 그 밭에서 그대들의 미래의 왕을 찾을 수 있소. 그는 찢어진 인피 샌들을 신고, 황소 한 쌍을 끄는 쟁기꾼으로 변장해 있소. 소 한 마리는 머리가 흰색, 몸은 갈색이오. 다른 한 마리는 등을 따라 흰 줄무늬가 있으며 뒷다리가 희끗한 갈색이오. 그대들은 알아볼 수 있을 것이오. 다른 사람들과는 다르게 거침없이 이를 드러내 그 힘을 증명해 보이고, 훗날 철제 식탁 앞에 앉아 만찬을 즐길 것이오. 그에게 가시오. 왕에게 어울리는 옷을 가져가, 내가 그를 소환했으며 이것이 그가 나와 혼인해 왕이 되기를 바라는 내 백성들의 뜻이라 전하시오. 우리의 자손이 이곳을 영원히 다스리리라. 어디로 가야 할지 묻지 않아도 되오. 내 백마를 데려가면 백마가 그대들을 이끌 것이니, 그저 따라가기만 하시오."

이 말과 함께 리부셰의 예언은 끝났고, 그녀의 몸은 이내 원래대로 돌아왔다. 그녀는 기진맥진한 상태로 다시 왕좌에 앉았으나, 눈빛만큼은 불꽃이 튀는 듯했다.

자리에 모인 족장들은 그 세밀한 예언에 경탄하며 수행원들을 꾸렸다. 곧바로 미래의 왕에게 어울릴 옷을 챙긴 뒤, 여왕의 흰 암말을 따라 비셰흐라드를 떠났다. 흰 암말은 그들을 언덕 너머 빌리나강을 따라 스타디체 마을로 이끌었다. 마을 경계를 백이십 보쯤 지나자 그들은 좁은 골짜기로 들어섰고, 길옆으로는 밭이 펼쳐져 있었다. 그곳에서 흰 암말이 멈춰 섰다. 근처에서 남자 여럿이 나무 아래 모여 점심을 먹고 있었는데, 그들 가운데 한 남자가 유독 눈에 띄었다. 초라한 옷차림에 낮은 신분으로 보이는데도, 위풍당당한 자세로 홀로 서서 개암나무 가지를 톱질하고 있었던 것이다.

수행원 하나가 그를 가리키며 다른 사람들에게 말했다.

"보십시오. 여기 있는 남자들 중 누가 자신의 이로 최고의 효과를 내고 있는지."

그는 혼자 즐거워했다.

"다른 사람들이 음식을 씹는 동안, 이 남자는 톱의 이빨로 나무를 씹고 있습니다!"

나머지 사람들도 그의 말에 동의했다. 다른 수행원이 밭의 중간쯤에 있는 쇠 쟁기에 매인 소 한 쌍을 가리키며 말했다.

"게다가 저기 뭐가 있는지 보십시오."

황소는 둘 다 갈색이었다. 한 마리는 머리가 흰색이었고, 다른 한 마리는 등에 흰 줄무늬가 있고 뒷다리가 흰색이었다. 가까이 가서 보니, 남자는 피나무 인피를 갈라 엮어 만든 인피 샌들을 신고 있었는데, 샌들의 끈 하나가 찢어져 있었다.

"예언된 대로, 이분이 우리의 왕입니다."

또 다른 수행원이 말했다.

"하지만 여왕께서 마음에 들어 하실지 모르겠군요."

그들은 쟁기꾼에게 다가가 물었다.

"나리, 존함이 어찌 되십니까?"

쟁기꾼은 거친 목소리로 대답했다.

"프르제미슬. 누가 그런 걸 궁금해하는 거요?"

"저희는 리부세 여왕님의 사자들입니다. 여왕께서 저희를 보내셨습니다. 나리가 그분과 결혼하고 우리의 왕이 되는 것이 백성들의 뜻이라고 알리게 하셨습니다."

프르제미슬은 경외심이 들었지만 자신의 감정을 간신히 숨겼다.

"올 줄 알고 있었소."

그는 즉석에서 지어내며 말을 이어 갔다.

"꿈에서 이 모든 걸 봤거든. 터무니없는 환상이라 생각하긴 했지만…

조금만 더 늦게 왔더라면 밭을 모두 갈 수 있었을 텐데. 당신들이 너무 일찍 왔으니 우리 왕국에 기근이 닥칠 것이오. 그래도 내가 가길 바라는 거요?"

"아, 왕이시여, 물론입니다."

"좋소. 그럼 왕으로서 족장들과 함께 식사나 합시다."

프르제미슬은 쟁기를 옆으로 눕혀 식탁으로 삼더니, 빵과 사과로 소박한 식사를 차렸다.

수행원 하나가 다른 사람들에게 속삭였다.

"보십시오. 이건 철제 탁자입니다."

수행원들은 프르제미슬에게 가져온 옷을 바쳤다. 그는 나무에서 베어 온 개암나무 가지를 밭에 꽂고 소를 풀어준 뒤, 기품 있는 의복으로 갈아입었다. 프르제미슬은 낡은 인피 샌들을 버리려다 말고 그것을 집어 들어 수행원에게 건넸다.

"이것을 남겨주시오. 당신들의 왕이 미천한 인간 가운데서도 신들에게 선택받았다는 이야기의 증거이자 유물로."

모든 것이 예언대로 이루어졌다. 프르제미슬은 여왕의 흰 암말을 타고 수행원들과 함께 비셰흐라드로 돌아왔다. 그와 리부셰는 혼인했고, 오래도록 행복하게 살았다. 그들은 새로운 수도를 세워 '문턱'이라는 뜻의 프라하_{Praha}라는 이름을 붙였다. 이곳이 바로 체코 보헤미안이라는 새로운 민족이 들어서는 관문이 될 예정이었기 때문이다. 프르제미슬은 '철의 왕'으로 알려졌는데, 이는 그의 강인함과 정의로움 때문이었다.

그가 예견한 대로 땅에는 기근이 들었으나 곧 지나갔다. 그가 꽂아둔 개암나무에서는 어린 가지 세 줄기가 돋았지만, 그 가운데 둘은 시들고 오직 하나만이 무성하게 자랐다고 마을 사람들은 전했다. 프르제미슬과

리부셰의 자식들도 그러했다. 부부에게는 아들 셋이 있었는데, 라도빌Radobyl과 리도미르Lidomir는 일찍 죽고 네자미슬Nezamysl만이 강인하게 살아남았다. 그는 훗날 프르제미슬리드Přemyslid 왕조가 될 나라를 물려받았다.

개암나무 가지는 계속 자라 마침내 한 그루의 나무가 되었다고 전해진다. 왕을 길러낸 마을에 대한 감사의 표시로, 그 마을 사람들은 해마다 헤이즐넛 1파인트를 바치는 것 이상의 조세를 납부할 의무에서 영구히 면제되었다. 이 전통은 수 세기 동안 이어져 신성로마제국 황제 카를 4세 치하에도 여전히 존속했다.

그럼 인피 샌들은 어떻게 되었느냐고? 그 신발은 한 농부가 왕위에 올랐다는 사실, 그의 계승자들이 그 출신을 결코 잊지 말아야 한다는 것, 그리고 그들의 의무가 농민을 섬기고 보호하는 데 있음을 상기시키기 위해 성에 전시되었다. 나아가 보헤미아 프르제미슬리드 왕가의 왕들은 왕관을 쓰고 왕실 예복을 갖춰 입을 때, 예복 아래에 인피 샌들을 함께 신는 것을 관습으로 삼았다.

한 걸음 더 깊이 읽기

리부셰 여왕과 여인들

리부셰 여왕 이야기는 그 기원이 12세기까지 거슬러 올라간다고 전해
진다. 하지만 체코인 대다수에게 더 익숙한 것은 1890년대에 정리된 버
전이다.[32] 알로이스 이라세크가 쓴 현대판 『고대 체코의 전설』 표지에는
다음과 같이 적혀 있다. "이 이야기는 체코의 독립 이전, 고취된 애국심
과 낭만의 시대에 쓰인 것이다. 따라서 체코의 과거에 대한 찬양이 매우
자연스럽게 반영되어 있다. 전설의 세부적인 내용은 물론 왕과 귀족, 유
령과 마법이 존재하는 예스러운 것들이지만, 그 주제는 보편적이다. 체
코 독립의 새로운 시대가 시작되는 지금, 이 이야기는 현 상황에 대해
대단히 흥미롭고 새로운 관점을 제시한다."[33] 이 책은 체코슬로바키아가
자유민주주의 체제의 체코공화국으로 이행하던 1992년에 출간되었다.

리부셰 신화는 새로운 국가의 근원이자 성과 요새가 될 도시를 어디에 세울지 결정하는 한 여인의 이야기를 담고 있다. 장차 이 도시는 문턱이라는 뜻의 '프라하'라는 상징적인 이름을 얻게 된다. 고대 신화에는 로마를 세운 로물루스Romulus와 레무스Remus, 일리오스와 트로이를 세운 일로스Ilos처럼 수많은 건립자와 몇몇 건축가가 등장하지만, 여성 건립자는 매우 드물다. 20세기 루마니아의 저명한 역사가이자 건국신화 연구자인 미르체아 엘리아데Mircea Eliade 또한 여성에 대해서는 거의 언급하지 않는다. 그러나 알렉산드로스대왕 사후, 그의 고위 군 참모들이 제국 곳곳에 도시와 군사 거점을 짓던 헬레니즘 시대에는 도시 건설과 관련해 티케Tyche — 그리스어로 '행운'을 뜻하는 — 여신을 호출하는 고대 의식이 존재했다. 티케는 흔히 도시를 둘러싼 성벽, 즉 성과 요새를 떠올리게 하는 왕관을 쓴 모습으로 표현된다. 이런 맥락에서 프라하 건립을 다루는 리부세 이야기를 들여다보면 국가가 역사를 필요로 하던 시대의 전형적인 신화 창조 방식이 고스란히 읽힌다.

도시를 둘러싼 건국신화는 다른 곳에도 존재한다. 슬로베니아의 수도 류블랴나의 상징에 그려진 녹색 용은, 이아손이 황금 양털을 가지고 돌아오던 길에 아르고호의 용사들과 함께 그곳에 머물며 용을 죽이려 했다는 신화에서 유래한다. 아르고호의 용사들이 에모나Emona — 류블랴나의 고대 이름 — 의 기반을 닦았다는 설도 있지만, 에모나는 로마군 주둔지가 발전해 형성된 도시이므로 이러한 주장은 고고학적으로 근거가 없다.

이처럼 고대의 기원 이야기는 새로이 구축되는 장소나 아이디어, 나아가 관광 상품에까지 덧씌워져, 그것이 믿을 수 있고 타당하며 중요하고 영속적이라는 인식을 심어주는 방식으로 활용되기도 한다.

그러한 신화가 없다면 건축을 통해서도 비슷한 목표를 이룰 수 있다.

대개 18세기 말에서 19세기 초까지 지어진 미국 도시의 의사당과 법원 건물들은 코린트식 기둥, 처마의 돌림띠, 둥근 천장, 박공벽, 대리석 바닥 등 고대 아테네의 건축 양식을 환기하도록 설계되었다. 고대 아테네를 연상시키는 이러한 미학은 영구적 민주주의 체제의 사상을 상징적으로 드러냈다. 굳이 누군가 건국신화를 지어내지 않아도 건축물은 묵묵히 그 정당성을 증명했다. 반대로 파시즘, 나치즘, 스탈린주의와 같은 전체주의를 내세운 정권들은 흔히 고대 건축양식을 모방하거나 조각상을 근육질의 육체로 형상화함으로써, 집단적 결속이라는 만들어진 감동을 불러일으키려고 했다.

프라하의 경우에는 12세기, 혹은 그보다 더 이른 시기에 건국신화가 만들어졌고, 수 세기가 흐른 뒤 오늘날 알려진 최종 형태로 문서화되었다. 이는 작자 미상의 민간설화에서 이라세크가 집필한 동화의 영역으로 옮겨 갔으나, 동시에 신화적 역사로 받아들여지기도 했다. 지나치게 자주 되풀이된 끝에 사람들 마음속에 깊이 뿌리내려버린 것이다. 그럼에도 이야기 곳곳에 등장하는 초자연적 요소들을 고려한다면, 조금만 신중하게 생각할 줄 아는 사람은 이를 사실로 믿지는 않았을 것이다.

프라하에는 리부셰 동상이 여러 개 있다. 도심부 카를로바 거리에 있는 아르누보 양식의 건물을 정면으로 보면, 두 발코니 사이에 무심히 서 있는 동상이 다소 호기심 어린 표정으로 저 멀리 현대 거리의 일상을 내려다보고 있다. 리부셰가 대체로 긍정적 인물로 그려지는 데 반해, 역사적 인물인 이레네 칸타쿠지네Irene Kantakouzine('제리나'로 불림)의 이야기에는 부정적인 여성 건립자의 모습이 등장한다. 제리나는 15세기 세르비아의 전제군주 주라즈 브란코비치Đurađ Branković와 결혼한 비잔틴제국의 공주였다. 그녀는 조세를 부과하고 신하들에게 성채 건설 노역을 강요했다는 이유로 '저주받은 제리나'라 불리며 악의 상징이 되었다. 그녀에 관한 여러 편의 세르비아어 서사시가 전해지며, 다뉴브강의 스메데레보 요새를 비롯한 여러 요새는 오늘날까지도 그녀의 이름을 떠올리게 한다.[34]

부유한 여성들이 사원이나 수도원을 설립하는 일은 비잔틴제국의 관습이었고, 그 결과 여성 크티토르ktitor(크티토르는 '설립자' 또는 '수도원의 기증자'를 뜻하며, 현대 그리스어로는 크테토르ktetor로 읽는다. 흔히 프레스코화에는 후원한 건물의 모형을 든 모습으로 묘사된다)는 발칸반도 전역에 널리 알려져 있다. 많은 경우 과부들은 수도원으로 물러나 남은 재산을 가져와 일종의 지참금처럼 기부했으며, 재력이 충분한 과부는 직접 사원을 세우기도 했다.

무언가를 건립하는 주체로서의 여성상이 있는가 하면, 반대로 어딘가에 갇히거나 벽에 둘러싸인 여성의 초상도 존재한다. 이는 과거 슬라브족의 장례식에서 과부를 제물로 바쳤던 인신 공양의 풍습이 집단적인 기억으로 남은 결과다. 오늘날의 몬테네그로와 세르비아에서 그리스와 루마니아에 이르기까지, 이 주제를 담은 구술시·민요·서사시는 다양하게 전승되어왔다. 그중 가장 유명한 작품이 「보야나강이 인접한 스코드라(스카다르)의 건축물」이다.[35]

이 이야기에서 갓 결혼한 세 형제는 성곽도시를 세우려 하지만 번번이 실패한다. 이후 그들은 신부를 제물로 바쳐야만 도시를 완성할 수 있으리라는 계시를 받는다. 세 아내 가운데 가장 어리고 헌신적인 여인이 제물이 되는데, 이야기 속에서는 고이코비카Gojkovica('고이코의 아내'를 뜻한다)라는 호칭으로만 언급된다. 계시에 따르면 그녀는 성채의 탑 안에서 벽으로 둘러싸인 채로 갇혀 있어야 했고, 돌벽에 난 작은 창을 통해 죽어가는 동안에도 자신의 아기에게 모유를 먹일 수 있었다. 이는 그리스 서부의 아르타 다리 이야기와도 유사하다.[36] 이처럼 소름 끼치는 여성 혐오적 결말은 가부장적 전통의 일부일 뿐이다. 방식은 훨씬 덜 섬뜩했지만, 리부셰 역시 백성을 만족시키기 위해 남편을 맞이해야 했다. 안타깝게도 신화 속 여성들은 빈번히 무시되거나, 누군가의 이익을 위해 희생된다.[37]

이러한 신화는 또한 거주지를 건설하고 지키는 과정에서 늘 중요한 역할을 하는 풍요 기원 의식의 힘을 드러내기도 한다. 풍요를 바라는 의식은 국가와 도시 건설뿐 아니라 다리와 도로를 만드는 과정에서도 중요하게 여겨졌다. 모코시Mokoš, 바바 야가Baba Yaga 신화가 여신을 위한 '움직이는 집'(닭의 다리가 달린 통나무 오두막)을 특징으로 한다면, 슬로베니아 카르스트 지방의 신화에는 로마의 무녀와 불타는 마차를 탄 악의 여신이 결합된 셈빌랴Šembilja가 등장한다. 그녀는 치렁치렁한 혓바닥 같은 불길을 타고 천둥 같은 소리를 내며 움직이는데, 거친 질주를 위해 로마의 도로를 선호한다.[38]

러시아의 도모보이Domovoy와 키키모라Kikimora(각각 집을 지키는 남신과 여신)[39] 같은 집에 사는 동유럽 신들은 그리스의 헤스티아나 로마의 라리Lari처럼 가정과 화로를 보살피는 신·정령과 연결해볼 수 있다. 늘 인자하지만은 않은 동유럽의 가신家神들은 작은 선물을 요구하기도 한다. 예컨대 문턱에 올려두는 우유 한 잔 같은 것이다. 키키모라는 집 밖의 습지나 숲에 살기도 한다.[40] 크로아티아 해안 지방인 달마티아Dalmatia에서는 집에 사는 뱀을 위해 문턱에 우유 한 잔을 놓아두는 일이 오늘날까지도 흔하며, 그렇게 하면 뱀이 다른 뱀들로부터 집을 지켜줄 것이라 믿는다.

종교의식에서 문턱과 문간은 지붕과 더불어 집에서 매우 중요한 부분으로 꼽힌다. 문은 전환점으로, 지붕은 조상의 혼령이 깃드는 곳으로 인식되기 때문이다. 이는 20세기 초 세르비아의 학자이자 번역가인 베셀린 차이카노비치Veselin Čajkanović가 세르비아·보스니아·헤르체고비나에서 신랑 어머니의 역할을 연구한 내용에서도 확인할 수 있다. 결혼식 도중 신랑의 어머니는 혼령들이 내려와 결혼을 축복하도록 지붕에 올라가 춤을 춘다.[41]

이 모든 요소를 종합해보면, 문턱이라는 이름을 지닌 도시의 건립자인 리부셰는 '프라하의 가신'으로 간주될 수도 있다. 그럼에도 동유럽 신화의 여주인공들은 리부셰처럼 평화롭게 권력을 이양하든, 고이코비카처럼 폭력적으로 희생되든, 끝내 희생을 요구받는 경우가 너무나 많다. 여성 건립자의 역할은 벽에 갇힌 여인의 역할과 위태로울 정도로 가깝다.

4장
바바야가

바바 야가 이야기

들어보렴, 우리 아가. 아홉 왕국을 세 번 가로지르고 웅장한 산맥을 굽이굽이 넘어가다 보면 언젠가 한 상인이 살았던 한 왕국에 이르게 될 거야. 그 상인은 결혼한 지 열두 해가 지나도록 아들이 없었고, 딸 하나뿐이었지. 이 어린 소녀도 마치 우리 아가처럼, 달빛처럼 고와서 사람들은 그녀를 아름다운 바실리사Vasilissa the Beautiful라고 불렀단다.

바실리사가 여덟 살이 되던 해, 어머니는 병에 걸렸고 병세는 날로 악화되었어. 죽음이 머지않았다는 두려움 속에서, 어머니는 사랑하는 딸을 불러들였어. 평소에는 어머니가 침실로 부르기만 해도 바실리사는 신이 났었어. 두 사람은 큼지막한 침대 위에서 입맞춤하고 껴안으며 소리 내어 웃곤 했단다.

하지만 이번에는 바실리사도 중압감을 안은 채 걸음을 옮겼어. 어둠이 성큼 다가오는 것을 느꼈고, 이 부름이 무엇을 의미하는지 어렴풋이 짐작할 수 있었지. 우물쭈물하며 금방이라도 눈물이 차오를 듯한 바실리사의 얼굴을 본 어머니는 남은 힘을 끌어모아 딸에게 무언가를 전해주려 했어. 그러고는 조용히 바실리사를 침대 가까이로 불렀단다.

"내 귀여운 바실리사, 내 소중한 딸아. 내 옆에 누가 누워 있는지 봐."

어머니는 담요를 옆으로 젖혀, 몰래 정성을 들여 만들어둔 조그마한 나무 인형을 보여주었어. 담요가 걷히고 나무 얼굴이 바실리사를 바라보는 순간, 어린 소녀는 저도 모르게 미소를 지을 수밖에 없었단다. 비록 인형은 따라 웃어주지 않았지만 말이야. 사실 인형에게는 얼굴이라고 할 만한 것도 없었어. 머리는 아무런 무늬도 없는, 둥글둥글한 나무 조각일 뿐이었거든.

딸의 미소를 본 어머니는 조금이나마 마음이 놓인 듯했지.

"바실리사, 너도 알겠지만 엄마는 죽어가고 있어. 너와 함께한 순간은 내 인생에서 가장 아름다운 시간이었단다. 이렇게 일찍 너를 떠나게 되어 그저 미안할 뿐이야. 하지만 엄마의 일부는 늘 너와 함께 있을 거야."

그 말에 바실리사는 울음을 터뜨렸어. 어머니는 딸의 어깨가 부서지기라도 할까 봐 조심스레 쓰다듬으며 말을 이었지.

"엄마 말 꼭 명심해. 엄마의 소원은 반드시 이루어질 거고, 그러면 엄마의 축복이 언제나 너와 함께할 거야. 널 위해 만든 이 인형은 엄마가 너에게 주는 선물이란다. 늘 지니고 다니되, 절대로, 정말 절대로 누구에게도 보여줘서는 안 돼. 만약 슬픔이 밀려오거나, 불운이 너를 덮쳐 네가 위험에 처한다면, 그땐 아무도 볼 수 없는 어두운 구석으로 가렴. 그리고 주머니에서 인형을 꺼내 먹을 것과 마실 것을 조금 주면 돼."

어머니의 말이 이어질수록 바실리사의 눈물 어린 눈이 휘둥그레졌어.

"그러면 인형이 스스로 움직이기 시작할 거야. 네가 준 것을 먹고 마신 다음 너를 바라볼 테니, 그때 말을 건네렴. 무슨 일이 있었는지 이야기하고, 얼마나 무서운지, 얼마나 슬픈지 모두 말해. 그리고 조언을 구해보렴. 인형은 널 위해 거기 있는 거야. 네게 조언도 해주고, 만약의 경우에는 도움도 줄 거란다."

바실리사는 바다처럼 차갑고 푸르며 핏기 없는 어머니의 손에서 나무 인형을 받아, 와락 움켜쥐고는 제 쪽으로 끌어당겼어. 어머니는 딸에게 마지막 입맞춤을 하고 축복을 빌어준 다음 잠이 들었고, 다시는 눈을 뜨지 못했지.

슬픔에 잠긴 바실리사는 나무 인형을 꼭 쥐고, 어머니를 껴안고 싶었던 만큼 꼭 껴안았단다. 이 인형을 통해 어머니의 일부가 아직도 자기 곁에 남아 있을지 모른다는 사실을 서서히 깨닫게 되었지. 그래서 그녀는 할 수 있는 한 최선을 다해 속상한 마음을 다잡았어. 그러고는 담요를 한쪽으로 젖힌 다음, 인형을 침실 한편의 그늘진 구석으로 가져갔지. 거기 있던 의자에 인형을 앉힌 뒤, 먹을거리와 마실 것을 챙기러 슬그머니 부엌으로 갔단다. 굳은 흑빵 한 조각과 작은 컵에 채운 음료 크바스를 가지고 돌아온 그녀는 그것들을 의자 위, 인형 곁에 조심스레 놓았어. 그런데 인형은 움직이지 않았단다. 바실리사는 어머니가 남긴 이 유산마저 자신을 저버리고, 끝내 아무 일도 일어나지 않을까 봐 점점 두려워졌어. 두근거리는 가슴을 억누르고 그녀는 소리 내어 말했지.

"내 작은 인형아, 이걸 먹어봐. 한 입 먹고 한 방울 마시고 내가 얼마나 슬픈지 들어줘. 가장 사랑하는 엄마가 돌아가셔서 너무 외롭단 말이야."

한참 동안 침묵이 흘렀어. 그런데 우리 아가, 무슨 일이 일어났는지 아니? 아무것도 그려져 있지 않은 인형의 달걀 모양 나무 머리가 갑자기 고개를 드는 거야. 인형의 나무 팔이 천천히, 거의 기계처럼 움직이며 흑빵 조각과 크바스 컵을 향해 뻗어 갔지. 인형이 보이지 않는 입으로 음식과 음료를 가져가자, 빵과 크바스가 허공에서 조금씩 사라졌단다.

식사를 마친 인형은 빈 컵을 다시 의자 위에 내려놓고, 바실리사를 향해 고개를 들었어. 텅 비어 있던 얼굴 위로 이글거리는 샛오렌지색 눈 한 쌍이 나타나 바실리사를 빤히 바라보았지. 그때 인형이 마치 잠든 아기 귓가에 속삭이는 엄마 같은 목소리로 말했단다.

"눈물을 거두렴, 바실리사. 밤이 오면 슬픔이 제 세상인 양 이곳저곳을 누비지만, 아침 햇살이 비추는 순간 달아나버리지. 다시 침대로 돌아가 피곤한 눈을 감아. 엄마를 안고 싶은 만큼 나를 끌어안고 잠에 드는 거야. 아침 햇살은 밤보다 더 지혜롭거든."

그 말을 끝으로 샛오렌지색 눈빛이 꺼지더니, 인형의 얼굴에는 다시 텅 빈 나무 곡면만 남았어. 바실리사는 고개를 끄덕이고 인형을 들어 올려 꽉 움켜쥔 채 다시 침대로 돌아갔단다. 갑자기 졸음이 밀려와 곧 잠에 들었고, 깨어났을 때는 슬픔이 조금씩, 서서히, 마지못해 물러나고 있었지.

긴 여정을 마치고 돌아온 바실리사의 아버지는 아내가 죽었다는 사실을 알고 눈물을 흘렸단다. 한동안 슬픔에 잠겨 꼼짝도 하지 못했지. 바실리사가 자신을 가장 필요로 하던 때 그는 곁에 없었어. 사실 집에 있을 때조차도, 그는 한 번도 진정으로 곁에 있어준 적이 없었지. 바실리사는 이런 상황에 익숙했기에 더는 기대하지 않았단다. 그녀는 슬픔의 후폭풍에 맥없이 휩쓸리는 작은 돌멩이였지만, 혼자서 단단히 버텨야만 했어. 자신을 도와줄 사람은 어머니 단 한 사람뿐이었지만 그녀는 이제 없다는 걸 알고 있었으니까.

바실리사의 아버지는 관례대로 충분한 애도의 시간을 가졌어. 전통으로 정해진 기간보다 딱 하루만 더 슬퍼한 뒤, 곧 새 아내를 찾는 일로 관심을 돌렸단다. 그는 연민과 온정이 부족한 사람이었지만 부유했고, 훌륭한 집과 말 여러 필을 가졌으며, 외지로 나가 있거나 잠에서 깨지 못한 상황을 제외하고는 교회에 나가 눈에 띄는 액수로 헌금하기도 했거든. 이 모든 것이 많은 여자를 충분히 만족시켰고, 새 아내가 되고 싶어 하는 여자들이 줄을 이었어.

바실리사의 아버지는 두 딸을 둔 자기 또래의 과부에게 눈길이 갔어. 그녀의 딸들이 바실리사에게 좋은 말동무가 되어주고 집안일도 거들어줄 거라고 생각했단다. 과부는 미모가 두드러지게 아름다웠어. 하지만 바실리사의 아버지가 연민과 온정이 부족한 마음을 지녔다면, 과부는 애초에 마음이라는 게 없는 사람처럼 보였지. 심장이 있어야 할 자리에 주먹만 한 텅 빈 깡통이 들어 있는 듯했거든.

과부가 집에 온 지 며칠 만에 바실리사는 그 점을 알아차렸단다. 계모가 자기 딸들에게 "상인인 아버지는 대부분의 시간을 외국에서 보내고, 재산이 넉넉한 동안에만 이 집에 머물거야"라고 말하는 걸 우연히 들었거든. 바실리사는 단둘이 마주 앉은 틈을 타 아버지에게 경고하려고 했지만, 아버지는 그 말을 조금도 귀담아 듣지 않았어. 왜냐하면 말이야, 우리 아가. 여자들에게는 남자의 주의를 다른 곳으로 돌려버리는 묘책이 있어. 계모는 그런 데 아주 능숙한 사람이었지.

계모가 바실리사를 마음에 들어 하지 않는 것은 얼핏 이해하기 어려운 일이었어. 바실리사보다 나이가 많은 자기 딸들은 매력도 없고 못생긴 반면, 바실리사는 오묘한 아름다움을 지닌—마을의 누구도 그녀보다 더 예쁜 사람을 본 적도 상상한 적도 없을 만큼—가장 아리따운 소녀였다는 사실만 빼면 말이야.

계모는 가장 먼저 상인이 고용한 몇 안 되는 사람들을 집에서 내쫓았어. 집사와 하녀 부부였는데, 바실리사의 어머니가 죽은 뒤 바실리사가 가족이라 부를 수 있는 거의 유일한 존재였지. 바실리사는 계모가 돈을 아껴 더 많이 챙기려는 속셈으로 이런 짓을 했다는 것을 알았지만, 그 사악한 의도를 아버지가 알게 할 수는 없었단다. 그리고 아버지가 기대했던 것과 달리 집안일은 계모의 두 딸이 아니라 바실리사가 떠맡게 되었어. 바실리사의 의붓언니들은 질투심에 사로잡혀 그녀를 깔보고 허드렛일을 쉴 새 없이 시켰지. 그녀의 맑은 영혼뿐만 아니라 미모까지 시들게 해서라도 자신들이 더 돋보이고 싶었거든. 우유처럼 하얀 피부를 태우려 바깥일을 시켰고, 몸이 앙상해지도록 청소와 힘쓰는 일도 떠넘겼어. 하지만 언니들의 노력은 번번이 실패했단다. 바실리사의 선량함은 빼앗을 수 없었고, 미모 또한 햇볕에 타거나 고된 노동에 망가지지 않았으니까.

계모와 딸들은 당혹스러워 미칠 지경이었어. 아무리 고되고 복잡한 일을 시켜도 바실리사는 해냈고, 지친 기색도 전혀 없었거든. 마침내 그들은 더 난해한 일을 떠올렸단다. 어느 날은 삶은 렌틸콩 한 냄비를 부엌 화로 속―열기가 채 가시지 않은―재 위에 몽땅 쏟아버리고, 재가 식기 전에 콩을 한 알도 남김없이 주워놓으라고 명령했지. 세 사람이 일도 없이 빈둥거리며 하루를 보내고 돌아왔을 때, 냄비는 다시 렌틸콩으로 가득 차 있었고 재에는 늑대의 숨결처럼 아직 온기가 남아 있었어. 바실리사가 이 모든 일을 해낼 수 있었던 건 엄청난 비밀 덕분이었단다. 계모와 딸들이 사라지자마자 바실리사는 그늘진 구석으로 가서, 원피스 안쪽에 꿰매어둔 비밀 주머니에서 작은 인형을 꺼냈어. 그리고 인형에게 먹을 것과 마실 것을 조금 주고는 이렇게 말했지.

"내 작은 인형아, 이걸 먹어봐. 한 입 먹고 한 방울 마시고, 내가 얼마나 슬픈지 들어줘."

그다음 자신이 어떤 일을 강요받았는지 차근차근 이야기했어. 인형은 입 없는 나무 얼굴로 음식을 말끔히 먹어치우고 크바스를 꿀꺽꿀꺽 마신 뒤, 샛오렌지색 눈을 번쩍이며 빛냈단다.

"눈물을 거두렴, 바실리사."

인형은 이제 곁에 없는 어머니의 목소리로 말했어.

"밤이 오면 슬픔이 제 세상인 양 이곳저곳을 누비지만, 아침 햇살이 비추는 순간 달아나버리지. 내가 네 일을 거들어주마. 아침 햇살은 밤보다 더 지혜롭거든."

그러고 나면 인형은 소녀가 떠맡은 일이 무엇이든 순식간에 해치웠어. 일이 끝나면 샛오렌지색 눈빛이 꺼졌고, 바실리사는 비밀 주머니에 인형을 다시 넣었지. 바실리사의 삶에 기쁨이라고는 거의 없었지만, 작은 인형은 적어도 그녀가 고통에 짓눌려 쓰러지지 않게 지켜준 셈이야. 어머니의 실낱같은 일부분이 인형의 형태로 딸 곁에 남아, 폭풍우 속에서도 휩쓸리지 않도록 붙들어준 거란다.

이렇게 딱한 상태로 세월이 흘렀어. 계모와 딸들은 여전히 바실리사에게 온갖 일을 시켰지만, 질투심은 버릇처럼 굳어져 더는 그녀의 미모에 날뛰지는 않았지. 시간이 흐르고 바실리사도 자연스럽게 결혼을 생각할 나이가 되었어.

바실리사의 아버지가 집에 있을 때면, 마을 안팎의 젊은이들이 바실리사와의 혼인을 허락받으려고 그 집을 찾았단다. 계모의 두 딸이 바실리사보다 나이도 많고, 본래라면 먼저 결혼해야 했지만 그들에게 구혼하는 이는 아무도 없었지. 바실리사의 아버지가 찾아온 젊은이를 마음에 들어 할 때마다 계모는 이렇게 말했어.

"우리 딸들을 먼저 결혼시키지 않으면, 당신은 절대 내 침대에 못 올라올 줄 알아요."

그래서 매번 그걸로 끝이었단다. 구혼자가 찾아올 때마다 계모의 시기와 증오에 기름이 부어졌고, 바실리사의 유일한 탈출구인 결혼은 열릴 생각을 하지 않았어.

바실리사는 너무 많은 것을 바라지 않으려 했어. 정말 훌륭한 남자가 아니어도, 최소한 착하기만 한 사람이면 된다고 생각했지. 만약 그녀에게 오래전에 세상을 떠난 어머니의 유품, 원피스 속 작은 인형이 없었다면 바실리사는 이미 스스로 목숨을 끊으려 했을 거야.

지난 몇 달 동안 상인인 아버지는 힘든 시기를 겪었어. 그가 팔 물건을 실은 배가 세 번이나 바다에서 폭풍우를 만나 암초에 부딪혔거든. 그는 체면과 집을 지키기 위해 마지막 남은 재산 전부를 걸고 한 번 더 투자해보기로 결심했지. 그러려면 평소보다 훨씬 더 오랜 시간을 외국에서 보내야 했어.

아버지와 마차가 지평선 너머로 사라지기 무섭게, 계모는 집과 그 안의 물건들을 몽땅 팔아 치우고 짐을 싸서 아득히 먼 곳으로 이사해버렸단다. 음울하고 어두운 가시덤불 숲 가장자리에 있는 오두막집이었는데, 아마 아버지가 절대 찾아낼 수 없는 곳이었겠지. 바실리사는 그저 얌전히 따르는 수밖에 없었어. 작은 나무 인형 말고는 세상에 친구 하나 돈 한 푼 없고, 자신을 믿어줄 사람도 없는 젊은 미혼 처녀에게는 달리 탈출구가 보이지 않았거든. 계모는 역겹고 비열한 사람이었지만, 누군가를 당장 죽게 내버려둘 사람은 아니었어. 무엇보다 바실리사가 쓸모가 있다고 판단했지. 어떤 일을 맡기든, 아무리 어렵더라도 신속하고 철

저하게 끝냈으니까. 계모는 바실리사가 가진 능력의 한계를 시험해보기도 했단다. 어느 날은 겨우내 쓸 장작을 패라고 시켰는데, 다음 날 아침 마당에는 정확히 같은 크기로 쪼개진 통나무들이 가지런히 줄지어 있었어. 계모도 바보는 아닌지라 무엇인지는 몰라도 어떤 마법이 일어나고 있다는 사실만큼은 알아차렸지. 그렇다고 그 비밀을 밝혀내는 일이 당장 급한 것도 아니었어. 바실리사는 계모가 필요로 하는 일을 무엇이든 다 해낼 것이고, 그 점이야말로 가장 유용한 도구였으니까.

그렇다 해도, 어린 바실리사에게 혹여 사고가 생기더라도 계모는 마음 쓰지 않았을 거야. 상인인 아버지의 재산을 팔아 번 돈으로 하녀나 집사를 새로 고용할 여유가 충분했고, 어차피 손가락 하나 까딱하지 않아도 될 형편이었으니까. 바실리사가 사라지길 진심으로 바랐던 건 언제나 그녀의 그늘에 가려져 있던 계모의 두 딸이었지. 매력 없고 못생긴 두 사람은 새로운 땅의 새 집에서도 구혼자들의 외면을 받았거든. 그들은 바실리사의 오묘한 아름다움이 자신들이 남편을 찾는 데 유일한 장애물이라고 믿었고, 그래서 그녀가 사라지기만을 무엇보다 바라게 되었단다.

계모는 바실리사에게 오두막집 뒤편의 어두컴컴한 가시덤불 숲 깊숙이 들어가야 하는 일을 시키기 시작했어. 대개는 버섯을 캐 오라고 했지. 계모는 그 숲에 바바 야가라는 이름의 무시무시한 마녀가 산다는 사실을 알고 있었거든. 이 고대의 사악한 노파는 인간이 닭을 먹듯 아이들을 잡아먹는다는 소문이 돌았어. 물론 전해 내려오는 이야기인 만큼 시적인 과장이 섞였겠지만, 바바 야가는 암탉의 잘린 다리 수백 개 위에 얹은 오두막에 살면서, 마법으로 그 다리들을 걷게 만들어 오두막을 이리저리 움직이게 명령했다고 해. 계모는 속으로 계산했단다. 바실리사가 버섯을 캐 오고 다른 집안일까지 해낸다면, 그걸로도 그럭저럭 만족일 테고, 바바 야가를 만나 희생된다면 그보다 더 만족스러운 일도 없을 거라고. 내 딸들은 더더욱 그렇게 생각할 거라고 말이야. 그래서 바실리사는 거의 날마다 숲으로 심부름을 가게 되었던 거야.

자, 우리 아가. 어쩌면 너는 바실리사가 틀림없이 바바 야가를 마주치거나, 아니면 그 고대 마녀가 향기로운 살내음을 맡고 뒤쫓아올 거라고 생각할지도 몰라. 그래야만 할 것 같지. 하지만 바실리사는 숲에 발을 들이자마자 가시나무 그늘로 숨어들어 주머니 속 작은 인형을 꺼냈고, 식료품 저장실에서 슬쩍 가져온 빵 한 조각과 크바스를 아주 조금 건넸단다. 인형은 또 다시 샛오렌지색 눈을 반짝이며 그녀를 돕기 시작했어.

"눈물을 거두렴, 바실리사."

인형은 세상을 떠난 어머니의 목소리로 말했지.

"밤이 오면 슬픔이 제 세상인 양 이곳저곳을 누비지만, 아침 햇살이 비추는 순간 달아나버리지. 내가 네 일을 도와주마. 아침 햇살은 밤보다 더 지혜롭거든."

인형은 계모가 시킨 모든 일을 해주었고, 바실리사가 고대 마녀에게 가까이 가지 않도록 멀리 떼어놓았단다. 두 딸은 만족하지 못했어. 바실리사를 살려두고 자기들을 위해 일하게 하는 편이 낫다는 사실을 인정하지 못한 채, 바실리사만 사라지면 지금껏 비뚤어진 마음으로는 결코 찾지 못했던 행복을 손에 넣을 수 있으리라 상상했거든. 그래서 그들은 오로지 바실리사가 사라지기만을 바랐지. 마침내 딸들의 푸념에 신물이 난 계모는 바실리사가 고대 마녀와 마주치게 할 계략을 세웠단다.

어느 가을 저녁, 계모는 바실리사와 두 딸을 거실로 불렀어. 그리고 셋에게 각각 할 일을 나누어주었지. 한 딸은 레이스를 떠야 했고, 다른 딸은 양말 한 켤레를 짜야 했지만, 바실리사는 고리버들 바구니 하나를 가득 채운 아마로 실을 자아야 했단다. 새벽까지 끝내야 하는데 벌써 어둠이 내려앉아, 세 사람은 촛불 하나에 의지해 일을 시작했어. 그동안 계모는 조심스레 집 안의 다른 모든 촛불을 껐고, 화로에는 우물물을 끼얹어 불씨마저 꺼버렸지.

더 쉽고 시간이 덜 걸리는 일을 받은 두 딸이 당연히 먼저 끝냈어. 그중 하나가 방을 나가려다 발이 걸린 척하며 초를 넘어뜨렸고, 그 위로 일부러 쓰러지며 불을 꺼뜨렸단다. 이제 바실리사는 불빛 하나 없이 실잣기를 마쳐야만 했지.

다른 딸이 말했어.

"아이고, 이를 어쩌나."

앞선 딸이 받았지.

"그러게. 우리는 일을 끝냈지만 바실리사는 아직이잖아. 양초에 불을 켜지 않고는 끝내지 못할 거야. 바실리사, 가서 불을 가져와서 다시 여길 밝혀. 그래야 너도 일을 끝낼 수 있잖아."

바실리사가 순진하게 물었어.

"하지만 한밤중에 어딜 가서 불을 찾지?"

"우리 집 근처에서 불을 구할 곳은 바바 야가가 사는 숲속 오두막뿐이야. 넌 지금 당장 가야 해. 불을 구할 때까지는 돌아올 생각도 하지 마!"

딸들은 바실리사를 집 밖, 캄캄한 밤의 심연 속으로 내쫓았단다. 차가운 가을 공기가 바스러진 마른 잎들을 그녀의 얼굴 주변으로 휘저었어. 바람을 헤치고 나아가는 동안 때 묻은 흰 원피스는 뒤로 휘날려 마치 누더기처럼 너울거렸지.

마치 천둥소리에 떠밀리기라도 한 듯 갑자기 비가 맹렬히 쏟아지기 시작했어. 바실리사는 몸통은 팔처럼, 가지는 가늘고 긴 손가락처럼 뻗은 산사나무의 휘장 아래로 몸을 피했지. 차가운 빗줄기에 오들오들 떨며, 그녀는 숨겨둔 주머니에서 작은 인형을 꺼냈단다. 주머니에 빵 부스러기를 조금 넣어둔 건 정말 다행이었어. 부엌에 들를 새도 없이 의붓언니들에게 내쫓겼거든.

"내 작은 인형아, 이걸 먹어봐. 한 입 먹고…"

하지만 바실리사에게는 인형에게 줄 음료가 아무것도 없었어. 크바스도, 포도주도, 맥주도. 그때 그녀는 하늘을 올려다보더니 손바닥을 잔처럼 오목하게 만들어 빗물을 받았고, 안심한 듯 말을 이었지.

"그리고 한 방울 마시고, 내가 얼마나 슬픈지 들어줘."

작은 인형이 그녀의 손 위에서 움직이기 시작했고, 이글거리는 눈이 생겨났단다.

"의붓언니들이 나를 집에서 내쫓았어."

바실리사는 간신히 울음을 삼키며 속삭였지.

"나는 불 없이 돌아갈 수 없는데, 가까이 있는 유일한 불은 바바 야가의 오두막에 있대. 그 고대 마녀는 틀림없이 나를 잡아먹을 거야. 내가 어떻게 해야 해?"

"눈물을 거두렴, 바실리사."

인형은 죽은 어머니의 목소리로 말했어.

"밤이 오면 슬픔이 제 세상인 양 이곳저곳을 누비지만, 아침 햇살이 비추는 순간 달아나버리지. 내가 도와주마. 마녀의 오두막으로 가렴. 네게 나쁜 일이 생기지 않도록 지켜줄 테니."

바실리사는 고개를 끄덕이고 인형을 도로 주머니에 넣었어. 그리고 망토의 후드를 머리 위까지 끌어올린 다음, 칠흑 같은 숲속으로 뛰어들었단다.

자, 우리 아가. 밤의 숲을 한번 상상해보렴. 뒤틀린 나무뿌리, 손가락 같은 가지, 팔처럼 뻗은 나무 몸통이 가득한 깜깜한 숲을 말이야. 거기에 더해 폭우까지 쏟아지는 가운데, 하늘에서 떨어진 빗줄기가 너무 빽빽해 앞도 잘 보이지 않는다고 생각해봐. 비는 나무의 캐노피에 튕겨 방향을 바꾸며 액체로 된 칼처럼 비스듬히 내리치지. 숲을 통과하는 건 쉽지 않았고, 솔직히 바실리사는 길도 몰랐어. 그저 인형이 자신을 인도해줄 거라고 믿었을 뿐이란다.

그리도 스산한 한밤의 숲속에, 특히 폭풍우까지 몰아치는데 누군가 있으리라고는 상상도 하지 못했지. 그런데 저 멀리서 말발굽이 구르는 듯한 소리가 들렸을 때, 바실리사는 깜짝 놀랐어. 그래, 세상에 그건 말이 질주하는 소리였거든. 뒤쪽에서 불쑥, 어둠을 가르는 섬광처럼 구름 같은 흰 말 한 필이 기세 좋게 달려 그녀를 스쳐 지나갈 때는 더더욱 놀랐단다. 말 위에는 비를 막으려 후드를 쓴 한 남자가 타고 있었어. 너무 순식간이라 제대로 보지는 못했지만, 바실리사는 그가 흰옷을 입고 있었다는 것만은 알아차렸지. 그런데 남자의 흰 의복도, 그가 탄 말의 흰 가죽도 진흙에 얼룩지거나 비에 젖지 않아, 마치 갓 세탁한 것처럼 깨끗하고 새하얗게 빛났단다. 바실리사는 놀라움에 휩싸여 잠깐 자신의 기억을 의심하느라 걸음을 멈추고 말았어.

하지만 도무지 이해할 수 없어 고개를 절레절레 흔들었고, 다시 갈 길을 재촉했지. 그때 다시 되돌아오는 말발굽 소리가 들렸단다. 이번에는 그 백색 기수를 더 잘 보려고 바위 뒤로 슬쩍 몸을 숨겼어. 그런데 불시에 내달려 지나간 말은 전혀 흰빛이 아니었고, 오히려 완전히 부자연스럽게, 지금껏 본 어떤 말과도 다른 새빨간 빛이었어. 너무 붉어서 혹시 말이 온통 피투성이가 된 건 아닐까 싶었지만, 피처럼 뚝뚝 떨어지거나 엉긴 흔적은 없었어. 그저 그 짐승의 본래 색인 듯했지. 말을 탄 사람도 앞선 기수와 같은 체격에, 후드를 깊숙이 눌러쓴 모습이라 처음에는 같은 인물인가 했어. 하지만 이 남자의 의복 또한 말처럼 머리끝부터 발끝까지 새빨갛게 물들어 있었지.

말과 기수가 지나가자마자, 갑자기 비가 그치고 해가 떠올랐어. 하늘이 말처럼 붉게 물드는 것을 보고 바실리사는 경이로움에 사로잡혔단다. 자신이 밤새 헤매고 있었다는 사실조차 깨닫지 못했던 거야. 예전 같았으면 의붓언니들이 시킨 일을 다 해내지 못할까 걱정했겠지만, 이제 바실리사는 그렇게 천진난만하지 않았어. 언니들이 원하는 것은 일이 아니라, 그녀가 사라지는 것이었으니까. 그들이 기다리는 문제 같은 건 애초에 중요하지도 않았지. 그렇다고 해도 바실리사는 여전히 숲속에서 길을 잃은 상태였어. 대낮인데도 햇빛은 나뭇가지와 덤불을 거의 통과하지 못해 숲 바닥은 어두컴컴했거든. 바실리사는 인형이 끝내 자기를 돕지 못하는 건 아닌지 의심하기 시작했지만, 인형을 다시 깨울 먹을거리도 없었어.

포기하고 지쳐 쓰러지려던 찰나, 앞쪽 숲에 공터가 보였단다. 둔해진 다리는 자꾸 덤불에 걸리고, 후드 달린 망토는 비에 젖어 묵직해진 상태였지만, 그녀는 조심스레 그쪽으로 다가갔어. 그러다 나무뿌리에 발이 걸려 앞으로 고꾸라졌고, 공터가 펼쳐지기 직전 마지막 너도밤나무 몸통 뒤에서 겨우 멈추었지. 공터 한가운데에는 허물어져가는 작은 오두막이 서 있었어. 벽은 금이 가 있었고, 햇볕에 탄 피부처럼 겉이 벗겨지고 있었지. 이엉을 얹은 지붕은 엉클어져 있었고, 점토와 석회를 섞은 흙이 덕지덕지 발려 있었단다. 창문은 없었지만, 가운데 굴뚝에서는 연기가 스르르 피어올라 공기 속으로 서서히 사라지고 있었어. 전설에 전해지는 대로, 집은 수백 개의 닭다리에 의지해 서 있었단다. 그 다리들은 집의 토대를 치마처럼 겹겹이 두른 채 오두막이 땅에 닿지 않도록 받치고 있었지. 하지만 집 주위를 에워싼 울타리 탓에 그 기괴한 모습은 거의 보이지 않았어. 울타리는 바실리사의 키보다 세 배는 높았고, 오로지 뼈로만 만들어진 듯했어. 아, 그래, 우리 아가. 그게 닭 뼈였다면 얼마나 좋았을까. 울타리는 쇠사슬처럼 이어진 인간의 흉곽을 엮어 만든 것처럼 보였지. 그 위에는 인간의 두개골이, 숲에서 오두막을 바라보는 방향으로 덮여 있었고, 울타리 둘레에는 두개골이 수십 개나 이어져 있었어. 문은 단 하나뿐이었고, 굳게 닫혀 있었단다.

인간의 손뼈로 만든 대문은 어찌어찌 결속되어 거미줄처럼 보였고, 경첩은 인간의 발뼈로, 자물쇠는 끝이 날카롭게 다듬어진 이빨이 박힌 턱뼈로 되어 있었어. 너무도 끔찍한 광경에 바실리사는 성호를 긋고 가슴을 움켜쥐며 뒷걸음질을 쳤단다. 하지만 그 순간, 큰 말발굽 소리가 또 한 번 그녀 쪽으로 다가왔어. 이번에 그녀가 몸을 돌려 보니, 말은 칠흑처럼 검었고 기수는 캄캄한 밤빛 옷을 입고 있었지. 말은 질주해 지나가더니 오두막 옆의 빽빽한 숲에서 뛰어올라, 괴이하리만큼 긴 거리를 도약해 공터의 풀밭 위를 가로질러버렸단다. 말이 공중을 가르는 동안 문이 열렸고, 그것이 울타리 안으로 착지하자마자, 마치 사냥용 덫이 작동하듯 '탁' 하고 문이 닫혀버렸어. 그러자 흰 잉크가 땅의 틈으로 스며들듯 낮이 숲속으로 가라앉아 스르르 사라졌고, 바실리사에게는 혼란스럽게도 다시 밤이 찾아왔지.

하지만 오두막 주위로는 밤이 내려앉지 않은 듯했어. 어둠이 시작되자마자 울타리 사방의 두개골 눈구멍에서 빛이 나와, 오두막을 마치 대

낮처럼 밝혀주었거든. 숲으로 둘러싸인 공터와 오두막은 어둠이라는 바다 위에 떠 있는 괴이한 빛의 섬 같았지.

그 모습을 바라보는 순간, 바실리사는 너무 극심한 공포에 사로잡혀 꼼짝도 할 수 없었단다. 어느 쪽이 더 두려운 상대일까? 칠흑 같은 숲과 암탉의 다리 위에 얹힌 혐오스러울 만큼 밝은 오두막, 그 둘 사이에서 말이야.

바실리사가 결정하기도 전에, 세상이 그녀를 대신해 선택해버렸어. 이전에는 오싹할 만큼 조용하던 숲이 갑자기 삐걱거리더니 끙끙거리는 신음을 내기 시작한 거야. 마치 나무와 덤불과 흙이 고통을 겪는 것처럼 말이지. 나무들의 삐걱거림이 갈라지고 쪼개지는 소리로 바뀐 건, 나무들이 바바 야가에게 공중의 길을 내어주려 기꺼이 고통을 견디며 이쪽저쪽으로 휘어지고 쪼개지고 부러져, 캐노피 사이로 훤히 트인 통로를 만들어내고 있었기 때문이지.

그리고 그녀가 왔어, 우리 아가. 무쇠로 만든 거대한 막자사발을 타고 공터를 향해 날아오더니, 똑같이 거대한 무쇠 막자로 뱃사공이 노를 젓듯 사발의 방향을 돌렸단다. 다른 손으로는 잔가지가 빽빽이 뭉친 나무 빗자루로 자신이 지나온 공기를 쓸었는데, 빗자루 끝에서는 별빛이 흩뿌려졌지.

그녀의 막자사발은 뼈로 만든 문 바로 앞에서 멈췄어. 공기마저 바다가 물결치듯 깐딱깐딱 흔들리며, 공터의 풀밭 위에 둥둥 떠 있었단다. 그리고 그녀가 입을 열었어.

"작은 오두막이여, 작은 오두막이여, 너의 어머니가 지어준 대로 서거라. 숲을 등지고, 이제 나를 바라보아라."

바바 야가가 주문을 외우자, 바실리사는 오두막 아래 수백 개의 다리가 움직이며 이리저리 자리를 바꾸는 것을 보았어. 구조물은 위치를 완전히 바꾸었고, 전에는 보이지 않던 출입구가 나타났단다. 오두막 안쪽에서는 불이 이글거리며 바바 야가를 향해 따스한 손짓을 보내고 있었어. 하지만 바바 야가는 들어가지 않았지.

그녀가 크게 물었어.

"이게 무슨 냄새람? 고기구나! 거기 누구냐?"

그러고는 바실리사가 숨어 있던 나무를 똑바로 쳐다보는 거야. 아니, 어쩌면 그 너머까지 꿰뚫어 본 건지도 몰라. 이제 도망치거나 숨는 게 무의미하다는 것을 바실리사도 알았어. 비록 지금은 인형에 다시 생명을 불어넣을 음식도 음료도 없었지만, 그녀는 본능적으로 원피스 안의 나무 인형을 움켜쥐었고, 손끝에 느껴지는 그 단단함에서 조금의 위안을 얻었지. 그래서 바실리사는 너도밤나무 뒤에서 나와 공터로 발을 내디뎠단다.

"단지 저, 바실리사뿐이에요, 할머니. 의붓언니들이 할머니께 불을 빌려오라고 보냈어요."

"흠."

바바 야가는 반쯤 수염이 난 턱에 붙은, 털이 난 사마귀를 만지작거리며 말했어.

"나도 그것들을 잘 알지. 어린 아가씨야, 내가 너한테 불을 준다면 너는 그 값을 충분히 치를 만큼은 나와 함께 있어야 한다. 이 기간 동안 나를 위해 일하지 않으면, 넌 내 저녁거리가 될 거야."

바바 야가는 대답을 기다리지도 않고 획 돌아서 다시 뼈로 된 문을 마주했단다.

"너, 나의 든든한 자물쇠여, 빗장을 풀어라. 나의 견고한 문이여, 활짝

열려라!"

문은 마녀의 말대로 움직였지. 바바 야가는 막자사발을 탄 채 풀밭 위로 살짝 뜬 상태로 문 안으로 들어갔어. 바실리사도 따라 들어갔고, 그 뒤로 문은 딸깍 닫혔어.

고대 마녀가 공중에 떠 있는 사발에서 얼마나 날렵하게 뛰어내리는지, 바실리사는 깜짝 놀랐단다. 그제야 비로소 마녀의 모습을 제대로 볼 수 있었지. 바바 야가는 바실리사보다 키는 작았지만, 그 외의 모든 것은 지나치게 컸어. 가슴은 거대했으나 눅눅한 빵 덩어리처럼 축 늘어져 배 위까지 내려왔고, 코는 어마어마하게 커서 넘어지지 않을까 싶을 정도로 얼굴을 압도했지. 턱은 초승달을 닮았고, 옴 오른 개의 털처럼 덥수룩한 수염이 돋아 있었으며, 고양이 같은 긴 수염이 몇 가닥 난 사마귀도 달려 있었어. 눈은 등불이 켜진 것처럼 반짝였지. 머리카락은 거의 없었지만 남은 몇 가닥은 검은 반다나로 감싸두었고, 귀에는 커다란 금색 링이 달려 귓불을 묵직하게 끌어내렸단다. 쭈글쭈글하고 뼈마디가 부어오른 손에는 금반지가 끼워져 있었고, 맨다리에는 푸른 정맥이 얼기설기 뒤덮여 있었지. 발끝이 뾰족한 나막신까지 모두가 기이했단다.

바바 야가가 내려놓은 막자사발은 오두막 한쪽 구석에 자리를 잡았고, 바바 야가는 불이 녹색으로 타오르는 갈색 타일 화덕 위에 털썩 앉았어. 마녀의 키가 워낙 작고 화덕은 제법 커서, 정맥이 도드라진 다리는 공중에 대롱대롱 매달려 있었지. 마녀는 아이처럼 다리를 앞뒤로 흔들며, 호기심인지 배고픔인지 알 수 없는 표정으로 바실리사를 바라보았단다.

오두막은 밖에서 볼 때보다 안에서 훨씬 넓어 보였어. 벽은 해골 램프로 빙 둘러져 있었는데, 해골의 윗부분은 잘려 나가고 눈구멍과 잘린 머리 사이로 불빛이 깜박거렸지. 화덕 앞에는 팔각형 나무 테이블이 놓여 있었고, 그 테이블을 중심으로 양쪽 복도가 바실리사가 볼 수 있는 끝까지 길게 뻗어 있었단다. 밖에서 볼 때는 그다지 크지 않고 벽이 둥그스름한 집이었는데 말이야. 복도에는 온갖 기이한 물건이 더미처럼, 계단식으로 뒤범벅되어 있었지만, 대부분은 바실리사가 자세히 들여다보고 싶지 않은 것들이었지.

바바 야가가 말했어.

"네가 시중들 줄은 아는지 한번 볼까. 난 배가 고프니까, 화덕에 있는 것들을 전부 내 테이블로 가져와보거라."

바실리사는 눈을 내리깔고 고개를 끄덕이며 마녀가 시키는 대로 했단다. 먼저 난로 입구 가까이 있는 장작더미에서 부싯깃으로 쓸 만한 것을 집어 들고, 정수리가 열린 해골 램프에서 깜박거리는 녹색 불꽃 하나를 옮겨 붙였지. 그리고 그 불로 팔각형 테이블 한가운데 서 있는 양초를 켰어.

그다음 화덕 쪽으로 다가가 안을 들여다보았단다. 그 안에는 큰 철제 접시가 세 개 있었는데, 접시마다 구운 소가 가득 담겨 있었어. 도대체 황소를 어떻게 저 좁은 화덕 입구 안에 밀어 넣었는지, 또 어떻게 꺼낼 수 있을지 알 수가 없었지. 그런데 구부러진 부지깽이로 접시를 걸어 당기자, 접시가 미끄러지듯 빠져나왔단다. 기름이 반지르르하고 육즙이 흐르는 고기를 보자 바실리사의 배도 꼬르륵 울었어. 소 통구이 세 마리는 그 자체로 근사한 한 끼였지.

바바 야가는 화덕 꼭대기에서 폴짝 뛰어내려 어느새 테이블에 앉아 있었어. 그녀가 고개를 끄덕이자, 철제 접시들은 화덕 입구에서 테이블로 둥둥 떠올라 미끄러져 갔단다. 마녀는 바실리사에게 식료품 저장실이 있는 쪽을 가리켰고, 바실리사는 그곳에서 크바스 한 병과 꿀 한 냄비, 흑포도주 한 병을 가져왔어.

바실리사는 바바 야가가 인간이라기보다 상어처럼, 커다란 황소를 덩어리째 뜯어내 씹지도 않고 삼키는 모습을 지켜보았단다. 순식간에 짐승 세 마리의 몸통은 뼈만 남았어. 바바 야가는 그중 갈비뼈 하나를 부러뜨려 이쑤시개로 썼지. 배불리 먹고 마신 그녀가 손가락을 톡 튕기자, 바실리사의 몫으로 양배추 수프가 담긴 작은 나무 그릇이 나타났어.

배가 부른 바바 야가는 다시 화덕 위로 뛰어올라, 내부의 불에 따끈하게 데워진 타일 위에 누워 잠들었지. 하품을 하는 순간 상어 같은 이빨이 드러났어. 이빨은 제각각이면서도, 마치 마녀가 매일 아침 쇠줄로 갈아내기라도 한 듯 날카롭게 벼린 완벽한 삼각형이었단다.

"잘 들어, 어린 아가씨야. 그리고 정확히 내가 말한 대로 하거라. 내일 내가 막자사발을 타고 숲으로 떠나면, 너는 내 마당을 청소하고 오두막 바닥을 쓸고 내 식사를 준비하는 거야. 그런 다음 식료품 저장실에서 밀을 사분의 일쯤 꺼내다가, 그 안에 섞인 검은 낟알과 야생 완두콩을 모조리 골라내야 한다. 내 말대로 하지 않으면, 그땐 네가 내 저녁 식사가 될 거야."

눈 깜짝할 사이에 마녀는 코를 골기 시작했어. 하지만 바실리사는 바바 야가가 정말로 깊이 잠들었다는 확신이 들 때까지 기다렸지. 그 뒤에야 살그머니 어두운 구석으로 가서, 감춰둔 주머니에서 나무 인형을 꺼내고 그 앞에 양배추 한 입과 흑포도주 한 방울을 놓았단다. 미처 주문을 거는 말도 꺼내지 못한 채 와락 울음이 터졌어. 고대 마녀를 깨우지 않으려 바실리사는 입술에 피가 날 때까지 꽉 깨물며 울음을 삼켰지.

"내 작은 인형아, 이걸 먹어봐. 한 입 먹고 한 방울 마시고 내가 얼마

나 슬픈지 들어줘. 지금 바바 야가의 집에 있는데, 뼈로 된 대문은 잠겨 있고 난 너무 무서워. 바바 야가가 시킨 일을 끝내지 못하면 난 잡아먹힐 거야. 내가 어떻게 해야 해?”

작은 인형의 눈이 너울거리는 촛불처럼 깜박거렸어. 인형은 양배추와 흑포도주를 삼키고는 대답했단다.

“눈물을 거두렴, 바실리사. 내가 거들어줄 테니. 신께 기도드리고 곤히 자려무나. 밤이 오면 슬픔이 제 세상인 양 이곳저곳을 누비지만, 아침 햇살이 비추는 순간 달아나버리지.”

바실리사는 고개를 끄덕이고 인형의 말대로 했어. 원피스 안에 인형을 다시 집어넣고, 화덕 앞의 짚 더미에 누웠지. 물론 화덕에 너무 가까이 붙지는 않게 말이야.

얼마나 시간이 흘렀을까. 바실리사가 잠에서 문득 깨어보니, 바바 야가가 그녀 쪽으로 몸을 구부리고 있었어. 늘어진 가슴이 바실리사의 머리 위로 축 늘어져 있던 거야.

“어찌 한 거야?”

“뭘 말씀이세요, 할머니?”

바실리사는 비몽사몽한 상태였지.

“내가 시킨 전부 다 말이다. 마당을 청소하고, 오두막 바닥도 쓸고, 식사도 준비해놨더구나. 게다가 식료품 저장실에서 밀을 꺼내 그 속의 검은 낟알이며 야생 완두콩이며 모조리 골라냈던데. 대체 어떻게?”

바실리사는 뭐라고 둘러댈지 몰라 결국 진실을 말했어.

“엄마의 축복이 있으니까요, 할머니.”

“축복이라고?”

바바 야가는 몸서리치며 침을 뱉었어.

"아이고, 이런. 얘야, 그건 정말 곤란해. 축복받은 아이를 여기 둘 수는 없지. 냉큼 떠나거라."

바실리사는 늑장 부리다 마녀가 마음을 바꿀까 봐, 재빨리 일어나 원피스를 정돈하고 문으로 향했지.

그때 바바 야가가 매섭게 말했어.

"그리 잽싸게는 말고."

바실리사는 몸이 얼어붙는 것 같았어. 마녀가 말을 이었지.

"내가 시킨 일을 다 했으니, 불을 가져가거라."

마녀는 벽에 걸려 있던 해골 하나를 집어 들었어. 눈구멍과 잘린 정수리 사이로 녹색 불꽃이 타오르던 그 해골 말이야. 그녀는 바실리사에게 해골을 건네며 말했단다.

"네 의붓어미와 의붓언니들이 원하던 불은 죄다 이 녀석이 줄 거야."

바실리사는 감사 인사를 하고 해골을 손에 쥐었어. 안에서는 녹색 불꽃이 어른거렸지만 뜨겁지는 않았지. 그렇게 바실리사는 닭의 다리에 얹힌 오두막을 나와, 흉곽으로 엮은 울타리를 지나 숲으로 뛰어들었단다.

그녀는 어둠이 깔릴 때까지 걸었고, 가까스로 길을 찾아냈어. 산골짜기를 지나는 동안 검은 말과 기수가 큰 소리를 울리며 그녀를 스쳐 지나갔고, 곧바로 어둠이 내려앉았지. 손에 든 해골 속 녹색 불꽃은 계속 타올랐고, 이제는 눈구멍에서 앞쪽으로 빛이 뻗어 나와 등불처럼 숲길을 밝혀주었단다. 뿐만 아니라 그 빛줄기는 의붓어머니와 언니들의 집으로 돌아가는 가장 짧은 길까지 알려주었어.

"걱정을 거두렴, 바실리사."

해골이 턱뼈를 딱딱거리며 말했지. 녹색 불꽃은 마치 허기진 것처럼 이글거렸어.

"내가 길을 알려주마. 그리고 네 의붓어머니와 의붓언니들이 그렇게 필요하다고 하는 그 불을 몽땅 쏟아주도록 하마."

한 걸음 더 깊이 읽기

위대한 여신의 변형 3가지

일부 학자들은 아시아·아프리카와 역사적으로 연관된 고대 유럽 문화에 여신 숭배의 특징이 있었다고 본다. 이 시기에는 남성 조각상이 거의 없었고, 성적 특징이 강하게 부각된 여성 조각상이 상대적으로 널리 퍼져 있었는데, 이는 여신 숭배의 흔적이거나 더 일반적으로는 생식 능력의 측면에서 여성이 남성보다 추앙받았다는 증거로 해석되어왔다. 어떤 학자들은 선사시대 유럽에 중심이 되는 하나의 신이 있었으며, 그 신은 여성 — 대개 '위대한 여신'이라 불리는 어머니 대지Mother Earth, 즉 가이아Gaia의 화신 — 이었다고 여긴다.

그러나 신석기시대 말엽인 기원전 5000년경, 인도·유럽어족이 훗날 유럽으로 알려질 땅으로 이주하면서 상황은 달라졌다. 신석기시대는 농업혁명과 사회적 분화, 도시 형성, 식량 비축, 기록 문화, 생식의 통제와 이를 둘러싼 부권 사회의 형성, 집단 방어와 전쟁을 야기했다. 그 결과 인도·유럽어족은 전쟁이나 두려운 자연현상을 상징하는 '남자다운' 신들을 숭배하게 되었고, 남성성을 과시하는 신들이 가득한 가운데 유일한 여신이었던 위대한 여신의 영향력은 줄어들었다.

그럼에도 많은 고대 문화권에서 위대한 여신은 다면화되었고, 그 여러 측면은 다양한 여신이나 반신적 인물들과 관련되어 있다. 동유럽 신화에서 위대한 여신은 전설적인 세 여신 — 모코시, 마녀 신 바바 야가, 페트카(기독교식으로는 파라스케비) — 의 형태로 남아 있다.

리투아니아의 고고학자 마리야 김부타스Marija Gimbutas는 기원전 5000년 이전(우리에게 남은 정보가 희박한 시대)의 신앙 체계인 고대 유럽 종교에서 위대한 여신이 다양한 형태로 — 심지어 기독교에서조차도, 그곳에서 유일하게 진정으로 추앙받는 여성인 동정녀 마리아라는 크게 변형된 형태로 — 살아남았다고 말한다.[42] 수천 년간 이어진 침략과 문화적 교류 속에서, 슬라브족은 어느 순간 위대한 여신을 세 가지 분신으로 변모시켰다. 각각의 여신은 저마다 원형이 지닌 고유한 특성을 그대로 간직하고 있었다.

고대 유럽의 위대한 여신은 자연(물, 해, 달)과 자연적으로 생성되거나 창조된 것(삶, 죽음, 생식력, 음식, 의복, 건강과 예술) 양쪽 모두를 다스렸기 때문에 통합적 성격을 지니고 있었다. 그러나 여신은 다면화되는 동시에 분리되었다. 그녀의 특성들은 출산의 신, 예술의 신, 건강의 신 등 다양한 하위의 신적 존재들과 악마적 존재들로 나뉘어 계승되거나 전이되며 계층 구조 속에 정렬되었다. 한 여신이 여럿이 되면서 각각은 더 구체적인 역할을 갖게 되었고, 선할 수도 악할 수도 있게 되었다.

위대한 여신과 그녀의 많은 계승자가 지닌 다의적 특성에 의문을 품을 수도 있다. 선과 악을 동시에 품고 남녀 모두에게 영향력을 행사하는 여신의 모습은 과거 그가 여러 신 사이에서 누렸던 고대의 전지전능한 위상을 투영하는 것일지도 모른다.

동유럽 신화 체계에 대한 초기 자료에서는 모코시를 유일한 여신으로 언급한다.[43] 다른 신들, 곧 인도·유럽 신앙에서 맑은 하늘과 천둥의 신들이 최고의 위치에 있는 동안, 위대한 여신은 자연과 사회적 문제들을 관장한다. 그 영역은 대개 관습, 전통, 직업과 연관된 것들로, 예컨대 양털 깎기, 직조, 빨래 같은 일이다. 최고(남)신들이 우발적이고 위험한 현상들을 다룬다면, 위대한 여신은 일상생활(특히 여성과 연관된 가사 활동)을 맡는다. 사람들은 그녀의 활동 영역이 남신들이 책임지는 간헐적인 화산 폭발이나 번개나 지진보다 더 쓸모 있고 긍정적이며 생존에 필수적이라고 주장할 수도 있을 것이다. 어떤 경우든 위대한 여신의 지위 변화는 여성의 사회적·문화적 지위 변화를 반영한 것이라는 김부타스의 기본 발상을 더 전개할 수 있다.

모코시

모코시가 위대한 여신의 온전한 화신에 가장 가까운 존재인지는 모르겠지만, 그녀에게는 몇 가지 의외의 특징이 있다.[44] 예를 들어 동유럽 문화권에서 그녀는 닭의 다리를 가진 모습으로 나타난다. 모코시는 다산, 탄생, 죽음을 관장한다. 작고 원기 왕성한 동물들이 종종 산 자의 세계에서 죽은 자의 세계로 영혼을 운반하는 존재로 언급되는 만큼, 닭의 다리

는 영혼의 이동을 의미한다. 이들은 사람의 모습이 아닌 짐승의 모습을 한 신으로 그 외양은 토템적 역할을 반영한다. 영혼이 다른 세계로 갈 때 동행하는 그리스 신 헤르메스의 발에 작은 날개가 장식되어 있는 것도 이와 유사한 방식이다. 모코시는 대개 큰 머리와 긴 팔을 가진 것으로 묘사되는데, 이는 그녀가 다양한 역할을 수행한다는 점을 상징적으로 보여준다.

동유럽 세계 곳곳에서 모코시의 존재감은 많은 지명으로 확인되며, 이는 그녀의 유서 깊은 역사를 뒷받침하기도 한다. 그녀의 역할, 특히 가장 강력한 역할인 생명을 주고 거두는 일은 최고(남)신 페룬과 비교할 때 현저히 다른 위치를 반영한다. 모코시는 대지, 진흙, 물과 연관되고, 페룬은 하늘, 산과 관련된다. 모코시는 양털 깎기, 털실 잣기, 직조, 빨래 같은 주로 여성들이 담당하던 일상의 가사를 관리한다. 나아가 기본 원소(물, 불, 흙)와 음식과 의복의 생산, 생활환경까지 통제한다. 여신의 통제에는 반드시 그에 따르는 응징이 수반된다. 여신은 자신이 관장하는 일을 거부하거나 뒤틀어버리는 방식으로 벌을 내린다. 멀쩡히 짜던 옷감을 엉망으로 헝클어뜨리거나 해지게 하고, 화로의 불길을 번지게 해 불을 내거나, 가축들에게 병이 돌게 만드는 방식이다.

언뜻 보기에는 그녀의 역할이 논리적으로 연결되어 있지 않은 것처럼 보일 수 있다. 대체 대지와 진흙이 탄생이나 양털 깎기와 무슨 관련이 있겠는가? 하지만 대지와 진흙은 다산과 이어져 있다. 대부분의 동유럽 신앙 체계에서는 대지와 여성의 몸을 관련지어 생각하며, 전통적으로 매년 3월 25일까지는 대지가 임신 중이라 여기며 흙을 파거나 갈거나 뒤집어서는 안 된다. 슬라브족이 사는 기후대에서는 3월 하순 이후에야 토양을 비옥하게 하는 봄비와 함께 확실한 해빙기가 온다. 또한 물은 양모 제품을 만드는 과정이나 빨래와 연결된다.

모코시는 이러한 과정과 관련된 규칙을, 특히 달력에서 어떤 계절, 무슨 요일, 몇 시에 어떤 방식으로 가사 및 농업 활동을 해야 하는지를 정한다. 그녀가 관리하는 것은 주로 여성의 일이었지만, 남성들 역시 이 규칙을 알아야 한다. 집에서 규칙을 집행하는 여성의 의지에 따라, 이를 어길 경우 남성들에게도 간접적으로 징벌을 내릴 수 있기 때문이다. 만약 여성이 모코시의 규칙을 어긴다면, 잘 짜고 있던 직물이 엉키거나 그 끝이 해어질지도 모른다.

모코시의 존재는 다른 신화 체계의 이야기에서도 자주 감지된다. 예를 들어 『오디세이아』에서는 오랫동안 행방불명된 오디세우스의 아내 페넬로페가 시아버지의 수의를 짜는 모습을 볼 수 있다. 그녀에게는 수많은 구혼자가 있었지만, 새로운 남편을 맞지 않기로 결심한다. 그러고는 수의가 완성되어야만 구애를 받아들이겠다고 말한다. 그런 다음 완성을 미루기 위해 낮에는 수의를 짜고 밤에는 짠 부분을 다시 푼다. 이 전술은 순전히 페넬로페가 생각해낸 것일까, 아니면 더 오래된 금기의 유산일까?

바바 야가에 대하여

동유럽 전설을 떠올릴 때 가장 친숙한 인물은 아마도 바바 야가일 것이다. 그녀는 본래 하나였던 위대한 여신의 형상에 여러 갈래로 나뉘는 과정에서 태어났으며, 이후 인도·유럽 신화 체계에 편입된 여신 중 하나다. 바바 야가는 흔히 마녀로 여겨지지만, 실은 그녀의 원형인 위대한 여신의 특성을 지닌 하급 여신으로 간주해야 한다.

일반적으로 바바 야가는 거대한 막자사발을 타고 특대형 막자로 노를 저어 하늘을 날며, 긴 팔과 뼈만 앙상한 다리를 가진 늙고 추한 여인으로 그려진다.[45] 그녀는 숲속 깊은 곳, 닭의 다리 위에 얹어진 오두막에 산다. 닭 다리 위의 오두막과 빗자루가 아닌 막자사발과 막자를 쓰는 비행, 이 두 가지가 시각적으로 매우 인상적인 특징이다. 빗자루를 들고 다니기는 하지만, 그것은 야간 비행의 흔적을 지우는 데 쓴다. 또한 부리처럼 생긴 긴 코를 가지고 있다. 때로는 빨래를 말리듯 화덕 위에 얹거나 기둥에 매달아둘 수도 있는, 늘어지고 흐느적거리는 가슴과 뼈만 앙상한 다리 하나를 가진 것으로 묘사되기도 한다.

그녀는 밤에 움직이는 것을 더 좋아한다. 인간과의 소통 방식은 종잡을 수 없으며 이야기마다 달라진다. 때로는 사악하지만, 때로는 소녀나 젊은 여성에게 선물을 주고 함께 시간을 보내기도 한다. 지혜로운 아가씨인 바실리사는 이 책에 실은 전설에서 묘사된 바와 같이 바바 야가의 도움을 받는다(원작이 매우 길기 때문에 일부만 소개함). 바바 야가는 닭과 큰 뱀처럼 영혼을 인도하는 많은 동물과도 연관되어 있다. 그녀는 날씨를 통제하고 폭풍우를 일으킬 수도 있다. 다른 동유럽 여신들처럼 해와 달과도 관련되어 있다. 또한 식물과 그 고유의 성질에도 정통해 갖가지 상황에 맞는 물약을 제조하는 능력도 있다. 일부 신화에서는 그녀를 식인종으로 표현하며, 오두막이 인간의 해골로 둘러싸여 있다고 묘사하기도 한다. 그녀는 개인의 운명과 인간의 수명을 관장하는 여신들과도 연관되어 있다.

다른 슬라브어에서 바바baba는 매우 다양한 의미를 가진다. 할머니(러시아어에서 가장 흔히 사용됨)나 아내, 아기를 뜻하기도 하고, 비겁하고 나약한 남성을 비하하는 용어로 사용되거나 산파를 나타내기도 한다. 남슬라브 언어에서는 말 그대로 할망구hag, 혐오스럽고 마녀 같은 노파를 뜻하거나 '여자'를 비하하는 속어로도 쓰인다.

바바는 동유럽 신화의 여러 여성 악마의 이름에도 섞여 있다. 바바 스레다Baba Sreda(수요일 할머니)는 직물을 짜는 여자들을 보호해주고 수요일에는 직조를 금지시킨다. 반나야 바바Bannaja Baba는 러시아 한증탕에 사는 여성 악마다. 우크라이나의 지트나 바바Zitna Baba는 곡식밭의 정령이고, 디카 바바Dika Baba는 젊은 남자들을 유혹하는 야생의 여인으로 묘사된다. 점쟁이나 전통 치료사나 마녀 또한 바바라고 불리며, 심지어 달도 간혹 바바 갈레Baba Gale(달빛 할머니)라고 불린다. 우박이 쏟아지는 등 날씨가 궂을 때면, 사람들은 바바 야가의 옷에서 재앙이 새어 나왔다고 말하곤 했다. 폴란드에서는 여우비가 올 때면 아이들이 '비가 옵니다/비는 주르륵주르륵/할아버지는 드르렁드르렁' 노래를 '비가 내려요/해는 빛나요/바바 야가는 버터를 휘저어요'로 가사를 바꿔서 부른다.

바바 야가는 동유럽 신화에서 죽음의 여신, 또는 모든 새의 여신으로 여겨지기도 한다. 민속학자 블라디미르 프로프Vladimir Propp는 그녀를 모든 숲속 동물의 여신이자 죽은 자들의 여신, 입문의 여신으로 묘사한다. 그녀의 독특한 생김새와 다채로운 특징은 바바 야가를 많은 슬라브 문화권에서 매력적인 문학적 인물로 만들었다. 가장 독창적인 버전 중 하나를 꼽자면, 소설가 두브라브카 우그레시치Dubravka Ugrešić의 『바바 야가, 알을 낳다』[46]가 있다. 이 작품에서 아이러니한 상황과 많은 유머를 통해 다양한 세대의 여성들 사이에 연대가 이루어진다. 책은 「초보자를 위한 바바 야가」라는 제목의 100쪽에 달하는 에세이로 마무리된다. 독자들은

이 에세이를 통해 우리가 흔히 아는 바바 야가의 전형적인 모습은 등장하지 않더라도, 본문 속 이야기와 신화 속 여신 사이에 흐르는 깊은 상징적 연결 고리를 발견하게 된다.

페트카

이교도의 여신이 기독교 전통의 요소와 융합(마리야 김부타스는 '이중 신앙'이라 부름)된 가장 인상적인 예를 들자면, 페트카Petka를 들 수 있다. 그녀는 동유럽 문화권 전역과 그 밖의 발칸 문화권에서 등장하고 파라스케바Paraskeva나 파라스케비Paraskevi, 또는 퍄트니차Pjatnica라고도 불리는 인물이다. 그녀의 역할과 이름이 바뀌는 과정은 복잡하고 다면적이다.

이는 안식일 전날인 '준비의 날'을 뜻하는 히브리어 이름을 성서 그리스어 파라스케우에paraskeue 또는 파라스케비, 즉 '준비'로 번역하는 것에서 시작한다. 이 번역어는 개인의 이름이 되었고, 외경 문헌에서는 실제로 기독교 성인 두 사람의 이름이 되기도 한다. 이 이름의 의미는 그리스도가 죽은 날인 금요일의 의미와도 관련이 있다.

신의 이름으로 요일을 표기하는 로마나 게르만 문화와는 달리, 슬라브 문화권에서는 요일을 숫자로 명명하는 고유명사의 형태로 바꾼다. 다섯 번째 날은 사랑과 다산의 여신의 이름을 따서 프랑스어로는 벙드흐디vendredi, 이탈리아어로는 베네르디venerdi(둘 다 라틴어 디에스 베네리스 Dies Veneris에서 유래)라고 하고, 독일어로는 프라이타크Freitag, 영어로는 프라이데이Friday(둘 다 게르만 여신 프레야Freya와 관련됨)라고 한다.[47] 반면 그리스인과 슬라브족 사이에서 이 다섯 번째 날은 파라스케바Paraskeva(그리스어) 또는 페트카(여러 슬라브 언어)로 불렸다.

앞서 언급된 성 페트카라고 불리는 여신은 이 이름의 영향으로 슬라브 신화 체계에서 여성의 보호자이자 징벌자라는 매우 특별한 자리를 차지했다. 남슬라브족과 슬라브족이 아닌 이웃들 사이에서 그녀의 역할은 확대되었다. 많은 지명과 이름이 그녀의 존재를 증명하며, 그녀는 전통적으로 로마인과 발칸반도의 무슬림 여성에게 존경을 받아왔다. 부크 카라지치에 따르면, 페트카는 여성의 보호자로, 특히 아프거나 출산 중인 여성을 보호하고 폭력적인 남편을 처벌한다.[48] 또한 그녀는 여인들을 이끌고 약용식물을 찾아다니기도 하고, 다양한 생활 규범을 지키도록 다스린다. 예를 들어, 여성이 목요일에 남편의 셔츠를 빨면 안 된다는 금기를 어기면 금요일에 남편이 병석에 눕는다.

동유럽 신화 체계에서 페트카는 최고의 성자이자 신인 성 엘리야Saint Elijah의 바로 오른쪽에 등장하며, 딸 네델랴Nedelja(일요일을 뜻하는 단어)와 늘 함께한다. 다른 요일들 역시 신의 이름을 따서 지어졌는데, 수요일(스레다Sreda, 중간에 있는 날)처럼 그 의미가 요일로 굳어지는 역순의 과정을 거치기도 했다. 또 각 요일에는 그날만큼은 절대로 해서는 안 되는 온갖 금기 사항이 마치 하나의 세트처럼 뒤따랐다. 수요일에 태어난 아이는 건강하고 행복하다, 프로젝트는 그날 시작하는 것이 좋다, 여행도 시작할 수 있다. 아픈 자는 성 스레다에게 도움을 청할 수 있다, 토요일에 태어난 아이는 뱀파이어를 볼 수 있다, 화요일은 운이 나쁜 날이다 등이 있다.

네델랴의 아버지가 누구인지, 즉 페트카가 어떻게 어머니가 되었는지는 알려져 있지 않다. 모녀의 결합은 다양한 고대 신앙에서 서술되는 특징이지만, 이 모녀에게는 데메테르와 그녀의 딸 코라Cora, 즉 페르세포네와 특별한 유사점이 있다. 데메테르와 페트카는 둘 다 다산과 가사, 여성의 일거리를 돌보고, 이와 관련된 많은 금기를 정한다(하지 말아야 할 것이 해야 할 것보다 더 자주 언급된다). 양쪽 모두 아버지는 알려지지 않았거나 중요하지 않다.

1389년 코소보전투를 계기로 페트카 숭배가 발칸반도 서부로 전해지게 되었다. 중앙 세르비아공국의 패배로 전투가 끝나고, 공국의 지배자 자리는 라자르Lazar에서 이후 수녀가 되는 그의 미망인 밀리차Milica에게로 넘어오게 되었다. 당시 밀리차는 오스만제국의 통치자인 바예지드Bajazit와 평화협정을 맺고 자신의 딸을 그와 결혼시켰다. 밀리차는 아들 스테판Stefan이 성인이 될 때까지 13년간 공국을 통치했다. 통치 기간 동안 다른 수녀인 예피미야Jefimija와 권력을 나누었는데, 예피미야 또한 오스만제국과의 전투에서 사망한 통치자의 미망인이자 세르비아 최초로 알려진 여류 시인이었다.

이 비범한 두 여인은 찬양의 글을 통해 라자르 숭배를 정착시켰지만, 한편으로는 코소보전투에서 남자들 상당수가 전사한 특수한 상황에서 여자들에게 도움이 되고 신념을 강화할 수 있는 특별한 숭배 대상이 필요하다고 생각했다. 1393년에 두 여성 통치자는 트르노보Trnovo(오늘날의 불가리아)를 여행하며, 그곳에서 페트카라는 성인의 유골을 간신히 얻어 세르비아로 가져왔다.⁴⁹ 이 사례 속의 성 페트카는 11세기에 살던, 오늘날의 이스탄불 근처 에피바테스 출신의 소녀 파라스케바Paraskeva였다. 이 소녀는 가난한 자들에게 가족의 재산을 나눠주고 성지聖地로 가서 요르단 강 근처의 수도원에 들어가 살라는 계시를 받았다. 스물다섯 살이 되던 해 천사가 나타나 고향으로 돌아가라고 말했고, 2년 후 고향에서 죽었다. 기독교와 관련된 이 역사적 인물은 이교의 여신 페트카와 융합되면서 두 특징이 겹쳐지게 되었다.

페트카 숭배는 인근 모든 지역으로 삽시간에 퍼져 나갔다. 그녀는 발칸반도에서 가장 인기 있는 성자가 되었고, 수많은 교회가 그녀에게 바쳐졌다. 페트카 숭배는 오늘날까지도 발칸반도에 매우 생생히 살아 있다. 교회 내부의 벽이 봉납된 물품들로 덮여 있는, 베오그라드의 중세 시대 성벽 아래 작은 성 페트카 교회가 그 증거다. 1947년 몰다비아에 가뭄이 닥쳤을 때만 하더라도 사람들은 가뭄을 끝내기 위해 페트카와 관련된 유물을 들고 피해 지역 구석구석을 행진하기도 했다.

오늘날 고대 치유의 성지이자 원형극장이 잘 보존된 그리스 에피다우로스Epidaurus를 찾는 관광객은 봉헌된 양각 박물관을 볼 수 있다. 그곳에는 다리, 눈, 아이, 손 등 치유의 신 아스클레피오스Asclepios와 그의 딸 히게이아Hygiea에게 제물과 의식을 바쳐 회복한 온갖 신체 부위의 형상이 전시되어 있다. 주변 마을이나 그리스 곳곳의 교회 역시 성상 주변에 치유된 부위가 그려진 아연판을 정성스레 장식해두었다.

본래 자연과 사회 전체를 관장하던 위대한 여신은 거대한 문화적 변혁을 거치며 하늘과 날씨를 다스리는 권한을 남신들에게 넘겨준 채 사회의 주변부로 물러나야 했다. 그러나 가부장제의 관심 밖이거나 때로 금기시되었던 영역들 사이사이에 여신과 그녀의 상징성을 보존하기 위한 틈새가 생겨났다. 죽음과 묘지 숭배가 바로 여신과 여성이 지배력을 유지했던 대표적인 영역이다. 전통적으로 남성은 사체를 생리나 출산 중인 여성의 몸처럼 부정한 것으로 여기며 멀리했다. 동유럽 사회를 비롯한 많은 문화권에서 여전히 사체를 수습하고 돌보는 일을 여성이 도맡는 이유는 바로 이 때문이며, 이 과정 안에는 보이지 않는 거대한 사회적 권력이 숨어 있다.

그 틈새에는 치유, 의술, 마법, 자녀 양육, 구전 문학, 음악, 의식 집행 등도 포함되어 있었다. 때로는 이러한 영역 안에서 여성이 권력에 접근하거나 지식을 습득하고 상상력을 발휘하며 전략을 세울 수도 있다. 가부장제는 여전히 여성을 그 틈새로 유도하고 있지만, 그럼에도 여성은 그 안에서라도 힘을, 즉 위대한 여신의 힘을 발휘할 그들만의 방법을 계속해서 찾고 있다.

위대한 여신과 기독교 성인을 융합하는 이중 신앙은 선사시대 토속 신앙 정신의 요소들이 기독교 시대에 이어 지금까지도 존재하고 심지어 번성할 수 있게 해주었다. 그리고 그 역사는 거대 종교와 신앙, 그에 수반되는 의식과 절차(뒤에 다뤄지겠지만 동유럽 문화권에서는 그중 특히 샤머니즘이 중요하다) 사이의 충돌과 융합을 통해 매혹적인 작품이 탄생하는 데 기여하고 있다. 산 자의 세계와 죽은 자의 세계 사이에서 소통하기 위한 기술을 갖춘 샤머니즘은 고대 의식이 명맥을 이을 수 있도록 도와준다. 이제는 당신도 닭 한 마리가 황급히 길을 가로질러 가는 것을 본다면, 그 닭이 저승으로 영혼을 인도하는 중일지도 모른다고 생각하게 될 것이다.

5장
폐론

페룬 이야기

키이반 루스Kyivan Rus 시절, 강력한 슬라브 영주들이 외적에 맞서 단결하던 때가 있었지. 오늘날에는 그러지 못하는 것이 심히 안타깝지만. 당시 무롬Murom과 이웃한 한 촌락에 일리야라는 젊은이가 살았어. 무롬 근처에서 왔다고 해서 사람들은 그를 일리야 무로메츠Ilya Muromets라고 불렀지.

날 때부터 약했던 다리는 그의 몸을 지탱해주지 못했어. 그래서 떡갈나무처럼 튼튼히 자란 두 팔로만 몸을 버티며 기어가는 법을 배웠고, 어린 시절은 초라한 집의 중앙을 차지하던 타일을 바른 커다란 화덕 위에 앉아 보냈어. 매일 아침, 그리고 매일 잠자리에 들기 직전에 어머니는 화덕 안에 나무를 쌓아 불이 타오르게 했지. 그녀는 그 안에 흑빵을 구워 소박하게 음식을 차리고 가족들을 먹였어. 그리고 일리야는 화덕 위에 앉아 점토 타일을 통해 배어든 열기로 몸을 녹이곤 했지.

자, 일리야 인생의 첫 30년이 이렇게 지나갔어. 강력한 팔로 갈 수 있는 곳까지만 과감히 가보았다가, 다시 화덕 위의 자기 자리로 돌아오길

거듭하면서 사내가 되었지. 그 외에는 할 일이 거의 없었어. 말하자면, 그리스도가 죽었다가 부활한 나이가 될 때까지 말이네. 들어보게나. 하루는 순례자 두 사람이 일리야의 집을 지나간 거야. 성자의 유물에 입맞춤하기 위한 오랜 여정에 목이 너무 말랐던 순례자들은 마실 물 좀 달라고 외쳤지. 그날은 부모님도, 형제자매도 외출 중이었던 터라 대답할 이는 일리야뿐이었어.

"어서들 들어오십시오. 대신 물은 알아서 드셔야 합니다. 제 다리는 몸을 지탱하지 못하거든요."

순례자들은 집 안으로 들어와 일리야가 늘 앉던 그 자리에 앉아 있는 걸 봤어. 화덕 가장자리에 걸쳐진 그의 다리가 튼튼하지 않다는 걸 그들도 알아챘지만, 선한 마음 역시 보았지. 적어도 허리띠 위로는 장대한 몸의 사내에게서 아이같이 친절하고 인정 많은 마음씨를 말이야.

그들 중 하나가 나무 양동이에서 나무 국자로 물을 퍼 올리면서 물었지.

"선천적인 건가?"

일리야가 대답했지.

"신께서 그리 만드셨지요. 그러니 저도 그분의 계획에 만족해야 할 것입니다."

순례자는 눈을 반짝이며 다른 순례자를 바라보았어. 그러고는 평범한 대화에서 나올 법한 느낌을 넘어 마치 상대의 속사정을 다 알고 있다는 듯한 묘하게 의미심장한 말투로 물었지.

"혹 그분께 자네에 대한 다른 계획이 있으시다면 어떻겠나?"

다른 사람이 대꾸했어.

"그분께서는 떠돌이 순례자에게 자비를 베푸는 이에게 미소를 지어

주시지. 그렇지 않은가, 페테르?"

순례자들은 나무 국자를 다시 물에 담갔다가 일리야 쪽으로 가져갔어. 그중 하나가 일리야의 입술에 국자를 대며 말했지.

"이걸 마시게, 젊은이."

일리야는 물을 마시고 감사를 표했어. 감사 인사를 꺼내기가 무섭게, 자신의 몸에 변화가 생기는 게 느껴졌지. 서서히 다리로 힘이 흘러들기 시작하더니, 방금 전까지만 해도 없던 근육이 생기는 거야. 일리야는 새롭게 찾아온 다리의 힘으로 움직여봤어. 마음을 비우고 화덕에서 몸을 밀어내며 마침내 착지했지. 자신의 다리로 자기 몸을 온전히 지탱한 채 말이야.

일리야가 놀랍고 기쁜 마음으로 소리쳤어.

"성자들을 찬미하라! 내가 걷게 되다니!"

한 순례자가 말했지.

"우리는 자네에게서 특별한 무언가를 보았다네, 일리야 무로메츠."

일리야는 여전히 자신의 다리에 대한 놀라움이 가시지 않은 채로 물었어.

"제 이름을 어떻게 아십니까?"

"자네는 위대한 일을 할 운명이라네. 우리는 블라디미르 대공의 궁에서 온 사람들이지. 대공께 자네 도움이 필요해지는 때가 올 걸세. 앞으로 나아가시게. 그리고 보가티리bogatyr(영웅호걸, 용사)가 되시게. 모험을 찾아다니는 기사가 되어, 자신을 지킬 능력이 없는 이들을 지키는 사람이 되시게. 딱 하나만 경고하겠네. 현재 대공의 보가티리인 스뱌토고르Svyatogor와의 싸움에는 도전하지 마시게. 세상은 자네들 둘 모두를 필요로 하게 될 걸세. 자네 아버지의 철퇴와 말을 챙기시게. 방금 마신 물 한 모금이 다리를 튼튼하게 해주었을 뿐만 아니라, 말을 타고 싸우는 법도 익히게 했다는 것을 곧 깨닫게 될 테니."

일리야가 겸손하게 물었지.

"대체 어떻게 감사를 드려야 할까요?"

두 순례자는 손을 흔들어 작별을 고했어.

"말한 바를 이루시게."

그렇게 일리야 무로메츠는 이곳저곳을 널리 돌아다니는 기사가 되기로 했지. 생에 한 번도 말을 타본 적이 없었지만, 자신이 탈 수 있으리라는 느낌이 들었어. 손에 쥔 아버지의 철퇴는 마치 자신의 강건한 팔의 연장선인 양 날렵하게 느껴졌지. 그는 숲에서 말을 달리고 자작나무를 상대로 실력을 연마했어. 전력으로 질주하거나 껑충껑충 뛰면서 새롭게 찾은 능력을 시험하고 누렸지.

블라디미르 대공의 궁으로 가는 길에, 일리야는 갑자기 거대한 말 위에 잠들어 있는 거대한 거인을 맞닥뜨리게 되었어. 일리야는 이 거인이 분명 시골 마을을 위협하고 있을 거라고 생각했지. 자라면서 들은 이야기에서 거인은 늘 골칫거리였거든. 그는 보가티리가 되려면 저런 괴물들로부터 왕국을 지켜야 한다고 생각했어. 그래서 그는 천둥 같은 소리로 코를 골며 자는 거인 쪽으로 곧장 말을 몰았단다.

거인에게 닿으려면 일리야는 말안장 위에 서서 뛰어올라야 했어. 그는 곧장 뛰어올라 거인의 거대한 투구를 철퇴로 세게 내리쳤지. 일리야가 교회당의 종이라도 친 것처럼 투구에서는 큰 소리가 울려 퍼졌지만, 거인은 계속 잠들어 있었어. 일리야는 다시 말을 타고 빙 돌아 안장 위에 오른 다음, 거대한 말의 옆을 지나갈 때 껑충 뛰며 거인의 머리를 철퇴로 내리쳤지. 다시 한 번 투구가 교회당의 종처럼 울렸지만, 거인은 다치기는커녕 심지어 깨어나지도 않았어.

일리야가 세 번 내리쳤을 때야 거인은 반응을 보였어. 하지만 그의 예상과는 달랐지. 거인은 잠이 깨지도 않은 채로 일리야를 집어 자기 주머니에 넣었어. 생각보다 편안했던지, 일리야는 얼마 지나지 않아 깜박 잠이 들어버렸단다. 그가 잠에서 깼을 때 거인 역시 깨어 있었지. 일리야는 주머니를 기어올라 거인의 엉덩이를 타고 미끄러져 내려와 거인을 바라보았어. 거인은 움푹 꺼진 투구를 쓰고 있었지. 턱수염은 희고 길었으며, 흰 눈썹의 차양 아래 보이는 눈은 커다랗고 다정했어.

"나는 블라디미르 대공의 보가티리인 스뱌토고르다."

"저는 일리야 무로메츠입니다. 먼저 사과드려야겠습니다. 무얼 하든 당신에게는 도전하지 말라는 당부를 들었거든요. 하지만 당신이 누구인지 몰라보고, 금지된 일을 저질러버렸습니다."

"다행이군."

스뱌토고르의 목소리는 마치 멀리서 울려오는 지진 같았어.

"나도 이제 나이가 들어 혼자서 왕국을 지키기에는 무리가 있어. 앞을 못 보는 내 친애하는 부친께서는 다리가 없는 자가 나를 대신하게 될 거라 말씀하신 적이 있지. 지금까지 그 말을 믿어본 적은 없네만."

"그럼 저에 대해 알고 계시는군요?"

스뱌토고르가 빙그레 웃으며 대답했어.

"다른 것들도 알지. 나는 이제 내 마법 자루의 무게를 이기지 못하고, 세상은 이제 내 무게를 이기지 못하니, 나의 시대가 끝나가고 있다는 것도 알고 있다."

"무슨 말씀이신지요?"

스뱌토고르는 삼베로 만든 작은 자루를 가리켰어. 그 가방은 일리야에게 더 어울리는 크기였지. 스뱌토고르가 들기에는 골무처럼 보였거든.

"내가 마법 자루를 들려고 하면, 땅이 무너지면서 내가 그 속으로 가라앉고 말아. 내 무게에 자루까지 더하면 너무나 무거우니까. 누구든 땅속으로 가라앉지 않고 이 자루를 들 수 있는 자가 이걸 물려받고, 나를 대신해 왕국의 수호자가 될 것이다. 한번 들어봐. 그러면…."

일리야는 고개를 끄덕이고 삼베 자루로 다가갔어. 안이 텅텅 빈 듯, 그는 자루를 쉽게 들어 올렸지. 땅속으로 가라앉지도 않았어.

스뱌토고르는 미소를 지었네.

"그래, 바로 그대구나. 그렇다면 좋다. 블라디미르 대공의 궁까지 함께 가도록 하지. 하지만 통과해야 할 시험이 더 있다."

거인 스뱌토고르와 상대적으로 작은 친구 일리야 무로메츠는 함께 여러 모험을 거치며 안개가 자욱한 회색 바위산에 도달했어. 그들을 둘러싸고 있던 안개가 갈라지면서, 바위산 한가운데에 닿았지. 그곳에는 바위 속을 그대로 깎아 만든 어마어마한 크기의 회색 석관과 돌 뚜껑이 있었어.

스뱌토고르와 일리야는 이 관이 누구의 것인지 바로 알아챘지만, 이제는 벗 없이 혼자 남는다는 생각에 슬픔을 참기 힘들었다네. 일리야는 먼저 관에 누워 흐느껴 울었지. 관이 자기에게는 너무 컸거든. 스뱌토고르는 미소를 지으며 고개를 끄덕이고는 태연하게 일리야를 관 밖으로 꺼내주었다네. 그런 다음 안으로 들어갔고, 관은 그에게 더할 나위 없이 딱 맞았지. 돌 뚜껑이 닫히기 시작했고, 그도 눈을 감았어.

이때까지만 해도 스뱌토고르는 자신의 운명을 평온하게 받아들였어. 그러나 마지막 순간, 그는 눈을 번쩍 떴단다. 자기가 아직 일리야에게 힘을 넘기지 않았다는 걸 갑자기 깨달았거든.

"일리야, 그대가 이걸 받아야 하네. 왕국을 지키기 위해서…."

스뱌토고르의 말과 함께 그의 입에서 하얀 서리가 피어올랐어. 그것은 일리야의 입으로 들어갔지. 하지만 이 과정이 끝나기도 전에 뚜껑이 쾅 닫혀버렸어. 거인의 힘이 전부 넘어가지 못하고 일부만 전해진 거야. 일리야는 벗의 죽음을 슬퍼하며 눈물을 흘렸어. 그는 절망감에 바위산의 큰 바위를 주먹으로 쳤지. 바위는 마른 나뭇잎으로 만든 양, 그가 휘두른 맨주먹에 산산이 부서졌단다. 어찌나 놀랐던지, 슬픔도 잊어버릴 정도였어. 그는 또 다른 바위를 찾았어. 그리고 자신이 바위를 한 손으로 집어 올려 허공에 던지거나, 손가락 하나로도 들 수 있다는 것을 알게 되었지.

자기가 어떤 힘을 넘겨받았는지 깨달은 일리야는 자신의 사명을 다하고 스뱌토고르를 대신해 키이우의 보가티리가 되기로 결심했어. 그는 공명정대한 태양, 블라디미르 대공(그때는 아무도 몰랐지만, 언젠가는 장차 성 블라디미르가 되시는 분이지)을 섬기게 될 예정이었어. 일리야의 앞에는 수많은 모험이 기다리고 있었지만, 그도 언젠가는 결국 성자가 될 터였지. 그는 키이우를 뒤룩뒤룩한 괴물 이돌리셰 포가노예_{Idolishche Poganoye}로부터 벗어나게 해주었고, 체르니히우_{Chernigov}의 성벽을 통해 쳐들어온 폴로프치_{Polovtsi}를 물리쳐 포위망을 풀었어. 한번은 철퇴를 잃어버리고도, 신고 있던 부츠만으로 무기를 든 적의 무리를 격퇴해버렸단다.

어느 날, 브랸스크 숲을 지나던 일리야는 모든 풀밭과 초원이 뒤얽히고 하늘색 꽃들은 꽃잎을 떨구었으며 거무스름한 나무들은 땅을 향해 굽어 있고 많은 사람들이 죽은 채 누워 있는 공터를 우연히 보게 되었어. 나이팅게일이라 불리는 숲속 괴물이 분 마법의 휘파람에 쓰러진 것이었지. 나이팅게일은 나무에 앉아 가벼운 호흡으로 휘파람을 불어 여행자들을 기절시키거나, 깊은 호흡으로 불어 죽이기도 했단다.

나이팅게일이 휘파람을 불자 숲의 나뭇잎 절반이 떨어지고, 풀밭이 말라버렸어. 하지만 일리야는 그 소리를 버텨냈지. 괴물은 정신이 나갈 지경이었어. 휘파람 공격이 실패한 건 처음이었거든. 일리야는 곧바로 놈의 눈과 관자놀이에 화살을 박았어. 나이팅게일은 나뭇가지에서 떨어졌고, 다치기는 했지만 죽지는 않았단다.

일리야는 나이팅게일을 블라디미르 대공의 궁으로 끌고 갔고, 그 휘파람에 호기심이 생긴 대공은 놈에게 들려달라고 했지. 나이팅게일은 크게 다쳐서 힘을 쓸 수 없지만, 대공이 그리도 원한다면 포도주 한 병으로 몸을 치유할 수 있다고 말했어.

호기심이 많았던(아니면 이 순간만큼은 지나치게 해맑았던) 대공은 포도주를 가져오라고 했지. 나이팅게일이 포도주를 단숨에 들이키자 몸은 다시 멀쩡해졌어. 그러고는 휘파람을 불자, 블라디미르의 모든 궁전이 파괴되었고 사람들 절반이 죽었단다. 일리야는 고개를 가로저으며 나이팅게일을 키이우 외곽의 들판으로 데려가 목을 베어버렸어.

일리야와 블라디미르 대공의 관계가 늘 장밋빛은 아니었어. 한번은 대공이 파티에 그를 부르지 않았는데, 일리야는 언짢아하며 키이우에 있는 모든 교회의 첨탑을 때려 부수기도 했다지. 이 행동에 놀란 대공이 일리야에게 초대장을 보냈더니, 그는 아주 기뻐하며 결국 파티에 참석했고 초대된 모든 손님 중 가장 큰 매력을 발산했다고 해.

이런 순간들도 종종 있기는 했지만, 일리야는 남은 생애 동안 보가티리의 수장으로서 모든 적들로부터 키이우를 지켰어. 그 적들 중에는 타타르족의 칸이자 황금 군단의 지배자였던 무시무시한 칼린Kalin도 있었지. 천 년이 지난 지금까지도 일리야 무로메츠의 영혼은 남아서 키이우를 지켜주고 있다는 말이 있단다. 외국의 적으로부터 말이야. 만약 새로운 칸이 나타나 슬라브족을 명분 없는 전쟁으로 몰아넣는다면, 그들이라고 예외는 아닐 거야.

한 걸음 더 깊이 읽기

최고신 페룬

신들의 세계에는 특정 영역이나 관습만을 다스리는 신이 있는가 하면, 이른바 '보편적인' 신도 존재한다. 이는 다양한 전통이 하나로 맞물려 탄생한 존재로, 온갖 사회적 권력을 부여받은 전지전능한 형상을 띠고 있다. 발트해 연안 지역부터 러시아, 발칸반도에 이르기까지 역사상 슬라브 민족 대부분의 최고신은 페룬이었다.

아마도 페룬은 인도·유럽어족의 신화 체계에 속할 것이다. 그가 천둥과 번개의 신이자 모든 것을 다스리는 최고신이기는 하나, 그를 제우스(유피테르)와 동등하게 취급하는 것은 지나치게 단순한 접근법이다. 페룬은 산봉우리, 정의, 지배 권력, 전쟁 같은 남성적인 것을 다루는 신이다. 하지만 동시에 다산의 신이기도 하니, 그것이 전부라 할 수는 없다. 물론 다산에는 남성적 구성 요소도 있지만, 대부분의 신화 체계에서 다산은 여성적 상징으로 표현된다. 페룬이 최고 자리를 놓고 다른 신들과 벌이는 고된 노력은 셀 수 없이 많은 신화 속에 묘사되어 있다. 또, 동유럽 문화를 연구하는 학자들 사이에서 그의 역할에 대한 역사적 견해를 정립하는 것 또한 많은 노력을 필요로 했다.

오랫동안 페룬은 그저 기독교에 대한 대응의 일부로서 신화 체계에 뒤늦게 추가된 것으로 여겨졌다. 실제로 기독교의 영향이 커지던 시대에 성 페트카와 같은 더 젊은 세대의 신들이 신화 체계에 더해졌기 때문에, 이는 그럴듯해 보였다. 학자들은 페룬의 역할이 너무 많다는 점도 의문스럽게 여겼다. 모든 것이 단 하나의 신과 연결될 수 있는가 하는 의심이었다. 그가 발트해 연안과 러시아 지역의 사람들에게만 알려져 있었던 것, 아니, 한때 그렇게 여겨졌던 것도 수상쩍게 여겼다. 페룬에 대한 이러한 의혹들은 동유럽 신화 연구에도 영향을 미쳤다.

이탈리아의 동유럽 문화 연구자 에벨 가스파리니Evel Gasparini는 페룬이 인간과 직접적으로 관계하지는 않으며, 그런 까닭에 신화 속에서 활동이 없는 것처럼 보이지만, 대신 다른 신들을 통해 멀리서 인간들을 다스린다고 주장한다.[50] 그가 대장이고 다른 신들은 그의 계획을 수행하는 자들인 셈이다. 혹은 페룬만이 진정한 신이며 다른 신들은 그가 바라는 바를 거행하는 성자와 같은 신성한 존재들이라는, 유일신교의 증거일 수도 있다. 가스파리니는 이 가설을 입증하기 위해 동유럽 유일신교라는 개념을 피노·우그리아어족과 이란의 종교 체계와 연결시킨다. 또한 페룬은 북유럽 신화로부터 슬라브족들이 차용한 신, 즉 원래 토르였다는 주장도 제기되었다.

동유럽 신화에서 페룬이 지닌 절대적인 위상은 발칸반도 전역에서 그의 이름이 일관적으로 발견된다는 사실에서도 잘 드러난다. 이는 페룬이라는 신이 모든 슬라브족의 신앙 속에 깊이 뿌리내리고 있었음을 증명하는 명확한 근거가 된다. 학자 베셀린 차이카노비치Veselin Čajkanović는 남슬라브어 이름 페라Pera가 일찍이 당연시되었던 것처럼 기독교의 이름 페타르Petar(피터)에서 변형된 것이 아니라, 페룬에서 유래해 훨씬 오래되었다고 생각했다.[51]

20세기 러시아 연구자들은 슬라브족의 가장 오래된 세 신 페룬, 모코시, 벨레스를 연결하는 삼각형, 곧 영웅들의 삼각관계를 고안했다. 모코시는 페룬의 아내(하늘과 땅)로 남편을 두고도 벨레스(어둠과 불)와 부정을 저질러 벌을 받았다.[52] 이 모든 과정을 온전하게 담고 있는 신화는 존재하지 않는다. 하지만 이 서사는 과학자들이 민속신앙을 체계화하고 분류할 때 핵심 지표로 삼았던 이분법적 대립 구도와 정확하게 일치한다. 학자 V. N. 토포로프V. N. Toporov는 이를 동유럽 신화의 근본으로 보았는데, 천상에서 진행되는 결혼식과 어둠의 세력을 상징하는 존재와의 격렬한 투쟁이라는 신화적 요소를 두루 갖추고 있기 때문이다.[53] 이 양상은 인간화된 슬라브 서사시인 러시아의 빌리나bylina 같은 다른 형태의 구술 문학, 영웅담 등에 반영되어 있다. 빌리나는 서사시적 영웅담으로, 세 주요 신들을 괴물과 싸우는 (초)인간 영웅으로 바꾸어놓은 것이며, 대부분 타타르족과 같은 침략군에 대한 우화다.

슬로베니아의 불의 신 크레스니크Kresnik는 매우 잘 알려진 페룬의 변형 중 하나로, 주요 신화가 다른 많은 신화의 기초가 되었다는 이론을 뒷받침한다. 두 세기에 걸친 학계의 논쟁 끝에, 페룬은 최고신이자 후기 버전에서 의인화된 진정으로 유일한 고대 신이라는 의견이 지배적으로 나타났다.

페룬은 강력한 자연현상, 즉 가장 강한 소리(천둥), 가장 강한 충격(지진), 가장 강한 빛(번개)를 다스린다. 이들은 순간적이고 빠르며 예측할 수 없고, 극도로 위험해 땅에 근본적 변화와 파괴를 일으킬 수 있다. 그러나 강력한 자연현상에는 비, 바람, 구름, 불, 맑은 하늘, 해 같은 다른 자연현상도 함께한다. 그렇다 보니 페룬의 권능은 매우 많고 다양하며, 특정 영역을 두고 그와 경합을 벌이는 남신들도 그러하다. 스바로그/스바로지치, 스베토비드, 다주보그/다이보그/다바, 포로비트Porovit, 야로비트Jarovit 같은 신들은 계절의 변화, 인간의 다양한 생업, 신이 인간에게 내리는 각양각색의 은총을 상징한다. 이들은 최고신이 동시에 수행하는 서로 다른 기능들을 각기 나누어 맡고 있는 셈이다. 그렇다면 궁극적으로 이 신들은 모두 최고신의 후계가 아닌가 하는 의문이 남는다. 이 중 일부는 특정 동유럽 집단에서 페룬만큼 중요했던 것으로 보이며 다주보그가 그 예다. 그의 이름은 최고신의 중요한 특성 중 하나인 '베풂'을 의미한다.

이 수많은 신의 형상 속에는 최고 남신을 상징하는 공통된 이미지가 있다. 바로 수염을 덥수룩하게 기른 건장한 중년 남성의 모습이다. 그는 언제든지 전쟁터로 나갈 수 있는 무장을 갖춘 채, 망치나 도끼나 활과 화살을 손에 들고 주로 말을 탄 모습으로 그려진다. 이 모든 특징은 인도·유럽어족에서 공통으로 나타나는 남성적 힘의 상징이라고 할 수 있다. 페룬은 은빛 머리칼과 황금빛 수염을 기른 모습으로 묘사된다. 흥미롭게도 신화 속의 그는 눈에 띄는 애정 행각을 하지 않는다. 상대가 신이든 인간이든, 괴물이든 동물이든 가리지 않고 관계를 맺었던 제우스의 화려한 사생활과는 그야말로 극명한 대조를 이룬다.

기독교 혼합주의에서 페룬은 성 엘리아스(구약성서의 선지자 엘리야와 혼합됨)나 성 베드로와 동일시된다. 전자의 맥락에서 그는 자신의 말을 마차로 바꾸고, 고대의 헬리오스처럼 매일 하늘에서 태양의 길을 따라 이동한다. 이는 구약성서 열왕기 하편 2장 11절에 묘사된 엘리야의 승천과 관련이 있으며, 그 내용은 다음과 같다. "보라, 거기에 불의 전차와 불의 말들이 나타나더니…. 엘리야는 회오리바람을 타고 하늘로 올라갔도다."[54]

사회적 관계를 다스리고 지배하며 공정한 판결을 내리는 페룬의 권력은 동유럽 신화 체계에 관한 최초의 기록 문헌에도 기술되어 있다. 10세기에 체결된 세 개의 평화협정(그중 둘은 비잔틴제국의 그리스인들과의 휴전)에서 페룬은 합의된 조건 이행의 보증인으로 언급된다. 이는 노브고라드와 키이우의 러시아 종파에서도 유효했다. 980년 (후에 성자의 반열에 오르는) 블라디미르 대공은 자신의 친척인 도브리냐Dobrynya를 동유럽 신화 체계의 성지와 숭배 대상자들의 입지를 관리하는 자리에 임명했다. 하지만 불과 몇 년 후 그는 기독교로 개종하면서 자신이 세웠던 이교 기념물들을 허물었다. 여기에 친기독교 성향을 지닌 노브고로드의 시민들이 일으킨 봉기가 결정적인 원인 중 하나로 작용했다.[55]

번개의 신 페룬은 보통 산 정상이나 구름 위, 또는 하늘 어딘가에 거주한다고 여겨진다. 그의 나무는 참나무(북유럽 신화 체계의 최고신 오딘과 마찬가지로)이며, 그의 꽃은 붓꽃, 정확히는 독일붓꽃Iris Germanica이다. 세르보크로아트어에는 보기샤bogiša, 즉 '신의 꽃'이라는 다른 이름도 있다. 붓꽃은 여러 질병의 치료제로 사용된다. 전통적으로 두브로브니크Dubrovnik에서는 성 페타르 보기샤르 축일에 교회에서 정화된 붓꽃을 나눠주고, 사람들은 번개로부터 보호받기 위해 그것을 집에 가져갔다. 붓꽃은 번개로부터 포도밭을 보호한다고도 전해진다.[56]

몬테네그로의 군주이자 주교이자 시인이었던 페타르 페트로비치 네

고시는 공국의 공식 주화 이름을 페룬으로 붙이고 싶어 했으나, 이 프로젝트가 실현되기 전 사망했다. 셀 수 없이 많은 권능을 지닌 페룬은 여러 통치자와 군주가 선호하는 신이었으므로, 전쟁과 군사 기술에 우선시되는 신이기도 했다. 결과적으로 페룬에 대한 신앙은 바로 이 사회 집단, 전사 계급에서 끈질기게 이어졌다.

이 책에 고쳐 실은 전설의 주인공, 러시아·우크라이나의 영웅 일리야 무로메츠는 페룬으로 불리기도 했으며, 나중에 기독교 성자의 반열에 올랐다. 일리야는 기본적으로 키이우 대공 블라디미르의 수호자였다. 그는 러시아 빌리나에서 협객 기사이자 전설적인 보가티리 중 하나였다. 실제 초인적인 능력을 갖춘 채, 역사 속 군주들을 위해 싸웠다고 전해진다.

한 발짝 물러서서 전투 능력, 공격력, 정상에서의 외로움, 정의를 실행할 권위와 능력, 완고함 같은 페룬의 특징을 생각해보면, 많은 다른 신화 및 전설 속 인물과의 연관성을 확인할 수 있으며, 그중에는 특정 지역에 국한되지 않고 등장하는 인물도 있다. 대개 이런 인물은 산에 사는 방랑자다. 대개 절대적인 권좌에서 불공정하게 배척되어 자신의 자리를 회복하기 위해 싸워야 할지도 모른다. 보통은 배우자가 없지만, 있다면 그녀의 배신 행위를 엄벌할 준비가 되어 있다. 그들은 개인적으로 원한이 있는 사람뿐만 아니라 괴물, 용, 군대 전체와도 싸워 무찌른다.

이와 같은 인물은 동유럽 문화 곳곳에서 찾을 수 있다. 가장 유명한 예로 러시아·우크라이나에 일리야 무로메츠가 있다면, 발칸반도에는 민중적 영웅 마르코 크랄레비치가 있다. 두려움이 없고 힘이 넘치며 저돌적이고 적들에게 무자비한 그는 자신의 말과 산에서 외로이 지내는 것을 좋아한다. 일리야는 가끔 아이 같을 때가 있어서 화를 낸 것을 금방 잊어버리고 좋은 기분을 되찾는다.

동유럽 문화에서 신화 속 영웅들이 명성을 얻는 과정은 대중이 통치자를 바라보는 관점뿐만 아니라 실제 권력자들의 통치 방식과 행동 양식에도 영향을 미쳤다. 20세기 유고슬라비아의 대통령 티토 요시프 브로즈Tito Josip Broz를 둘러싼 신화적 특성은 이러한 현상을 반영한다. 주로 유고슬라비아의 산악 지역에서 나치에 대항한 군사적 성공과 통치 방식, 정치적 업적과 세계적인 명성은 그의 독재주의적인 유고슬라비아 통치에 반영되었다. 그는 은연중에 불멸(종신 집권)을 설계했고, 상류 계급이 없는 사회주의국가를 통치함에도 불구하고 거의 왕실 수준의 호화스러운 생활을 했다. 또, 완전한 정치적 지배권을 행사했으니, 어떤 의미에서 그는 유고슬라비아의 최고신이었다. 그의 사망 이후 이 국가는 사회적 퇴보를 동반하는 파괴적 전쟁으로 붕괴되며 국민 대다수에 악영향을 미쳤다. 이 상황은 예상 외의 결과를 낳았다. 유고슬라비아 이후의 국가들에서 티토에 대한 숭배가 나타난 것이다. 좋았던 옛 시절을 그리워하는 '유고—노스탤지어Yugo—nostalgia'가 등장하면서 과거를 더 나았던 유토피아적 전설로 기억하게 만들었다.

페룬의 지지자와 반대자

페룬에 대한 신화는 대부분 그가 권력을 잡기 위한 오랜 분투 끝에 최고신의 지위에 올랐다는 점을 은연중에 내비친다. 그의 아래에서는 많은 신이 다양한 동유럽 문화 속 숭배 영역을 보완하며 각기 다른 역할을 수행하고 있다. 페룬 같은 신의 성격은 유동적으로 보인다. 하지만 슬라브족의 문화적·사회적 구조의 광범위한 변화와 뒤얽힌 신앙의 역사와 종교의 변화를 고려한다면 이에 대해 확실한 결론을 도출하기는 어렵다. 많은 학자가 시도해보고 있지만, 기독교 이전의 다른 몇몇 종교를 연구하는 것만큼 까다로운 작업이다. 슬라브족의 종교를 연구하는 것은 바람에 날리는 나뭇잎을 잡는 것과 같은 느낌이기도 하다. 여기저기에 단서가 있기는 하지만 그 수가 아주 희박한 데다, 많은 추론이 필요하기 때문이다.

V. V. 이바노프V. V. Ivanov와 V. N. 토포로프는 종교 체계를 현대적으로 재구성하면서, 가장 초기의 러시아 자료와 유효한 고고학적 증거 및 고증 자료를 고려해 어떤 신이 주요 집단에 속하는지 판단했다.[57] 가장 상위의 세 남신 가운데 페룬 다음으로 등장하는 것은 벨레스(볼로스Volos라고도 불림)로, 소와 양의 목자이자 부의 수호신이기도 하다. 그는 러시아에서 가장 많이 볼 수 있으며, 일부 동유럽 문화권에서는 지하세계의 신이 되어 문자 그대로의 목자에서 영혼의 목자로 위치가 바뀐다. 페룬과 벨레스는 사회적 갈등을 반영한다. 페룬이 군주들의 군사적·사회적 권력을 상징하는 데 반해, 벨레스는 모든 러시아인의 신이자 황금의 주인, 분배자이다.

스트리보그Stribog는 바람의 조상으로 알려져 있으며, 다주보그는 태양의 신 스바로그의 아들이자 그 역시 태양의 신이다. 스트리보그와 다주보그는 둘 다 대기의 신이다(대부분의 슬라브어에서 접미사 bog는 '신'을 의미한다). 남슬라브족들 사이에서 다주보그는 주요 신의 위치에 있고, '베푸는 자'로 여겨지며 다리를 저는 목자다. 기독교가 받아들여지면서 그는 악마가 되었고, 그와 관련된 비기독교적 이야기들 중 일부는 악마의 활동에 대한 이야기로 수정되었다. 그러한 문화 속에서도 절름발이 악마(흐로미 다바Hromi Daba)는 좋은 자질 또한 지니고 있는 것으로 묘사된다. 예를 들면 사람들에게 대장간 일 같은 기술을 가르친다. 그가 다리를 저 는 것은 절름발이 늑대 우두머리와도 서로 통한다. 이러한 특징은 현대 대중문화에서도 엿볼 수 있다. 1930년대 후반 베오그라드에서 어린이 잡지에 디즈니 만화가 번역되었을 때, 미키 마우스의 강적인 페그 레그 피트Peg Leg Pete(의족을 단 피트)는 흐로미 다바라고 불렸다.

역사적 배경에서 구체적으로 언급되는 다른 동유럽 신들도 더 있지 만, 그들에 대한 설명은 많지 않다. 스바로그도 태양의 신이지만, 그가 무엇을 다스리는지는 명확하지 않다. 호르스Hors 또한 활동 영역이 알려 지지 않은 신이다. 세마르글Semargl 또는 심과 리글Sim and R'gl(때로는 단일 개 체로, 때로는 한 쌍으로 표현됨) 역시 명확한 설명이 없다. 이 신의 이름은 어쩌면 '일곱 개의 머리'에서 유래했을지도 모른다. 앞에서 언급했듯이, 여러 개의 머리를 지니는 것은 동유럽 신들의 공통적인 특징이다. 스베 토비드는 네 개, 트리글라브는 세 개, 포레비트Porevit는 다섯 개의 머리를 가진다.

북서쪽 신들, 즉 발트해 연안 슬라브족의 신화 체계는 이바노프와 토 포로프가 러시아의 신화 체계를 더 잘 이해하고 몇몇 공통점과 차이점 을 식별하는 데 도움이 되었다. 그곳에서는 머리가 네 개인 스베토비드 가 최고신으로, 독수리를 데리고 다니며 검을 들고 백마를 탄 전사로 묘 사된다. 여러 개의 머리는 전투에 도움이 된다. 트리글라브는 흑마를 타 는 머리가 세 개인 신으로, 역할은 좀 더 불분명하지만 슬로베니아에 있 는 가장 높은 산의 이름이 그의 이름을 따서 지어졌다. 스바로지치(스바 로그Svarog, 라드고스트Radgost의 별칭)는 미래를 예측하고 대화가 가능한 말 을 지닌 전쟁의 신이다. 야로비트Jarovit 또한 전쟁의 신으로 등장하며, 자

신의 신전에서 황금 방패를 지키고 있는데, 이 방패는 전쟁 때 군대의 앞을 보호하는 데 쓰인다. 루예비트Rujevit는 또 하나의 전쟁의 신이다. 그는 일곱 얼굴을 지니고 일곱 개의 검을 휘두른다. 학자 마리야 김부타스는 야로비트, 포레비트, 루예비트가 계절의 신일 수도 있다고 주장한다. 프리페갈라Pripegala는 포도주와 파티를 연상시키는 디오니소스와 관련지을 수 있는 인물로 묘사되지만, 그에 대해 더는 알려진 바가 없다. 또한 많은 동유럽 문화에서는 츠르노보그Crnobog와 벨로보그Belobog가 등장하는데, 둘의 이름은 흑신과 백신으로 번역되며 더 큰 신화적 주제의 한 부분에서 대립하는 한 쌍의 신이다.

페룬을 위시한 동유럽 신화 체계 신들 사이의 유동적인 관계와 그들의 모호한 권한은 동유럽 세계의 사회 역학을 반영하는 것일 수도 있다. 신앙은 지배계급의 우선순위에 따라 형성되었을 것이며, 지도자 역할의 신들은 대개 실제 세계의 통치자들과 동일한 문제를 다스리는 것으로 표현되었을 것이다. 반면 평범한 신들은 하층계급의 관심사에 집중한다. 하지만 신들의 계보가 두드러지게 불명확하고 불확실하다면, 거기에는 현실적인 이유가 명백히 존재한다. 고고학적 자료가 거의 남아 있지 않아 문헌 자료에 의지해야만 하는 상황이지만, 이 자료들은 대부분 기독교의 것이다. 비잔틴제국, 러시아, 로마가톨릭교회의 자료들은 모두 각자의 잘못된 이해와 잘못된 해석과 상상의 나래를 역사적 서사에 엮어 맞추고 있다.

6장

물의 괴물

물의 괴물 이야기

우르슈카Urška는 류블랴나에서 가장 아름다운 처녀였다. 그녀는 마음만 먹으면 누구든 유혹할 수 있었지만, 정작 아무에게도 곁을 내주지 않았다. 마음을 정복하는 것이 어떤 남자를 정복하는 것보다 더 만족스러운 일이었다. 그녀는 노련했고 부모나 노부인을 기쁘게 하는 법을 알고 있었다. 그녀 주변의 여인들은 자주 몰래 눈물을 흘릴 수밖에 없었다. 그들이 호감을 숨기든 드러내든 상관없이, 젊은 남자들의 마음은 우르슈카가 훔쳐버렸으니까 말이다. 그 젊은이들 중 누구도 우르슈카의 마음을 사로잡기는커녕 입술 한번 훔치지 못했다. 결혼을 약속하는 것은 더더욱 불가능했다. 어떤 재물도 그녀에게 깊은 인상을 남기지 못했고, 어떤 귀한 신분도 그녀의 흥미를 돋우지 못했으며, 어떤 땅도 그녀의 관심을 끌지 못했다. 그녀는 다른 사람들의 마음을 흔드는 것을 좋아했지만 자신은 꿈쩍도 하지 않았다.

이 처녀의 머릿속에는 무엇이 박혀 있었을까? 남모르는 그녀의 욕망은 무엇이었을까? 진정으로 바랐던 건 무엇이었을까? 글쎄, 그녀는 류블랴나 자체를 원했고, 그것을 이미 자기 발밑에 두고 있었다. 도시 전체가 그녀를 열렬히 사랑했다.

　그러던 어느 날, 우르슈카는 류블랴니차ljubljanica강의 뱀처럼 구불구불한 구간을 내려다보며 서 있다가, 돌연 처음 느껴보는 열망에 사로잡혔다. 그녀에게는 이루지 못한 꿈이 있었다. 더 멀리 가서, 더 많은 것을 보고 싶다는 꿈이었다. 얼마 지나지 않아, 부유한 상인이었던 그녀의 아버지는 우르슈카와 그녀의 어머니를 태우고 마차를 몰아 잘로그 근처로 갔다. 류블랴니차강이 거대한 사바강으로 흘러드는 곳이었다. 햇볕은 화창했고 하늘은 푸른, 근사한 날이었다. 백마들의 갈기에는 꽃과 리본이 달려 있었고, 말들이 달릴 때마다 장식들이 바람에 휘날렸다. 마부는 말을 앞으로 재촉하며 달콤한 연가를 불렀다. 레이스 달린 양산을 쓴 우르슈카의 어머니는 핼쑥했지만 아름다웠다. 다이아몬드 귀걸이는 반짝거렸고, 희끗한 새치가 보이는 금빛 머리칼은 촉수처럼 삐져나와 있었다. 우르슈카는 수가 놓인 푸른 드레스를 입고 조그마한 보닛을 쓰고 있었다. 햇빛 아래 그녀의 하얀 피부는 대리석처럼 환했고, 야무지게 땋은 밤색 머리칼에서는 벌꿀 빛이 났다. 아버지는 마부의 노래에 맞춰 흥얼거리며 젊은 시절의 마을이 떠오르는 듯 즐거워했다.

　두 강이 합쳐지는 V자 지점이 가까워지자, 노란 수선화로 뒤덮인 강기슭의 경사가 급해졌다. 지역 주민들은 그곳을 나르시시Narcissi라고 불렀다. 으리으리한 강은 햇볕에 눈 녹듯 사라졌고, 물은 꽃과 합쳐지는 것처럼 보였다. 모든 것이 우르슈카를 남쪽으로 가라고 ― 이 가슴을 울리는 빛에 빠져들라고, 도시와 그 열렬한 사랑과 갈구하는 시선과 평범한 친구로부터 탈출하라고 ― 몰아대는 것만 같았다. 그 새로운 감정이 몸속 깊이 다시 차올랐다. 그녀는 자신의 세상에서 벗어나고 싶었다. 그들은 집으로 돌아가는 길에 한 여행자 숙소에 멈췄다. 아버지는 마부와 맥주를 마셨고, 어머니는 조용히 미소 지으며 커피를 음미했다. 우르슈카가 보기에 부모님에게는 그녀에게 없는 무언가가 있었다. 평온하고 친밀한 관계, 상상이 아닌 실제 행복하고 자유로운 순간 말이다. 열등감이 느껴졌고, 죄책감마저 들었다. 만약 그때 젊은 남자가 다가왔다면, 그녀는 감동받고 진심 어린 호감으로 그를 맞이했을지도 모른다. 하지만 그곳에는 아무도 없었다.

그해 여름이 절정에 달하던 일요일 오후, 류블랴니차강 주변의 나무 무대에서 무도회가 열렸다. 늘 그랬듯 부모님은 우르슈카를 무도회에 데려갔다. 그들은 그녀를 무대 가장자리의 벤치에 앉혀두고는, 무도회가 열리는 곳에서 몇 걸음 떨어진 여행자 숙소 바깥에 자리를 잡았다. 피나무 아래에서는 바이올린, 심벌즈, 트럼펫으로 구성된 작은 악단이 음악을 연주했다. 무대 반대편에는 젊은 남자들이 앉은 벤치가 있었다.

시선이 오고 갔다. 한 남자가 용기를 내어 무대를 가로지르더니 한 여자에게 다가가 춤을 청했다. 우르슈카는 거절할 것이 분명했기 때문에 누구 하나 그녀에게 다가갈 엄두를 내지 못했다. 그렇지만 우르슈카는 그 어느 때보다도 아름다웠다. 빛나는 푸른 눈에는 태양과 류블랴니차강이 비쳤고, 밤색인 듯 벌꿀색인 듯한 머리칼은 등을 타고 자연스럽게 흘러내렸다. 머리는 깊은 강물을 닮은 녹색의 유리구슬이 촘촘히 박힌 빗 모양의 핀으로 고정되어 있었다. 그녀는 초록색 공단 허리띠로 묶은 연두색 모슬린 드레스를 입고 있었다. 흰 리슐리외 레이스의 깃이 여린 목을 감쌌고, 작은 발에는 초록색 스웨이드 구두를 신고 있었다. 그녀는 류블랴나 여인들이 선망하는 대상이었다. 구두는 아버지가 빈에서 사 온 선물이었고, 어머니는 그 구두에 어울리는 드레스를 주문했다. 구두의 색은 동경을 나타내는 색이자 강물의 색이었다.

류블랴나의 여왕은 맞은편 벤치에 앉은 남자들 중 누구에게도 신호를 보내지 않았다. 그녀는 춤을 추지 않았다. 태양의 눈꺼풀이 반대편 강가의 집과 나무들 뒤로 감길 때까지도 그녀는 춤을 추지 않았다. 그때, 그를 보았다.

처음부터 거기 있었을까? 그는 벤치의 다른 남자들 사이에 앉아 미소를 지으며 그녀를 바라보고 있었다. 다른 남자들은 맥주를 마셨지만, 그의 앞에는 포도주 한 잔이 놓여 있었다. 그는 흰 셔츠와 녹색 조끼를 입고 있다가, 조끼를 벗어 벤치 등받이에 걸쳐두었다. 근육질의 하체에는 검은 바지를 입고 있었고, 멋지고 매끄러운 부츠를 신고 있었으며 갈색의 긴 머리칼은 느슨히 흘러내렸다. 눈가에는 주름이 져서 다른 남자들보다 나이가 조금 더 들어 보였다. 그리고 그 녹색 눈동자, 그의 시선이 닿았을 때 우르슈카는 더운 날씨에도 오싹한 자극을 느꼈다. 하지만 그녀는 평소처럼 그저 고개를 저으며 미묘한 미소만 지을 뿐이었다. 그도 미소로 대답했다.

그런 다음 그는 다과를 먹기 위해 잠시 연주를 멈춘 악단 쪽으로 시선을 돌렸다. 자리에서 일어난다거나 그들에게 말을 걸지는 않았다. 그런데도 악단은 연주를 다시 시작했다. 악단은 빈에서 새로 들어온 춤곡인 왈츠를 연주하며 모두의 관심을 한데 모았다. 바로 그날 아침 교회에서 신부는 악마의 이 새로운 발명품, 빈에서 온 이 외설적이고 되바라진 춤에 대해 언급했다. 이 춤이 남성과 여성의 몸을 너무 가까이 밀착시켜 죄스러운 생각을 불러일으키고 점잖은 사람들의 영혼을 타락시키도록 부추긴다고 — 아니, 그렇게 만든다고 — 말했다. 그저 춤을 보기만 해도 죄스러운 생각에 노출된다는 말도 덧붙였다.

벤치에 앉아 있던 여자들이 킥킥거리기 시작했다. 우르슈카의 어머니는 돌연 달아오르는 기운을 느끼며 점점 더 빨리 부채질을 하기 시작했다. 그때 녹색 눈의 남자가 우르슈카에게 다가와 춤을 청했다. 그는 큰 키와 완벽한 체격으로 흑표범처럼 우아하게 움직였다. 허리를 굽혀 인사하고 춤을 신청한 다음 손을 달라고 했다. 우르슈카의 손에 입을 맞추더니 일어서는 그녀의 허리에 손을 얹었다. 그에게서는 민물과 수련 냄새가 났다. 우르슈카는 잠시 그의 눈이 더 어두운 녹색으로 변했다고 생각했다. 하지만 당연히 그럴 리가 없다. 그렇지 않은가?

그는 그녀의 머리칼에 자신의 입술을 대며 숨을 깊이 들이마셨다. 그녀에게서는 푸른 히아신스와 장미와 체리 향이 났다. 그는 그녀에게, 그녀가 아름답다는 말을 들었노라고 — 그저 그녀를 보기 위해 베오그라드의 사바 강과 다뉴브 강이 만나는 곳에서 먼 길을 왔노라고 — 그리고 당신도 나의 세상이 보고 싶지 않느냐고 말했다. 우르슈카는 자신도 모르게 그 이상 바랄 게 없을 거라고 대답했다. 그들은 음악에 몸을 맡기고 천천히, 그리고 빠르게 포물선을 그리며 왈츠를 추었다. 무대는 둘만의 것이었다. 그들 말고는 누구도 왈츠를 출 엄두를 내지 못했기 때문이다. 두 사람의 몸이 거의 하나가 될 듯 돌면서, 우르슈카는 자신이 땅에 닿는 게 아니라 그의 품에 안겨 날고 있다는 기분이 들었다. 그녀는 이 느낌이 영원히 지속되었으면 좋겠다고 생각하며 눈을 감았다.

음악이 더 빨라졌다. 이제 태양이 완전히 눈을 감아 하늘에는 멍든 살구색의 빛만 남아 있었다. 북쪽에서 구름이 서서히 흘러나오며 하늘이 어두워졌다. 두 사람은 춤을 추며 더욱 빠르게 돌았고, 그는 그녀의 허리를 더 꽉 감싸 쥐었다.

그녀가 말했다.

"이러다 구두가 날아가겠어요."

그가 대답했다.

"그런 건 필요치 않아요."

그의 목소리는 부드러웠다. 목소리가 그녀의 귀로 흘러 들어갔고, 그의 말은 차분했지만 두 사람의 춤과 밀착된 몸은 타는 듯 뜨거웠다. 하늘처럼 잿빛이 된 류블랴니차강 위로 파도가 일 만큼 강한 바람이 불어왔다. 우르슈카의 눈에 비친 그의 눈동자 역시 강물처럼 서늘한 잿빛이었다.

우르릉거리는 천둥소리에 무도회에 참석한 손님들은 비명을 질렀다. 그들은 비가 쏟아지기 전에 여행자 숙소의 베란다 아래로 달려 몸을 피했다. 그곳에는 오로지 악단만 남아 아무 일도 없었던 것처럼 더 빠르게, 더 열정적으로 연주를 이어 갔다. 천둥이 대지를 울리고 번개가 하늘을 환히 밝히는 동안 비는 마치 춤과 박자라도 맞추듯 무섭게 내렸다.

그가 물었다.

"나와 함께 가겠소?"

그녀는 그의 가슴에 얼굴을 묻으며 고개를 끄덕였다.

"나만큼 당신을 사랑할 사람은 없을 거요."

이제 그들은 하늘 위로 뜬 채 빙빙 돌았다. 우르슈카는 이것이 자신이 바라는 삶이라고 확신했다. 집도, 부모도, 평범한 젊은 남자도, 교회도, 결혼도, 사소한 이야기나 늘어놓는 친구도, 코르셋도, 구두도 없는 삶. 오로지 깊은 물 같은 그의 눈동자와 빙글빙글 도는 춤과 그의 품만 있다면 아무것도 필요하지 않다고 생각했다.

사람들은 비바람과 어우러져 왈츠를 추는 그들을 한참 동안 보았다. 베란다 아래 옹송그리고 모여 숙소의 틀어진 유리창 밖을 응시하던 손님들 모두가 목격자가 되었다. 후에 그들은 가슴에 손을 얹고 맹세하며 말했다. 두 젊은이가 나무 무대 위의 빗물 젖은 공기 속에서, 마치 바람 앞에 착 달라붙은 한 쌍의 나뭇잎처럼 춤을 추었다고. 그러고는 잠시도 춤을 멈추지 않으며 내려왔다고. 강가에서 몇 바퀴를 돌더니 물속으로 사라져버렸다고.

폭풍우가 멎었다. 악단은 연주를 멈췄다. 그리고 강둑에 남은 것은 우르슈카의 녹색 스웨이드 구두 한 켤레뿐이었다.

이야기에 따르면, 우르슈카는 짙은 초록빛 강 깊은 곳에 사는, 반은 도마뱀이고 반은 물고기인 끈적끈적한 초록색 피부의 괴물 워터맨에게 잡혀갔으며, 이것은 너무 건방지고 잘난 체한 것에 대한 올바른 징벌이었다고 한다. 그러나 신중한 몇몇 사람들은 잘생긴 워터맨이 그녀를 베오그라드로 데려가 물과 바다와 그 속의 삶에 대해 가르쳤고, 결국은 흑해의 조지아 연안으로 갔으며, 용과 태양 숭배자들의 왕이었던 그와 우르슈카는 그곳에서 행복한 불멸의 삶을 살았다고 말한다.

두 이야기 중 어느 쪽을 믿을지는 당신의 몫이다.

한 걸음 더 깊이 읽기

저 깊은 곳의 존재들

만약 당신이 분수대를 등진 채 눈을 감고 어깨 너머로 물속에 동전을 던져본 적이 있다면, 당신은 죽은 자에 대한 두려움에서 유래한 고대 동유럽 의식에 참여한 것이다. 동전은 물속에 산다고 전해지는, 앙심을 품은 죽은 영혼들을 달래기 위한 제물이다. 누군가는 어쩌다 익사했을 수도 있고, 누군가는 제물로 바쳐졌을 수도 있다. 더 나아가 누군가는 그저 명이 다했을 뿐인데도, 영혼이 안식에 들지 못한 채 부유하고 있는지도 모른다.

동유럽 전설은 민물에 집중하는 경향이 있지만, 그 크기나 가치에 있어서는 차별을 두지 않는다. 우물, 샘, 호수, 강 할 것 없이 모두 죽은 영혼을 거두는 능력이 있고 예언의 힘을 담고 있다고 믿는다. 물에 바치는 제물이 꼭 동전의 형태인 것도 아니다. 불가리아의 어부들은 다뉴브강에 살아 있는 닭을 던졌고, 우크라이나의 어부들도 닭을 드네프르강에 던졌다. 고대 슬라브족은 사람을 제물로 바치기도 했다.

물은 생명을 앗아가는 대가로 예언을 통해 지식을 제공한다. 신화에서는 이것을 수생생물이 물음에 대답하는 형태로 표현하기도 한다. 인간과 대화할 수 있는 물고기—주로 금붕어, 강꼬치고기, 잉어, 장어, 메기—가 자주 등장한다. 마치 아라비안나이트의 지니처럼 소원을 이루어주거나 미래를 예언하기도 한다. 늘 기꺼이 그러는 것은 아니지만, 인간 영웅이 문제를 해결하는 데 도움을 주는 경우가 많다.

물과 관련된 동유럽 신화에는 물에 살지 않는 생물들도 등장한다. 뱀이나 말이 자주 등장하는데, 후자는 보통 관습적으로 폭력성이나 폭력적 성욕을 나타내는 존재로 그려진다. 말은 또한 물의 전달자이기도 하다. 보이오티아Boeotia(오늘날의 그리스)의 헬리콘Helicon산에 있는 히포크레네Hippocrene라 불리는 말의 샘은, 날개 달린 전설의 말 페가수스가 바위에 발굽을 찍으며 만들어졌다고 전해진다. 동유럽 동화에서는 간혹 주인공을 돕기 위해 말하는 암말이 물속에서 나오기도 한다.

말하는 물고기나 말을 통해 미래를 예측할 수 없다면, 그때는 인간이 물과 직접 접촉해 점술을 행하기도 한다. 레카노맨시Lecanomancy, 즉 물로 치는 점괘는 보통 그릇을 이용해 수면에 비친 별의 상을 포착해 고찰하는 것이다.[58] 이 의식은 유사한 원리로 물 대신 거울을 사용해 진행하기도 한다. 오늘날까지도 발칸반도와 그 외 중유럽의 동유럽 문화권에서는 가족이 사망하면 집 안의 모든 거울을 검은 천으로 가려둔다. 이는 거울 저편으로 건너간 죽은 자의 영혼이 산 자를 볼 수 없도록 하기 위한 조치다.[59]

물은 생명의 전달자이기도 하다. 물고기와 개구리가 낳는 알 무더기는 다산과 관련이 있다. 성적 잠재의식의 표출이라는 주제가 숨어 있는 세르비아의 민요에서는 부더Buda(헝가리 왕국의 당시 수도, 오늘날 부다페스트의 서쪽 지역―옮긴이)의 왕비가 장어를 먹은 후 임신한다. 물과 관련된 종교의식은 임신을 예측하고 다산을 장려하는 데 쓰이기도 한다. 어떤 결혼식에서는 우물을 찾아가 물을 제물로 삼아 쏟아낸다.

비를 부르기 위한 것이든 유리한 결과를 얻기 위한 것이든, 물을 붓는 의식은 주로 소녀와 여성에 의해 행해진다. 발칸반도의 도돌레Dodole는 이교적 슬라브 의식에 참여하는 어린 소녀들을 이르며, 그들은 녹색 잎을 엮어 만든 예복을 입고 춤추는 의식을 행한다. 그리고 그 지역의 집들을 돌며 주문을 외우고, 물을 상징적으로 쏟아붓는다.[60] 이들은 페룬의 연인이자 비구름과 연관된 여신인 도돌라Dodola(페페루다Peperuda 또는 도돌라 페루니차Dodola Perunitsa라고도 불림)를 나타내기도 한다.

발칸반도의 일부 의식에서는 케이크를 만든 다음 그것을 흐르는 물로 가져간다. 케이크의 일부는 물에 씻겨 사라지고, 나머지는 집으로 가져와 아이들에게 나눠주되 집 안에서만 먹게 한다. 강이나 개울에서 달걀 모양의 매끄러운 돌을 꺼내고, 집에서 가져온 천으로 깨끗이 닦는 의식도 있다. 돌은 고인의 영혼을 상징하며 각각의 돌에 그들 중 하나의 이름을 가져다 붙인다. 그런 다음 그들 모두를 위해 촛불을 켠다.

또 다른 의식으로는 여행을 시작하거나 고인의 시신을 집 밖으로 데리고 나갈 때 물을 뿌리는 행위가 있다. 간혹 묘지에 물을 뿌리는 경우도 있다. 게다가 행운을 부르거나 가뭄 때 비를 부르기 위해 물을 쏟거나 뿌리기도 한다.

물새 또한 신비로운 속성을 지니며, 특히 산 자와 죽은 자를 이어준다. 백조, 두루미, 그 외의 다른 물새는 전래동화뿐만 아니라 비교적 최근의 대중문화에서도 등장한다. 구소련의 가수였던 마르크 베르네스Mark Bernes는 1969년 〈주라블리Zhuravli〉(백학)라는 노래를 녹음했다. 다게스탄Dagestan 출신의 시인 라술 감자토프Rasul Gamzatov의 시를 바탕으로 한 이 노래는 전장에서 전사해 제대로 묻히지 못하고 백학이 된 병사들에 대해 이야기한다. 영혼의 사자이자 치유자, 이것이 집단 기억에 자리 잡은 물새의 역할이다.

물이 많은 신화의 근본적 소재로 사용되는 점을 생각해보면, 이 모든 것을 쉽게 이해할 수 있다. 세상은 물에서 땅이 생겨나면서 시작되었다. 그리스 신화에서 죽은 자들은 스틱스Styx강을 건너 어둠의 땅에 도달한다.[61] 물은 땅의 경계와 테두리가 된다. 모든 동유럽 문화의 기원 신화와 우주 신화에는 강과 바다가 세계를 둘러싸고 있다.[62] 그래서 동유럽 신화에는 바다의 왕부터 거대 물고기, 부유하는 도시까지 물과 관련된 요소가 가득하다. 모든 샘, 우물, 강, 호수에는 실제로도, 신화 속에서도 무언가가 살고 있다.

반니크

인간의 모습을 하고 물과 물 주변에 서식하는 존재 중에는 러시아의 전통 증기 목욕탕을 지키는 여성 악마들도 있다. 바냐banya라고 불리는 이 작은 목욕탕은 통나무집 형태를 띤다.[63] 시설은 사우나와 유사하고, 증기를 공급하고 물을 데우기 위해 나무로 불을 지피는 난로와 나무 벤치가 있다. 예전에는 이곳에서 출산을 하기도 해, 바냐는 생명력을 떠올리

게 하는 장소이기도 한다.

바냐에서 목욕하는 것과 관련해 의례적으로 행하는 일도 있다. 흔히 뜨거운 열기로부터 머리를 보호하기 위해 펠트 모자를 쓰고, 같은 이유로 펠트 장갑도 낀다. 바냐의 내부 온도는 섭씨 90도를 훌쩍 넘길 수도 있다. 피부가 뜨거워진 나무 벤치와 피부가 직접 닿지 않도록 자리를 깔고 앉으며, 김이 나는 물에 약용식물을 넣기도 한다. 전통적으로 벽에는 말린 쑥을 걸어두고, 반니 베니크banny venik라고 부르는 말린 나뭇잎 다발로 부채질을 하거나 몸을 두드리며 안마를 하기도 한다. 때로는 다발을 물에 적셔 피부를 진정시키기도 한다.

바냐는 여러 북슬라브 국가에서 볼 수 있으며, 신화에서는 목욕탕 정령인 반니크Banniki와 접촉할 수 있는 예언의 장소로 인기가 있다. 반니크는 여성 악마나 작고 짓궂은 노인으로 묘사되며, 물을 따뜻하게 데우기 위해 난로에 세 번째로 나무를 추가할 때 탕을 함께 쓰자고 말하며 그들을 초대해야 한다. 그들은 사람들을 돕거나 낫게 해줄 수 있지만, 해를 끼치기도 한다. 그들을 달래기 위해서는 까만 암탉을 제물로 바쳐야 한다. 만약 목욕하던 사람이 반니크에게 폐를 끼치면, 끓는 물에 화상을 입거나 목욕물에 익사할 수도 있다. 이교의 존재인 그들의 감정을 거스르지 않기 위해, 바냐에는 기독교의 성상을 절대 두지 않는다.

탕을 함께 쓰자고 반니크를 초대하는 그럴싸한 이유가 있다면, 그들이 미래를 예측할 수 있기 때문이다. 이 전통의 한 형태를 들자면, 먼저 세 번째로 물을 데우기 위한 불을 지핀 다음 문간에 서서 물을 등지고 선다. 미래가 밝다면 반니크가 등을 부드럽게 만질 것이고, 그렇지 않다면 손톱으로 할퀼 것이다.

루살카

근래 동유럽 신화 속 괴물들은 동유럽 세계를 넘어 대중문화에까지 진출하고 있다. 전통 민속에서 영감을 받은 비디오게임 〈블랙 북Black Book〉에서는 플레이어가 반니크와 전투를 치르는 견습 마녀 바실리사Vasilissa 역할을 맡을 수도 있다. 또한 비디오게임과 넷플릭스 TV 프로그램으로 각색된 폴란드 작가 안제이 샤프콥스키Andrzej Sapkowski의 유명한 소설 『위처』는 위처라고 불리는 용병 몬스터 슬레이어가 싸워야 할 동유럽 신화의 괴물들로 가득 차 있다. 그중에는 물과 관련된 님프인 루살카Rusalkas도 있다.

루살카는 숲, 특히 침엽수 사이에서, 밤의 들판에서, 물 주변에서 발견되는 마력을 지닌 존재다. 외모와 행동은 다른 고대 문화 속 님프들과 대체로 비슷하다. 물속이나 물 밖에 사는 루살카는 긴 머리칼(때로는 초록빛이 나는)을 가진 거의 전라의 미인으로 표현된다. 세이렌처럼 미모와 노래로 남자들을 유혹해 물속으로 끌어들이고, 자신의 긴 머리칼에 엉키게 해 익사시킨다. 드문 경우지만 남자를 물속으로 데려가 물속 세계의 왕위에 올리기도 한다. 예지와 치유의 힘을 지니기도 하지만, 그들이 가진 가장 큰 힘은 성적 매력이다.

러시아 연구자들은 낭만주의 시대에 서구 문화의 영향으로 루살카에 대한 개념적 해석이 크게 바뀌었다는 점에 주목했다. 기독교의 전형적 주제인 죄악과 죄책감이 이전에는 없었던 곳에 등장했다. 좀 더 최근의 신화에 따르면 사고사든 타살이든 자살이든 상관없이 누군가 익사할 때, 특히 임신한 처녀나 아이가 익사할 때 루살카가 만들어진다고 한다.

루살카는 육지의 남자와 사랑에 빠져 결혼하기도 하지만, 대개 아이를 데리고 도망치거나 남편이 혼자 키우도록 두고 가버리는 등 아내로서는 불안정하다.

루살카는 수많은 문학, 예술, 음악 작품에 등장한다. 푸시킨, 고골, 셰우첸코Shevchenko, 체코슬로바키아의 작곡가 안토닌 드보르자크Anton Dvorak(오페라 〈루살카〉를 씀)를 포함한 많은 사람이 루살카를 언급한다.[64] 슬로베니아의 문헌학자 프란즈 미클로시치Franz Miklošič는 이 이름이 고대 로마의 여름 축제인 로살리아Rosalia에서 유래했다고 여겼다. 이 축제 때 는 장미와 제비꽃을 화관으로 엮어 가족 수호신의 형상물이나 조상의 무덤 위에 놓았다. 러시아의 풍습 중 물가의 나뭇가지에 화관을 걸거나, 꽃으로 장식된 화관을 쓰고 루살카를 상징하는 소녀를 인도하는 의식은 여전히 유지되고 있다. 루살카의 날은 목요일, 특히 부활절 앞의 성목요 일Holy Thursday(예수가 죽기 전날이자 최후의 만찬을 한 날―옮긴이)이다.

빌라

남슬라브 문화의 빌라Vilas(대략 '요정'으로 번역됨)는 루살카와 달리 서구 의 영향을 받고도 크게 변하지 않았다.[65] 빌라 역시 루살카와 비슷한 곳 에 살며, 물 가까이 혹은 물속에 사는 빌라들은 루살카와 유사한 행동을 보인다. 다만 성적으로는 덜 노골적이다. 알몸보다는 보통 흰옷을 가볍 게 걸치며, 발이 아니라 염소의 발굽을 지니는 경우도 있다. 춤과 노래 에 재능이 있고, 누군가 자신을 훔쳐보는 것을 좋아하지 않는다. 그들을 몰래 보다가 걸리거나 우연히 '요정의 원'(종교의식의 춤을 추는 빌라의 무리)을 본다면 가혹한 처벌을 받게 될 것이다. 한편으로 빌라는 환자 주위를 에워싸고 춤을 추며 광기를 고친다고도 전해진다. 당시 사람들은 빌라가 인간의 몸속에 들어가서 정신 질환이 생긴다고 믿기도 했다. 이때 동료 요정들이 밖에서 즐겁게 춤을 추면 몸속에 있던 빌라가 춤판에 끼어들고 싶어 밖으로 뛰쳐나온다는 원리였다.

빌라는 자신보다 노래를 크게 부르거나 잘 하는 것을 좋아하지 않고, 그들보다 노래를 잘 하는 사람에게는 벌을 준다. 하지만 사악한 존재들은 아니다. 그들은 잃어버리거나 버려진 아기들을 기꺼이 거두어, 젖을 먹이고 특별한 힘과 기운을 부여하기까지 한다. 그들은 인간과 종교의식으로 맺어진 형제자매가 되기도 한다. 이를 의미하는 용어인 포브라팀pobratim과 포세스트리마posestrima는 각각 '형제'를 의미하는 단어 브라트brat와 '자매'를 의미하는 단어 세스트라sestra를 포함하고 있다.[66] 일종의 구두계약에 기반한 이 특별한 관계는 빌라가 이 형제자매를 우애 좋게 보호하고 도와주며, 폭력이나 법이나 그 밖의 권력으로부터 지켜줄 것을 보장한다. 의식에 의한 형제의 형태는 인도·유럽어족의 관습으로, 강력한 결속이 실제로 필요했던 전사 사회warrior society의 특징이다. 이는 동유럽 문화 전반에 널리 퍼져 있으며, 발칸반도에 가장 잘 알려져 있다.[67]

빌라는 여성의 자유와 독립, 파벌주의와 규칙에 대한 여성들의 저항, 특히 이동의 제약에 대한 저항을 상징한다. 역사적으로 동유럽 사회의 여성 대부분은 머리를 뒤로 길게 땋았지만, 빌라들은 자유의 상징으로 머리를 묶지 않았다. 이러한 상징성은 20세기까지도 강하게 남아 있었다. 제2차세계대전이 벌어지는 동안 보스니아의 여성들은 나치와 싸우는 유고슬라비아 별동대인 파르티잔이 안전하게 뚫고 나오기를 바라며 의식적으로 자신들의 머리를 풀었다. 상징적인 의례 언어로 볼 때, 풀어 헤친 머리카락은 곧 쏟아져내리는 물을 의미한다. 폭포수처럼 등 뒤로 길게 흘러내리는 머릿결은 대지로 쏟아지는 물의 생명력을 형상화한 것이다.

물의 빌라는 약용식물에 대해 특별한 지식을 지니고 있어 질병이나 부상을 치유하는 데 도움을 주기도 한다. 빌라의 치유는 물줄기 옆에서 잠을 잘 때 꾸는 꿈속에서 일어날 수도 있다. 몰래 염탐하다가 들킨 사람에게서 다리나 팔을 뺏거나 눈을 멀게 함으로써 처벌하는데, 빌라에게는 실명을 치료하는 힘도 있으며, 가끔은 빌라가 목욕한 물로 눈을 씻기만 해도 나아진다.

그 외 물의 괴물들

용은 대부분의 신화 체계에 널리 퍼져 있지만, 슬라브족 사이에서는 아주 드물다. 용은 물의 괴물의 형태를 취하며 나타난다. 동유럽 신화의 용들은 모두 수컷이며, 오직 물속에서만 살고, 소를 잡아먹거나 때로는 인간을 잡아먹기 위해서만 모습을 드러낸다. 용은 머리를 다시 물에 담그면서 힘을 되찾는다.

비록 용이 주로 괴물의 성서적 표현과 용을 죽인 성 게오르기우스Saint George의 전설에서 영향을 받은 혼합형 악마이기는 하지만 어느 정도는 슬라브 문화의 물의 악마에서 유래한 것이기도 하다. 용은 물, 특히 물의 저장량을 지탱해야 하는 산의 수호자다. 슬로베니아에는 이와 관련된 많은 신화가 있다.

수컷 물의 괴물은 매혹적인 루살카나 빌라와는 달리, 비늘 달린 초록색의 끈적끈적하고 기괴한 존재로 묘사되지만(오히려 영화 〈해양 괴물〉에 가까운), 잘생긴 사람으로 변해 소녀나 처녀를 유혹해 납치하는 방법도 알고 있다. 이러한 테마는 이번 장에 실린 전설의 바탕이 된 슬로베니아의 시인 프란체 프레셰렌France Prešeren의 시 「포보드니 모시」에도 나타난다. 이 시에서는 구혼하는 남자마다 거절하던 류블랴나 출신의 도도하고 젊은 미녀가 워터맨(보드니 모시)에게 납치되는 벌을 받는다. 이 시는 어쩌면 프레셰렌이 자신이 애타게 짝사랑하던 줄리야 프리미츠Julija Primic을 상상하며 쓴 복수극일지도 모른다.

물의 괴물들은 뱃사공이나 어부와 특별한 관계를 맺고 있다. 그들은 배를 가라앉힐 수도 있지만, 어부들의 그물에 걸리기도 쉽다. 이교 신앙과 기독교가 뒤엉키면서 물의 괴물이 지녔던 전설적인 역할을 성 니콜라오스Saint Nicholas가 이어받기 시작했다. 전설에 따르면 그는 목에 닻을 매단 채 바다에 던져져 순교했다고 한다. 이후 바다와 강을 오가는 사람들을 보호하는 뱃사람들의 수호성인으로 여겨졌다. 기독교와 다신교와 이교적 동유럽 신앙이 얽히고설킨 작품인 세르비아의 옛 구전 민요에서 성 니콜라오스는 신의 요청으로 숲을 찾아가 죽은 자들의 영혼을 강 건너 저승으로 옮겨줄 배를 준비하기도 한다.

7장

불새

불새 이야기

그리고 꿈속에서 나는 늑대의 등에 올라타

숲이 우거진 길을 달려

마법사 차르와의 전투를 치르러 간다네

공주가 철창 안에 갇혀 앉아

거대한 성벽 뒤에서 그저 탄식하고 있는 곳으로

유리 성을 둘러싼 정원이 있고

불새들이 밤마다 노래를 부르며

황금빛 열매를 쪼아 먹는 곳으로

_「겨울의 여행길」(야코프 폴론스키)[68]

옛날에 수양딸 13명과 수양아들 13명을 둔 마법사 차르가 있었다. 그들은 아주 특별한 성에 살고 있었다. 본채는 전체가 유리로 만들어진 알 모양이었는데, 차르의 마법 덕분에 거센 우박이나 번개에도 끄떡없었다. 유리는 태양의 열을 붙잡아, 차르가 가장 아끼는 황금 사과가 열리는 나무를 따뜻하게 지켜주었다.

그런데 누군가 이 황금 사과에 손을 대기 시작했다.

차르는 즉시 경비병을 배치해 밤새 과수원의 황금 사과나무를 지키게 했지만 아무것도 찾아내지 못했다. 그건 그렇고, 대체 어떻게 외부인이 마법이 보호하는 유리 궁전에 들어올 수 있었을까?

그 후 얼마 지나지 않아 마법사 차르의 아이들 중 가장 막내이자 이제 막 성년이 되는 영리한 청년, 이반 차레비치Ivan Tsarevitch 왕자가 과수원에서 놀다가 지금껏 본 적 없는 거대한 깃털을 발견했다. 그것은 빛이 났고 따스했으며, 주황과 빨강의 모든 색조가 섞인 데 파랑이 언뜻언뜻 비치는 모습으로, 잔잔한 바람에도 흔들렸다.

왕좌에 앉아 늘 목에 걸고 다니는 황금 알 펜던트를 만지작거리며 생각에 잠겨 있던 아버지에게 이반은 그 깃털을 가져갔다.

"아니, 이건 불새의 깃털 아니냐! 불새는 한때 내가 키우던 녀석들이지. 유리 정원에서 충분히 행복하게 살고 있는 줄 알았는데, 못 본 지가 몇백 년은 되었구나. 다시 한 번 녀석들의 뜨겁게 타오르는 노랫소리를 들으면 좋으련만. 이반, 네가 불새를 찾아 데려온다면 큰 상을 내리고, 너를 내 후계자로 삼겠다."

위로 형들이 12명이나 있어서, 왕국을 물려받을 기회가 생기리라고는 상상조차 못했던 이반 왕자는 그 도전을 받아들였다. 그는 자신의 말 알렉산드르Alexander를 타고 길을 나섰다. 둘은 왕국의 숲 구석구석을 돌아다녔지만, 어디에서도 불새의 흔적은 보이지 않았다.

어느 날 절망적인 기분에 빠진 그는 알렉산드르의 갈기를 빗어주며, 자신의 곤란한 처지를 그저 혼잣말로 중얼거렸다.

"불새는 절대 못 찾을 것 같아. 그만 포기해야겠지만, 빈손으로 돌아가면 아버지가 날 끓는 냄비에 던져버리실까 봐 무서워. 가끔 심하게 괴팍하실 때도 있으니까….”

누군가가 대답했다.

“네가 수프가 될 일은 없을 거야.”

이반 왕자는 깜짝 놀라 주위를 돌아보았다.

“여기야. 귀 뒤쪽은 아직 빗질 안 했어.”

목소리의 주인은 그의 말 알렉산드르였다.

이반 왕자가 말했다.

“네가 말을 할 수 있는지 몰랐어.”

말이 대답했다.

“전에는 네가 불새의 깃털을 잡아본 적이 없었잖아.”

이반이 멋쩍어 하며 물었다.

“어떻게 해야 찾을 수 있을지 네가 알 거라고 생각하진 않지만…. 혹시 깃털 말고 온전한 불새를 찾을 방법을 알고 있니?”

말이 답했다.

“난 알지.”

이반은 기대감을 안고 말을 부추겼다.

“뭔데?”

“나한테도 귀리를 나눠주면 얘기해줄게.”

알렉산드르는 불새를 잡으려면 이반이 갈지 않은 밭에 옥수수 낱알을 뿌려야 한다고 설명했다. 보름달의 빛이 옥수수에 닿으면 그 낱알이 푸른 불꽃을 튀기며 불새들을 끌어들인다는 것이었다.

이반 왕자는 말이 시키는 대로 따랐다. 그는 옥수수 낱알들을 뿌려놓고, 숲의 그늘에서 보름달이 뜰 때까지 기다렸다. 과연 달빛이 옥수수에 닿자, 옥수수는 푸른 불꽃을 반사했다. 이반 뒤편에 있던 나무 꼭대기 위쪽에서 그림자가 급강하하며 밭 위에 내려앉았다.

새는 독수리와는 비교도 되지 않을 만큼 어마어마하게 컸고, 마치 자신에게는 해를 끼치지 않는 화염에라도 휩싸인 듯 빨강과 주황의 털빛이 어른거렸다. 이반은 앞으로 뛰어나가며 새에게 덤벼들었다. 새가 그를 뿌리치려 하자 둘은 밭을 굴러다니며 난투극을 벌였다. 불새의 열기가 이반의 옷을 그을렸지만 그는 끝까지 버텼다. 결국 불새는 몸부림을 멈추고 고개를 돌려 이반의 눈을 똑바로 응시했다.

불새가 말했다.

"이렇게 해도 왕국을 차지할 수는 없다."

"그렇지만 아버지가 널 데려오라고 하셨거든."

치고받은 여파로 아직 숨이 가빴던 이반 왕자는 새가 자신의 손아귀에서 스르르 빠져나갈까 걱정하며 대답했다.

"내가 너를 데리고 돌아가면 후계자 자리를 주신댔어. 그리고 그러지 않으면 나를 수프로 만들어버릴까 봐 두렵기도 해."

"후계자는 될지언정, 결코 차르가 되지는 못할 것이다."

새가 말을 이었다.

"그대의 아버지는 불멸의 코셰이_{Koschei}다. 왜 이렇게 불리는지 의문을 품어본 적이 있는가?"

이반이 물었다.

"아직 돌아가시지 않았으니까?"

"죽을 수가 없기 때문이다."

새가 덧붙였다.

"이미 수 세기를 살아왔고, 앞으로도 수 세기를 살아가겠지. 그는 선한 자가 아니다."

"나도 그건 느끼고 있어. 나와 내 형제자매들을 수프로 만들어버리겠다는 협박을 자주 하시거든."

"그대가 나를 놓아준다면 왕위 계승을 돕겠다. 그리고 그대가 꿈꾸는 공주도 데려오도록 하지."

이반 왕자는 이편이 더 좋은 거래처럼 들렸으므로, 바로 불새를 붙들고 있던 힘을 풀었다. 불새가 하늘로 날아오르자 그는 잠시 자신이 속은 것은 아닌지 걱정이 되었다. 하지만 불새는 공중에서 방향을 틀어 다시 그를 향해 하강했다. 그러자 그는 또 한 번, 자신이 속아서 불새의 발톱에 갈기갈기 찢기는 것은 아닌지 공포에 떨었다. 그러나 불새는 그의 옆에 내려앉아 깃털 하나를 부리로 건넸다. 그 꼬리 깃털은 계속해서 열기를 내뿜고 있었다.

"이 깃털로 딱 한 번 나를 불러 도움을 청할 수 있다. 앞으로 가면 길이 세 갈래로 나뉘지. 알맞은 길을 선택한다면 내 일족 중 하나가 왕국을 점령하는 법을 알려줄 것이다."

그 말을 끝으로 불새는 구름 너머로 사라졌다.

이반 왕자는 깃털을 모자의 띠에 찔러 넣고 알렉산드르를 탄 뒤, 불새가 가리켰던 방향으로 출발했다. 둘은 곧 서로 다른 세 갈래의 길이 눈앞에 펼쳐지는 지점에 서 있는 거대한 바위 앞에 다다랐다. 이 돌에는 이반이 읽을 수 없는 고대 문자들이 새겨져 있었지만, 어찌 된 영문인지 그는 뜻을 이해할 수 있었다.

돌에는 이렇게 새겨져 있었다. "길을 선택하라. 왼쪽 길을 선택하면 그대는 굶주림과 추위를 겪게 되리라. 가운데 길을 선택하면 그대는 살 것이나, 그대의 말은 죽으리라. 오른쪽 길을 선택하면 그대는 죽을 것이

나, 그대의 말은 살리라.”

이반 왕자는 알렉산드르를 내려다보며, 이 말이 말은 할 수 있지만 읽을 수는 없다는 사실에 안심한 뒤 가운데 길로 출발했다. 얼마 가지 않아 숲이 빽빽해지며 달빛을 가렸고, 무언가 울부짖는 소리에 이반은 몸이 오싹해졌다. 그때 갑자기 거대한 회색 늑대가 둘 쪽으로 뛰어오르며 이반을 알렉산드르의 등에서 떨어뜨렸다. 이반은 벌떡 일어나 검을 뽑았지만 상황은 늦어버렸다. 더 이상 알렉산드르는 없었다. 보통 크기의 두 배나 되는 거대한 회색 늑대가, 입에 피를 흠뻑 묻힌 채 이반을 매섭게 쳐다보고 있었다.

늑대는 금방이라도 뛰어들 것 같다가, 이반의 모자에 꽂힌 깃털을 보고는 미소 지었다. 잡아먹겠다는 미소가 아니라, 호의가 느껴지는 미소였다.

“이반 왕자, 안녕. 나는 네 양누나인 차레브나_{Tsarevna}야.”

늑대가 그르렁거리는 소리로 말했다.

“네가? 내가 기억하는 모습과는 달라 보이는데.”

여전히 습격받을까 봐 떨리는 마음으로 그가 대답했다.

“소위 우리의 아버지라는 자가 우리를 가둬두려고, 나는 늑대로 나머지 자매들은 모두 불새로 만들어버렸지.”

“왜 오랫동안 누나들이 보이지 않는지 나도 궁금했어.”

“너는 나랑 우리 자매들을 구하고 왕국을 가질 수 있어. 불멸의 코셰이는 단 한 번도 우리에게 아버지인 적이 없었지. 너는 우리 중에 제일 어렸기 때문에 아마 모르겠지만, 그자는 자식이 없으니 우리를 하나하나, 각자의 가족들한테서 훔친 거야. 우리 모두를 도와줄 수 있니? 날 도와줄래?”

그녀의 곤란한 사정과 아름다운 목소리에 마음이 움직인 이반은 고개를 끄덕였다.

"그럼 내 등에 올라타. 그자를 이길 방법을 알려줄게."

이반 왕자가 거대한 회색 늑대의 등에 올랐고, 둘은 출발했다. 이동하면서 늑대 차레브나가 그에게 말했다.

"불멸의 코셰이는 영혼이 몸 안에 있지 않기 때문에 죽지 않는 거야. 그자가 자기 영혼을 숨겨놨지만, 내가 그 위치를 알고 있지. 그것은 속이 텅 빈 통나무에 숨겨진 상자 속에 숨은 산토끼 속에 숨은 오리 안에 숨겨진 알의 안쪽에 감춰진 바늘의 귀 안쪽에 있어."

이반 왕자가 의아해했다.

"오리가 어떻게 산토끼 안으로 들어간 걸까?"

차레브나가 대답했다.

"그런 멍청한 질문은 하지 말고."

그렇게 하루 밤낮을 달린 둘은 달은 없고 별은 끝없이 멀어 하늘이 그저 깜깜하기만 할 때, 연못 끝자락에 잠시 멈추게 되었다. 연못 중앙에는 페르시아에서 만든 것 같은 커다란 직조 양탄자가 떠 있었다. 그 양탄자 위에는 커다란 통나무가 있었고, 통나무는 양탄자와 함께 수면 위에서 조용히 위아래로 흔들리고 있었다.

늑대가 속삭였다.

"양탄자 쪽으로 헤엄쳐. 통나무 안에 있는 걸 찾아와. 내가 놈들을 막아볼게."

"누굴 막는데?"

이반 왕자가 물었으나, 말하기가 무섭게 연못의 물이 기포를 일으키며 움직이기 시작했다.

이반은 물속으로 뛰어들어, 양탄자와 그 위의 속이 빈 통나무를 향해 가능한 한 힘껏 헤엄쳤다. 연못의 시커먼 물속에서 사람처럼 생겼지만 얼굴은 개구리인 물의 정령 보댜노이vodyanoy 13마리가 떠올랐기 때문이다. 이반이 수영을 잘해서 천만다행이었다. 보댜노이들은 끈적끈적한 물갈퀴가 달린 녹색 손가락을 뻗어 이반을 붙잡으려 했지만, 늑대 차레브나가 맹렬히 달려들어 갈기갈기 찢어버렸다. 보댜노이들은 이제 차레브나 쪽으로 몸을 던졌고, 그녀를 연못으로 끌고 들어가 익사시키려 했다.

이반은 간신히 양탄자 위로 올라갔지만, 그래봤자 연못 한가운데 떠 있는 처지였다. 그는 보댜노이들이 온 힘을 다해 늑대 차레브나를 시커먼 물속으로 끌고 들어가려는 모습을 무력하게 바라보았다.

그가 속이 빈 통나무에 손을 넣자, 안에는 금박을 입힌 상자가 있었다. 그것을 꺼내 뚜껑을 열어젖혔다. 상자 안에는 오리를 삼키기에는 너무 작아 보이는 산토끼 한 마리가 있었다. 이반은 토끼가 튀어나오기 전에 얼른 뚜껑을 닫았다.

그는 어떻게 해야 할지 궁리하며 하늘을 올려다보았다. 그리고 늑대 차레브나를 다시 돌아보았다. 그러고는 모자에서 불새의 깃털을 뽑아 들고, 불새가 자신들을 구해주기를 온 힘을 다해 빌었다.

깃털이 불꽃으로 타올랐지만 이반의 손은 아무렇지도 않았다. 이반이 그 신비로운 빛을 어리둥절하게 바라보는 동안, 연못 한가운데 떠 있던 발밑의 양탄자가 딱딱하게 굳으며 수면을 벗어나 공중으로 떠오르기 시작했다. 이반을 태운 양탄자는 물을 뚝뚝 떨어트리며 위쪽을 향해 올라갔다.

그가 외쳤다.

"누나!"

이반의 말을 알아듣기라도 한 듯, 양탄자는 이리저리 뒤틀리며 돌더니 그를 태운 채 회색 늑대 쪽으로 돌진했다. 양탄자는 보댜노이 무리와 세게 부딪쳤고, 그들을 차레브나에게서 떼어냈다. 이반 왕자의 도움으로 회색 늑대도 양탄자 위에 올라탔다. 그들은 함께 하늘로 날아올랐다.

유리 성으로 날아가는 동안, 이반은 차레브나에게 상자에 든 산토끼를 보여주었다.

그녀가 말했다.

"토끼 속에 있는 오리의 안에 있는 알을 깨야 해."

이반이 막막해하며 물었다.

"그러니까 그걸 어떻게 하는데?"

"대체 어쩌다 이런 남자들이 세상을 다스리게 된 걸까?"

차레브나가 다 들릴 정도로 크게 중얼거렸다. 그러고는 토끼를 잡고 자신의 거대한 입으로 힘껏 꽉 물었다. 벼락이 치는 것처럼 크고 매서운 소리가 들리더니, 곧이어 번개처럼 빠르게 하얀 빛이 폭발했다.

시야가 회복되었을 때 이반의 눈에 들어온 건 알몸을 가리기 위해 늑대 가죽을 걸치고 있는 아리따운 공주의 모습이었다.

이반과 차레브나가 서로를 얼싸안는 동안 둘을 태운 양탄자는 유리 성으로 돌아갔다. 그들이 도착했을 때, 한때 성의 본채를 상징하던 알 모양의 유리가 이미 사라져 있었다. 불멸의 코셰이가 이제는 망자 코셰이가 된 것을 보고도 두 사람은 놀라지 않았다. 오히려 그것이 그에게 더 잘 어울리는 칭호였다.

이반 왕자와 차레브나 공주는 결혼식을 올렸고, 그들의 양형제자매들도 다시 인간으로 돌아왔다. 무엇보다도 기쁜 건, 이제 누구도 수프가 될 염려가 없다는 점이었다.

한 걸음 더 깊이 읽기

동유럽 신화 속의 마법

동유럽 신화 속 특정한 사회적·역사적·문화적 배경에 마법을 배치하고 싶다면, 샤머니즘Shamanism이라는 불안정하지만 효과는 확실한 용어가 있다. 오늘날 이 용어는 식민주의와의 연관성 때문에 종종 비판을 받기도 하고, 실제로 이를 사용하는 많은 경우에 우월감이 깔려 있는 것도 사실이다. 그럼에도 불구하고 인류학과 민족지학에서는 여전히 쓰이고 있고, 더 나은 대안이 없는 상황에서는 도움이 되기도 한다.

'샤먼후드shaman-hood'(샤머니즘을 대체할 수 있는 용어)의 기원은 선사시대로 거슬러 올라간다. 샤먼후드적 행위를 보여주는 가장 오래된 유물은 대략 기원전 3만 년 전으로 추정되며 오늘날의 체코에서 발견되었다. 이 용어를 넓게 정의하자면, 인간 세계와 보이지 않는 또 다른 세계를 잇는 기술이라고 할 수 있다. 기독교에서 말하는 천국과 지옥이든,

이단적이고 터무니없는 것으로 간주되는 이교의 영역이든, 보이지 않는 세계는 대부분의 문화에서 받아들여지고 있다. 정말로 그저 세부적인 차이만 있을 뿐이다.

샤머니즘은 전 세계에 존재하는 보편적인 현상이다. 다만 해당 용어가 처음 정립된 것은 러시아어로, 북유럽에서 아시아에 이르는 광활한 영토 속에서 마주친 수많은 토착 문화와의 접촉을 기록하는 과정에서 태어났다. 샤머니즘은 17세기 여행자들이 가져온 보고서를 통해 처음으로 유럽에 알려졌다. 용어의 어원은 아직까지도 논쟁거리지만, 시베리아에 살던 퉁구스족에서 기원했다는 설이 가장 많이 언급된다. 기본 의미는 '앎'이지만, '사제'라는 뜻도 내포되어 있다.

샤먼shaman은 선천적으로나 후천적으로 특별한 성질을 지닌 사람으로, 눈에 보이거나 귀에 들리는 다양한 기술을 통해 자신의 육체에서 영혼을 분리할 수 있다. 그는 무아지경이나 꿈, 춤, 소리와 음악을 듣거나 만드는 행위, 방언 등의 접근 방식을 통해 신적 존재, 악마, 죽은 자의 영혼과 소통한다. 그(역사적으로 샤먼은 보통 '그'였다)는 이 소통 과정에서 보조를 두었는데, 이는 대부분 동물이었다. 동물은 때로 그의 민족 집단의 토템이기도 했으며, 샤먼과 소통이 가능했다.

샤먼은 세계 사이의 매개자로서 신화 체계나 천상계, 인간·동물계, 죽은 자의 영혼과 다양한 악마가 있는 지하 세계라는 서로 다른 세 세계의 이야기를 뒷받침한다. 이것이 이교의 샤머니즘과 기독교를 가르는 핵심 지점이다. 기독교인들은 신화 체계나 천상계와 영혼과 악마가 있는 지하 세계는 믿지만, 인간과 동물을 하나의 연속체continuum(동일 선상에서 유기적 관계로 이어진 개체군들의 집합―옮긴이)로 보지는 않는다.

샤머니즘에서 이 세계들 사이의 경계는 결코 명확하지 않다. 동유럽 신앙에서는 영혼이 육체보다 강하다고 믿기 때문에, 영혼을 육체에서 분리하는 것은 샤먼의 가장 강력한 도구가 된다. 세르비아 서사시에서 패배한 영웅은 죽기 전에 승리자에게 자신의 누이와 결혼해달라고 간청하기도 하는데, 이렇게 하면 자신의 영혼이 계속 존재할 거라고 믿기 때문이다. 이보다 더 납득이 가는 예로, 자살은 살아 있는 자가 이룰 수 없는 방식으로 영혼이 복수할 수 있는 기회를 제공한다고 여겨진다. 그런 이유로 동유럽 신앙에서 자살은 효과적인 도구, 즉 무기가 되기도 한다.

샤먼은 주술을 행하는 사람으로, 주로 활동하는 분야는 의술, 특히 악마에게 당한 사람들을 치유한다. 그래서 샤먼은 약용식물과 독성 식물, 악마와의 소통을 용이하게 하는 물건과 도구에 대해 잘 알고 있어야 한다. 샤먼이 지닌 몇몇 장비가 이러한 능력을 보여준다. 여기에는 전통적으로 북과 타악기(혼령이 사람보다 소리에 민감하므로), 동물의 일부 부위(뿔, 털, 가죽, 깃털), 간혹 샤먼의 피부에 직접 꿰매기도 하는 돌이나 크리스털 같은 주술적 물건이 포함된다. 그러나 그들이 특별한 경험과 능력과 지식을 지녔다 해도, 끝내는 평범한 사람들처럼 죽음을 맞는다.

샤머니즘의 주요 매력인 인간이 세상의 다른 측면, 특히 자연과 동물과 영적으로 연결되는 능력은 뉴에이지 종교New Age beliefs와 거의 일직선상에 있다. 동유럽 문화에서 샤먼은 우리가 사는 세계와 그 너머의 보이지 않는 힘에 대한 인류의 개방성을 상징한다. 말하자면, 이런 면에서 샤먼은 종교의식의 틀을 보존하고 종교적 서사를 전달하는 데 더 집중하는 가톨릭 사제와는 차이가 있다. 이것이 아마도 동유럽 문화에서 샤먼의 행위가 그토록 깊고 독특한 자취를 남긴 이유이자, 한 직업인으로서 샤먼의 사회적 지위가 오랫동안 유지된 이유일 것이다.

날씨의 전사들

이제 날씨의 전사들에 대해 알아보자. 즈두하치zduhać는 발칸반도 버전의 샤먼으로, 발칸반도의 비슬라브계 문화에 그 자취가 뚜렷이 남아 있다. 즈두하치는 폭풍우 같은 날씨로 나타나는 자연력에 맞설 능력이 있는 인간을 가리킨다. 현대 그리스어에서 이 단어는 자신의 마을과 주변 환경을 지키는 특정 영역의 악마들을 뜻한다.

자연재해로부터 마을을 보호하는 또 다른 존재로 드래건 맨dragon man이 있다. 이에 관한 신화는 불가리아, 세르비아, 마케도니아, 보스니아, 몬테네그로, 알바니아에 보존되어 있다. 즈두하치와 드래건 맨의 차이점은 다음과 같다. 드래건 맨은 홀로 큰 재난(세르보크로아트어로 알라Ala라고 부르는 괴물로 구현됨)에 맞서 싸우며 농작물과 과일과 가축을 보호한다. 반면 즈두하치는 무리를 지어 다른 즈두하치 무리와 싸우고, 승자가 패자의 농작물과 과일을 가져간다. 이러한 신화는 역사적으로 일부 농업 지역이 일정 기간 동안 농사가 되지 않는 이유를 설명하는 데 쓰였다. 전통적으로 보스니아, 세르비아, 달마티아, 특히 몬테네그로의 즈두하치 무리는 알바니아와 이탈리아의 즈두하치들과 맞선 것으로 알려져 있다.

역사상 실존한 몇몇 인물들, 심지어 교회 고위 성직자나 지도자도 즈두하치로 여겨져 명성을 얻었다. 부더에 사는 한 친구에게서 곤경에 빠졌다는 전갈을 받은 보스니아의 유명 인물에 관한 이야기도 잘 알려져 있다. 당시 그 즈두하치는 이발소에 있었는데, 영혼만 부더로 날아가 문제를 처리한 뒤 내내 이발소 의자에 남아 있던 자신의 몸으로 돌아왔다. 즈두하치는 밭과 소의 보호자로서 지역 공동체에서 큰 존경을 받았으며, 대부분의 경우 부유한 지주였다. 이런 유형의 주술사들은 동유럽 세계 전역에 이름을 떨쳤다.

즈두하치와 드래건 맨은 대단한 체력을 지닌 사람들로, 육체에서 영혼을 분리하는 능력을 나타내는 징후가 있다. 그들은 늘 얼굴이 창백하고 활기가 없으며, 눈은 피곤해 보인다. 드래건 맨은 간혹 옷 밑으로 접힌 날개가 보이고, 손가락 사이에는 물갈퀴가 달려 있다. 즈두하치와 드래건 맨 모두 수면 시간이 길고, 잠에서 깨는 것도 어렵다. 드래건 맨은 싸울 때 대형 농기구나 검을 쓰지만, 가끔 참나무를 땅에서 뿌리째 뽑아 무기로 쓰기도 한다. 즈두하치는 나무 장대를 들고 싸우며, 때로는 양끝에서 불꽃을 내뿜는 짧은 막대를 쓰기도 한다. 어떤 즈두하치는 싸움이 일어나기 전 조용히 뒤로 물러나 높은 곳으로 올라간 뒤 모자를 주는 악마를 기다린다. 그 모자를 쓰면 하늘을 날거나 더 맹렬히 싸울 수 있다.

가끔 즈두하치는 죽은 자의 정맥을 뜯어 발목에 묶기도 한다. 또한 혼령과 관련된 의식에 사용할 그릇과 빗자루 등 여러 물건을 가지고 다닌다. 드래건 맨과 즈두하치 모두 비행하는 법을 알기 때문에 종종 공중전을 벌어기도 한다. 그들은 연인이자 색마로도 유명한데, 밤이면 연인을 만나기 위해 굴뚝(영혼과 악마들이 흔히 쓰는 통로)을 통해 집으로 내려간다. 그러나 그들의 자손은 몸이 허약하고 오래 살지 못한다.

즈두하치와 드래건 맨은 뱀파이어나 늑대인간처럼 인간을 위협하는 다른 악마들과도 맞서 전투를 벌인다. 세르비아에서는 즈두하치가 동물로 묘사되기도 한다. 주로 숫양이나 거대한 검은 새나 수탉으로 그려진다. 발칸반도의 성 니콜라오스는 샤먼이나 즈두하치 같은 특성을 일부 지니며, 세르비아의 한 전설에 따르면 그는 온몸이 젖고 진흙범벅이 된 몰골로 신 앞에 나타난다. 그러고는 바다에서 조난 위기에 처한 뱃사

람들을 구하기 위해 천둥과 바람에 맞서 싸우느라 늦었다며 용서를 구한다. 즈두하치와 드래건 맨의 성격과 행동은 샤머니즘 모델과 정확히 일치한다. 둘 다 특정 신이나 종교의식과는 관련이 없고, 주로 사람들과 영향을 주고받으며 소통하는 사회적 역할을 한다. 그들도 언젠가는 죽음을 맞는 인간이지만 초인적인 능력을 지니고 있다는 점에서 특별하다.

마녀

즈두하치나 드래건 맨과는 달리 마녀Witches(세르보크로아트어로 베슈티차 veštica)는 반드시 죽는 존재인 인간과 불사의 존재들 모두를 포함한다. 마녀는 다양한 집단을 대표할 수 있으며, 주로 사회적인 역할을 맡아 수행한다. 마녀가 되는 길은 크게 세 가지로 나뉜다. 첫째는 바바 야가처럼 여성 신을 섬기거나 수행하기 위해 마녀의 운명을 타고나는 경우다. 둘째는 죽음 이후 마녀라는 영적 존재로 거듭나는 것이고, 마지막은 연륜이 많은 마녀로부터 마법을 배워 마녀가 되는 것이다.

마녀는 언제나 늙고 대개 신체적 결함이 있는 추한 여자로 묘사된다. 젊고 아름다운 마녀라는 발상은 비교적 최근에 문화적으로 동화되면서 생겨난 것이다. 마녀는 하늘을 날거나 다른 생명체(대부분 나비)로 변하며, 자신이 드러나지 않게 몸을 숨길 수도 있다. 또한 한 장의 나뭇잎 위에 몸을 떠우거나 걸터앉을 수 있으므로, 나무 한 그루에 수백 명의 마녀가 있을 수도 있다. 특히 배나무나 호두나무에는 잎 하나에 마녀가 하나씩 자리 잡고 있을 수도 있다. 집에서는 마녀들이 탈것으로 쓰지 못하도록 달걀 껍데기와 호두 껍데기를 부셔야 한다.

마녀들도 말을 타고 이동할 때가 있다. 하지만 사실 그 말들은 모두 마녀를 모시기 위해 말로 변한 남자들이다. 반점이 없는 말, 특히 검은 말은 뱀파이어나 마녀와 연결되어 있다고 한다. 교통수단을 이용하든, 그냥 하늘을 날아가든 마녀들은 매우 빠르다. 그들은 꼭 밤하늘에 빛의 흔적을 남기기 때문에 혜성이나 유성이나 유성우는 마녀의 증거로 해석된다. 마녀는 황금을 좋아하며, 악마들과 함께하는 파티에서도 황금 잔을 사용한다.

죽은 뒤에 마녀가 된 유형이 가장 위험하다. 그들은 밤이 되면 뱀파이어처럼 무덤에서 일어나 아이들을 공격하고 심장과 간을 먹어치운다. 뱀파이어를 죽일 때처럼 심장에 산사나무 말뚝을 박아 죽일 수 있다. 잠든 마녀를 마주할 경우, 그녀의 몸을 돌려 머리가 있던 자리에 발이 놓이도록 하면 그 마녀는 다시는 깨어나지 못한다. 잠에서 깬 마녀는 소금 세 알갱이가 뿌려진 빵 한 조각으로 진정시킬 수 있다.

밤에 마녀가 집에 들어오는 것을 막기 위해서는 벽난로에서 굴뚝으로 이어지는 통로를 닫고, 항상 난로 근처에 빗자루를 두어 영혼이 들어간 먼지를 쓸어야 한다. 마늘이 마녀를 막는 방어 수단으로 쓰이기도 하는데, 마녀도 뱀파이어처럼 마늘 냄새를 견디지 못하기 때문이다. 그들은 불에 탄 동물의 뿔 냄새도 참지 못한다.

마녀는 물속으로 가라앉지 않았지만, 불에 태우는 것은 가능했다. 마녀는 물속으로 가라앉지 않는다는 특성이 있가. 근대 초기 유럽과 북아메리카에서는 마녀로 의심되는 사람들을 물에 던지는 야만적인 관행이 행해지기도 했다. 물 위로 떠오르면 마녀로 간주되어 화형에 처해졌고, 바닥으로 가라앉으면 마녀는 아니었지만 결백이 입증되기도 전에 익사했다. 마녀는 음탕하지만 젊은 남자를 좋아하는 요정과는 달리 오직 악마들만 모아 파티를 벌인다. 14세기부터 마녀와 관련된 미신은 전 유럽에서 마녀로 의심되는 여자들(거의 대부분 여성이 의심받음)이 재판을 받고 죽임을 당하는, 여성 혐오적인 대량 학살로 이어졌다. 대부분의 지역에서는 이러한 관행이 18세기쯤 자취를 감추었지만, 세르비아에서는 19세기 초까지도 마녀로 의심되는 여성에 대한 재판이 열렸다.

이 상황을, 과부거나 아이가 없어 혼자 사는 나이 든 여성들에 대한 두려움이 반영된 결과로 보는 정신분석학적 해석은 꽤 설득력이 있다. 보통 그러한 여성들은 사교 행사의 중심에서 조금 떨어진 고독한 집에 살았다. 게다가 가부장 중심의 위계질서에서 벗어나 자신의 일을 하며 지내는 만큼, 지역사회의 남성 지도자들이 통제하기도 쉽지 않았다. 성적 파트너나 출산을 위해서도 더는 쓸모 있지 않다는 낙인까지 더해졌다.

풍부한 삶의 경험과 여성들만의 지식 공유를 통해 축적된 노하우 덕분에, 그들은 지역사회에서 중요한 역할을 하기도 했다. 특히 여성을 치료하거나 처치하고, 분만이나 초기 형태의 피임, 육아, 점술, 주술 등에 도움을 주었다. 또한 나이 든 여성들은 구술 문화, 지역 관습, 집단 기억, 공예와 제작 기술, 비책과 종교의식의 주요 보호자이자 전승자였다. '마녀'라는 용어의 다의성은 오늘날에도 여전히 유지되고 있다.

동물과 식물

무속에서 말하는 동물과의 교류는 토템 동물과 사냥감, 영혼의 사자로서의 동물, 가공의 혼종 동물이라는 세 가지 주요 범주로 나눌 수 있다. 첫 번째 집단은 곰, 말, 스라소니, 사슴, 황소, 숫양, 순록, 독수리 같은 크고 강력한 동물들로 구성된다. 두 번째 범주인 영혼의 사자에는 수달, 여우, 새, 물고기, 곤충처럼 더 작고 빠른 동물이 포함된다. 가공의 혼종 동물에는 불새와 금빛 동물이 있다. 샤머니즘에서 모든 동물은 신비한 존재이며, 세계를 이해하고 해석하거나 영혼을 인도하는 일에 관여할 수 있다.

샤먼의 기술 역량에서 식물을 쓰는 능력은 매우 결정적인 요소다.[69] 식물에 대한 지식이 중요한 이유는 비단 약효 때문만이 아니라, 그것을 통해 무아지경의 상태로 들어가 육체에서 영혼을 분리할 수 있기 때문이다. 약초 성분의 섭취, 연기 흡입, 냄새를 들이마시는 행위는 마취나 최면 상태에 이르는 보편적인 방법이다. 나무, 버섯, 꽃, 잎사귀, 과일은 모두 보이지 않는 존재들의 서식처가 될 수 있다. 샤먼은 이러한 자연물을 활용해 절기에 맞춘 의식을 집행하고, 이를 통해 인간 세상과 신의 영역과 사후 세계를 넘나들며 해석한다. 이 모든 신비로운 과정은 결국 샤먼이 속한 공동체의 안녕과 이익을 위한 것이었다.

신화와 무속적 주술에서 나무, 특히 참나무, 자작나무, 소나무, 피나무, 전나무, 산사나무, 버드나무는 신들이 있는 더 높은 세계와의 연결을 상징한다. 벼락을 맞은 나무는 의식에서 특별한 힘을 발휘한다. 나무의 캐노피 아래는 사회적으로 중요하기도 하므로, 공동체 회의나 의사 결정이 이루어지는 장소로 매우 적합하다. 호두나무와 배나무는 특히 죽은 자의 영혼이나 악마, 지하 세계와 연관이 있는데, 마녀들은 밤이면 느릅나무나 담쟁이덩굴뿐만 아니라 두 나무로도 모여든다.

호두나무나 배나무 아래서 잠을 자는 행위는 불임, 정신 착란, 또는 죽음 그 자체를 유발한다고 전해지는 반면, 그 밖의 다른 나무 아래에서의 잠은 자는 사람에게 치료와 의료 지식이 전달되는 꿈으로 이어질 수 있다. 자작나무는 액을 막거나 위험으로부터 보호해주는 힘이 있다. 마녀들은 버드나무를 두려워하는데, 수액에 치유력이 있기 때문이다. 버드나무는 요정들을 유인하기도 한다. 슬라브족에게 버드나무는 가장 중요한 나무 중 하나로, 많은 풍요 기원 의식에서 사용된다. 의식에서는 대개 목욕을 하며 버드나무 가지와 잎으로 만든 화관을 쓴다. 버드나무 가지는 종려 주일(예수 부활 축일 직전의 일요일, 예루살렘에 입성하는 예수를 향해 사람들이 종려나무 가지를 흔들어 환영한 날—옮긴이) 의식에서 종려나무 잎을 대신하기도 한다.

피나무는 슬라브족에게 신성시되며, 약효와 마법이 깃든 향기로운 잎과 꽃은 신들조차 그 가치를 인정할 정도다. 피나무는 이동할 수 있는 신비한 능력을 지니고 있어 가끔 사라졌다가 다시 나타나곤 한다. 피나무 아래에서는 가족이나 씨족은 물론, 서로 적대시하는 세력 사이에도 평화가 이루어진다. 또한 그곳에서 왕이 즉위하기도 한다. 피나무를 국가의 나무로 여기는 슬로베니아에는 마을마다 피나무가 있어, 그 아래에서 회의를 열고 결정을 내리기도 한다.

딱총나무의 꽃과 가지는 가축을 치료하는 데 요긴하다. 나무 자체도 신비로워 요정과 악마가 모두 서식한다. 딱총나무는 플루트를 만들기에 가장 좋은 나무이기도 하다. 다양한 덤불의 잔가지와 나무의 작은 가지나 잎은 의식적인 매질에 쓰인다. 예를 들어 개암나무 가지는 전통적으로 학교에서 버릇없는 학생을 벌할 때 사용된다.

식용 식물과 열매

동유럽 전설에서 야채와 과일은 다양한 마법적 기능을 지닌다. 대부분 상징적 의미로 가득하며, 차나 팅크, 조제약의 형태로 민간요법뿐 아니라 의식에 따른 식이요법에도 활용될 수 있다. 그 진가는 현대 과학이나 약학적 맥락에서도 흔히 확인되며, 일부는 독약으로 사용되기도 한다.

슬라브족이 신비롭게 여겼던 의외의 식물 중 하나는 바로 평범한 양배추다. 동유럽 구전 전통 속에는 유럽이 원산지인 이 식물의 성적 함의를 익살스럽게 풀어낸 다양한 농담, 수수께끼, 관용구가 가득하다. 한 가지 흥미로운 점은, 초기 양배추 품종은 줄기가 길고 끝에 작은 열매가 맺힌 형태여서 실제로 남근과 상당히 비슷한 모양을 띠었다는 사실이다. (이후 품종 개량을 통해 오늘날처럼 둥글고 풍성한 형태가 되면서, 아기를 양배추 밭에서 데려온다는 유명한 프랑스 민담이 생겨나기도 했다). 또한 중세의 농담에서 양배추는 손때 묻은 책에 비유되기도 했는데, 세르비아어에서 쿠푸사라kupusara(쿠푸스kupus는 양배추를 뜻함)라는 단어가 낡은 교과서처럼 여러 사람의 손을 탄 책을 의미하게 된 것도 이 때문이다.[70]

가장 상징성이 강한 과일은 사과다. 파리스가 아프로디테에게 황금 사과를 주어 트로이전쟁을 촉발시킨 이야기, 즉 고대 그리스 신화의 「파리스의 심판」에서처럼 신화 속 사과는 흔히 금빛을 띤다. 사과는 결혼식에서 중요한 상징물로 쓰일 뿐만 아니라, 보편적인 권력의 상징으로 쓰이기도 한다. 붉은 과일은 모두 비슷한 의식적 힘을 지니는데, 특히 유혹과 사랑을 배경으로 할 때 상징성이 두드러진다.

고대 로마의 결혼식에서는 견과를 뿌리기도 했지만 동유럽 의식, 특

히 발칸반도에서 견과는 죽은 사람의 음식으로 여겨진다. 성탄절 전야
에 가장은 집의 귀퉁이 네 곳 모두에 견과를 던진다. 구석, 벽난로 위,
난로 근처, 다락, 문지방 근처에 사는 죽은 자의 영혼에게 음식을 먹이
려는 의도다.

보름달이 뜨면 마녀들은 견과가 열리는 나무(앞서 언급한 호두나
무 같은)에 모여 견과의 껍데기를 타고 다니기도 한다. 과거 판노니아
Pannonia(다뉴브강 중류의 분지 지역, 로마제국의 속주였다가 여러 민족을 거쳐 현
재는 헝가리에 속함—옮긴이) 지역에는 마녀들의 회합 장소로 알려진 견과
나무들이 있었다. 샤먼들은 견과 나무의 캐노피 아래에서 약재 혼합물
과 조제약을 나누어주기도 했다.[71]

허브는 샤먼의 주술에 쓰이는 기본 성분이며, 특히 치료에 활용된다.
그중 가장 중요한 것은 바질로, 죽음과 관련된 의식에서 정화와 산 자의
보호를 위해 사용된다. 액을 막는 역할도 하며 많은 질병을 치료하고 풍
요 의식을 뒷받침하기도 한다. 소녀와 여성과 젊은 남성은 바질 잎과 꽃
으로 머리를 장식한다. 여성과 아이는 건강을 유지하기 위해 바질 향이
나는 물에 몸을 담그기도 한다.

클로버, 특히 네잎클로버는 문이나 숨겨진 보물, 비밀 통로를 여는 강
력한 도구다. 남성이든 여성이든 원하는 사람에게 (몰래) 클로버를 대기
만 해도 상대의 마음을 열 수 있다. 세르비아 전통에 따르면 담배는 성
사바의 축복을 받았다고 하는데, 추측컨대 이는 악마가 그 냄새를 견딜
수 없어 흡연자들을 해치지 못하는 것을 빗대어 말한 듯하다. 대마는 신
비로운 식물로 죽음에 관련된 의식에서 사용된다. 쐐기풀은 염증성 질
환에 강력한 치료제가 될 수 있으며, 천둥으로부터 사람들을 보호하는
역할도 한다. 월계수는 마녀를 막아주므로 아기의 침대 가까이에는 늘

월계수 가지가 있어야 한다. 양치기들은 목초지로 가는 첫날, 양을 몰 때 월계수 가지를 이용한다.

수수나 밀처럼 초기 슬라브족 음식의 주요 재료였던 기본 곡물은 죽음이나 탄생, 풍요와 관련된 의식에 빈번하게 사용된다. 발칸반도에서는 장례식 때 기독교 의식 전에 밀, 견과, 꿀로 만든 식사가 제공되는데, 이는 기독교가 전파되기 이전에 죽은 자에게 바쳤던 음식이다.

아메리카, 아프리카, 아시아의 식민지를 점령한 이후 유럽으로 유입된 감자, 후추, 커피, 초콜릿, 옥수수 같은 식물을 중심으로 구성된 새로운 동유럽 신화 일부를 분석해보면, 신화를 만드는 과정인 신화 작법에 대한 통찰을 얻을 수 있다. 이 젊은 신화들은 기존 유럽 토착 식물에 쓰였던 정형화된 서사나 의식을 그대로 언급하면서도, 세부 사항만 약간 다른 방식으로 구성하는 것이 특징이다. 후추와 커피는 모두 약용식물로 사용되어왔으며, 특히 감염을 치료하고 상처를 낫게 하는 데 유용하게 쓰였다.

샤머니즘에는 주로 우유, 달걀, 꿀, 털, 뿔, 발톱, 양모 등 주요 수확물과 산물이 사용된다.[72] 돌이나 나무껍질, 솔방울 같은 자연 재료는 망자의 영혼을 나타내기도 한다. 물가에서 찾을 수 있는 둥근 돌은 다양한 의식에서 죽은 조상을 상징하고, 크리스털 같은 준보석은 특히 점술을 볼 때 다른 세계와의 소통을 돕는 안테나 역할을 한다. 그리고 금속은 자연적인 형태든, 제조된 도구나 무기의 형태든 액을 막고 악마를 없애거나 쫓아버리는 역할을 한다.

고대 신화와 기원

최초의 고향의 슬라브족

유목 생활을 하던 초기 슬라브인이 침략자를 피해 숨어 있는 모습이다. 그림 상단의 신비로운 인물들은 미래의 고난을 예견하는 평화와 전쟁의 신이다.

루야나섬의 스반토비트 축제

기독교가 들어오기 전, 다신교를 믿던 시절의 축제다. 토착 신앙이 사라지기 전의 황홀하고도 슬픈 분위기가 담겨 있다.

슬라브어 전례의 도입

성 키릴로스와 메토디우스 형제가 슬라브어로 성경을 번역해 예배를 드리는 장면이다. 민족의 언어를 가졌다는 자부심이 핵심이다.

불가리아의 차르 시메온 1세

시메온 1세는 슬라브 문학의 황금기를 이끈 군주다. 지적이고 문화적인 번영을 상징하며, 무하는 그를 철학적인 통치자로 묘사했다.

보헤미아 왕 프르셰미슬 오타카르 2세
'철과 황금의 왕'이라고 불린 인물이다. 슬라브 군주 간의 동맹을 맺어 강력한 세력을 구축한 평화의 수호자로 그려졌다.

세르비아 차르 스테판 두샨의 대관식
발칸반도의 대부분을 통치했던 세르비아의 전성기를 그렸다. 화려한 금색과 행렬을 통해 민족적 위상을 뽐내고 있다.

크로마르지시의 얀 밀리치

크로마르지시의 얀 밀리치는 부패한 교회를 비판하며 타락한 여성들을 회개시킨 설교가다. 종교적 순결과
개혁의 씨앗을 보여준다.

베들레헴 예배당에서 설교하는 얀 후스

체코의 종교개혁가 얀 후스가 라틴어가 아닌 체코어로 설교하는 모습이다. 민중의 눈빛에서 강한 종교적 의지가 느껴진다.

크르지즈키의 모임

후스파 교도들이 산에 모여 저항을 결의하는 장면이다. 깃발과 무기들이 긴박함을 더한다.

그룬발트전투 이후

폴란드·리투아니아 연합군이 독일 기사단을 꺾은 전투다. 승리의 환희보다는 전쟁의 참혹함과 시신들을 바라보는 왕의 슬픔이 강조되었다.

비트코프산의 전투

외눈의 장군 얀 지슈카가 수적으로 열세인 상황에서 십자군을 격퇴한 기적 같은 승리의 순간이다.

보드나니의 페트르 헬치츠키

전쟁의 잔인함에 항거하며 비폭력과 평화를 주장하는 사상가의 모습니다. 무하는 전쟁의 영광보다 그 이면의 고통에 주목했다.

시련과 보존의 시대

후스파 왕, 포데브라디의 이르지

로마 교황의 사절 앞에서 체코의 자율성을 지키겠다고 선언하는 왕의 당당한 태도가 돋보이는 작품이다.

시게트 성의 니콜라 슈비치 즈린스키

오스만제국에 맞서 끝까지 성을 지키다가 전사한 영웅적 항전을 그린 그림이다. 화면 가득한 연기와 불길이 비장미를 보여준다.

크랄리체 성서의 인쇄

모국어 성서를 인쇄하며 지식을 전파하는 모습이다. 칼이 아닌 책이 민족을 구원할 도구임을 보여준다.

얀 아모스 코메니우스의 마지막 날들
30년전쟁으로 고국을 떠나 네덜란드 해변에서 죽음을 맞이하는 '현대 교육의 아버지' 코메니우스다. 등불 하나에 의지한 그의 모습이 애처롭게 느껴진다.

부활과 찬가

성 아토스산
그리스정교회의 중심지인 아토스산을 통해 슬라브 민족의 공통된 정신적 뿌리를 확인한다.

오믈라디나의 맹세

체코의 젊은이들이 보리수나무 아래에서 조국을 위해 헌신하겠다고 맹세하는 모습이다. 희망찬 청년 세대를 상징한다.

러시아의 농노해방

광활한 붉은광장에서 농노해방령을 듣는 러시아 민중이다. 기쁨보다는 앞으로의 삶에 대한 막막함이 사실적으로 묘사되어 있다.

슬라브족의 신격화

연작의 총결산이다. 과거의 고난(파랑), 피의 역사(빨강), 현재의 그림자(검정)를 뚫고 찬란한 황금빛 미래(노랑)로 나아가는 슬라브 민족을 축복하는 장엄한 피날레다.

맺음말

이 책이 독자들에게 동유럽 신화와 그 주인공들이 펼치는 복잡한 세계로 들어가는 쉬운 안내서가 되길 바란다. 그나마 남아 있는 지식들조차도 문화와 이념의 광범위한 변화에 따라 불가피하게 변형되었고, 수년에 걸쳐 매우 포괄적으로 재가공·각색되었다. 9세기에 살았던 슬라브족이라면 거의 알아보지 못할 정도로 말이다. 우리는 처음부터 이 책이 학술적 분석으로만 채워져서는 안 된다고 판단했다. 물론 분석도 포함하겠지만, 그와 더불어 방대한 동유럽 신화를 새로운 버전으로, 신선하고 매력적으로 느껴지는 형태로 보여주기로 했다. 이는 모든 독자가 처음부터 끝까지 읽든, 이야기에만 집중하든, 혹은 기분 내키는 대로 이따금 들여다보든, 각자 자신의 방식으로 이 책을 활용할 수 있도록 하자는 생각에서 비롯되었다.

슬라브어와 연관된 신화의 언어 자료는 풍부하고 널리 퍼져 있다. 그 개별 요소들을 특정 유라시아나 지중해 문화와 논리적으로 맞춰보는 일이 늘 쉽지만은 않다. 더구나 20세기 이후 동유럽 신화에 대한 많은 연구가 슬라브어로만 출판되었다는 점도 비슬라브어권 독자들의 이해를 방해하는 또 하나의 장벽이다. 해당 영역의 국제 자료에 의지해, 중요한 몇몇 개념을 명확히 하려 노력한 일이 독자들의 지식을 넓히는 데 조금이나마 도움이 되었으면 한다. 아주 많은 이야기 가운데서 골라야 했던 만큼, 잠들기 전 할머니가 들려주던 개인적으로 좋아하는 이야기가 빠져 있더라도 실망하지 않기를 바란다. 이야기 선택에는 신화 세계에서의 존재감과 해석의 완성도 역시 부분적으로 영향을 미쳤다. 그래서 우리는 편재성과 대중적 관심의 측면에서 모든 신, 나아가 늑대인간까지도 초월하는 동유럽 신화의 대표적 존재로 이야기를 시작했다.

동유럽 신화 체계는 앞서 설명했듯이 다양한 지역, 언어, 문화, 전통에 걸쳐 뿔뿔이 흩어져 있어 덜 친숙하고, 이해하기도 어렵다. 이 점 또한 비교적 현대에 이르러서야 새롭게 깊이와 의미를 얻게 된 덜 알려진 지역 신화에 집중하기로 한 또 하나의 이유였다. 우리는 신화가 어떻게 오늘날의 우리 세계에 새로운 의미를 부여할 수 있는지, 그리고 신화를 잊는다면 얼마나 많은 것을 잃게 되는지 보여주고자 했다.

그러므로 이 책은 종합적인 논문집이 아니라, 동유럽 신화를 개별적으로 엮은 선집이다. 이 신화가 지닌 서사적이고 극적인 힘과, 그것이 야기하는 다양한 해석을 함께 보여주려고 했다.

무엇보다도 이 책을 읽는 동안 즐거웠기를 바란다. 신화들은 눈에 얼어붙은 창유리에 성에가 끼는 겨울 저녁, 촛불을 켜놓고 소리 내어 읽어도 좋다. 이 책은 당신의 관심사가 슬라브족으로서 자신의 뿌리를 찾는 일이든, 더 넓게는 신화와 전설의 세계를 탐험하는 일이든, 깊이 파고들고자 하는 모두를 위한 것이다. 다만 책을 읽을 때는, 어스레한 숲을 가로질러 멀리서 부코들라크의 울부짖음이 울려 퍼질 경우를 대비해 뾰족하게 깎은 산사나무 말뚝을 곁에 두는 것을 잊지 말아야 한다.

감사의 말

저자들은 몇 년 전 함께 책을 만들자는 뜻을 보이며, "단지 어떤 책을 만들지만 문제다"라고 했던 로저 소프를 시작으로 템스 앤 허드슨 팀에 감사를 전한다. 벤 헤이스는 프로젝트를 이끌었고, 인디아 잭슨과 젠 무어도 훌륭하게 보조했다. 커밀라 록우드는 편집을 마감하는 데 큰 도움을 주었고, 조 매클라렌의 목판화는 글에 완벽하게 어우러졌다.

또한 스베틀라나는 남편이자 고고학자인 보지다르 슬랍샤크에게 고마움을 전한다. 그는 논리와 체계에 대한 감각, 그리고 그리스에서 함께한 깊이 있는 경험으로 그녀가 순조롭게 나아가도록 해주었다. 그리고 이 책의 추천사를 쓰지 못하고 3월 17일에 영면에 든 40년 지기 친구 두브라브카 우그레시치에게도 감사의 마음을 전한다. 두브라브카는 풍자의 여신이자 반국가주의와 파괴, 대담성의 고독한 횃불이었다. 그녀가 가진 특징들은 풍성한 슬라브족의 뿌리에서 비롯한 것이다.

노아는 자신에게 새로운 세상을 열어준 제2의 조국 슬로베니아에 감사한다. 그는 슬로베니아를 공개적으로 '세계 최고의 나라'라고 칭했고, 그곳에서 보낸 지 10년이 넘은 지금도 여전히 그렇게 느낀다. 그리고 마지막으로 동유럽 공주 엘레오노라와 이자벨라, 동유럽 여신인 아내 우르슈카의 지지와 끝없는 사랑에 감사를 표한다.

주석

슬라브족 알아보기

1 Procopius, *History of the Wars*, vol. 4, p. 273.

2 Ibid., pp. 269~271.

3 Jordanes, *The Origins and the Deeds of Goths*.

4 Procopius, *History of the Wars*, vol. 4, p. 273.

슬라브 서사시

5 동유럽 신화를 설명한 최초의 자료는 비잔틴제국에서 비롯되었다. 계몽주의 지식인들이 호기심 차원에서 이에 접근하기 시작했고, 19세기에 이르러 본격적인 학술 연구의 대상이 되었다. 20세기에는 신화학, 유형학, 계통적 연구, 의의학, 언어학에 걸친 다양한 이론이 발전했다.

6 워너의 발상은 1970년대 독일의 문학사학자이자 이론가인 엘리자베트 프렌첼Elisabeth Frenzel의 연구에 대한 응답이며, 동화 연구의 가장 중요한 이론가는 20세기 소련의 민속학자 블라디미르 프로프다.

7 S. Georgoudi and J.-P. Vernant (eds), Mythes grecs au figure.

8 우리는 이를 설명하기 위해 '신화 작법mythurgy'이라는 용어를 만들었다. 이 용어는 연구 과정, 끊임없는 변화, 신화를 향유하는 수많은 사람에 의한 집단적 신화 창작을 아우른다.

1장 뱀파이어

9 J. W. von Valvasor, *Die Ehre deß Hertzogthums Crain*, vol. 6, pp. 329~41.

10 Ibid.

11 M. Ranft, *De masticatione mortuorum in tumulis*, vol. 2, paragraphs 56–59

12 C. Frayling, *Vampyres* (2016), n.p.

13 Quoted in Á. Mézes, 'Vampire Contagion as a Forensic Fact', pp. 159~160; 161; 162.

14 Quoted in Frayling, *Vampyres* (2016), n.p.

15 Mézes, 'Vampire Contagion as a Forensic Fact', p. 171.

16 H. Walpole, *The Letters*, vol. 1, p. 3.

17 Quoted in Frayling, *Vampyres* (2016), p. 51.

18 'Voltaire on Vampires', from *The Works of Voltaire*.

19 *Gazette des gazettes ou Journal politique pour l'année…1765*.

20 V. Karadžić, *Srpski rječnik*.

21 C. Frayling, *Vampyres* (1992), p. 108.

22 K. Marx, Capital, vol. 1, p. 163.

23 Ibid.

24 노래와 웃음과 북소리: 적막한 곳에 혼자 있을 때 노래를 부르는 것은 우리에게 여전히 남아 있는 일종의 자연스러운 반응이다. 라다 스테바노비치는 『장례식에서의 웃음*Laughing at the Funeral*』에서 발칸반도에서는 이러한 의식이 여전히 이어지고 있다고 주장한다.

2장 늑대인간

25 P. Skok, *Etimologijski rjecnik hrvatskoga ili srpskoga jezika*, s.v.

26 N. Groom, *The Vampire: A New History*.

27 S. Baring-Gould, *The Book of Were-Wolves*, p. 98.

28 I. Crawford-Mowday, 'Caul: A Sailor's Charm'.

29 James vi and i, *Daemonologie*.

30 R. Scot, *The Discoverie of Witchcraft*.

31 Anonymous, *A True Discourse*.

3장 리부셰 여왕

32 실제 프르제미슬리드 왕조는 기원후 873년부터 1306년 바츨라프 3세가 살해될 때까지 보헤미아 왕국을 통치했다. 프르제미슬과 리부셰 여왕 이야기가 언급된 가장 이른 저작물은 10세기 후반의 『성 바츨라프와 그의 할머니 성 루드밀라의 생애와 수난기*Vita et passio sancti Vencaslai et sanctae Ludmilae aviae eius*』지만, 일부 학자들은 이 저작물이 해당 이야기에 더 오랜 권위를 부여하기 위해 후대에 위조된 것이라고 본다. 보다 확실하게 말하자면, 대략 우리가 이 책에 실은 전설은 1119년에서 1125년 사이에 쓰인 『보헤미아 연대기*Chronica Boemorum*』에 등장한다.

33 J. Jelínek, 'O konstruktivistce a esencialistovi'.

34 차이카노비치는 제리나의 역사적 기원을 부정하면서도 그녀의 무덤이 있다고 전해지는 신화

적 장소를 언급한다. 그는 제리나의 이야기를 황폐한 건물과 폐허에 영원히 머물러야 하는 저주를 받은 여러 여성 유령의 이야기와 연결짓는다. V. Čajkanović, *O vrhovnom bogu u srpskoj religiji*, p. 276.

35 M. Mateja, 'Elements of Folklore in Andrić's na Drini Ćuprija'.

36 R. Beaton, 'The Bridge of Arta as Myth', p. 63. 다리는 지은 지 하루 만에 무너졌는데, 건축자의 아내를 구조물 '내부에 넣어야만' 다리가 서 있을 것이라는 예언이 있었다.

37 K. Bostrom, *A Female Ideal?*

38 B. Slapšak and S. Kojić, 'Šembilja – hudič na gorečem vozu', 27.

39 S. Zochios, 'Interprétation ethnolinguistique de termes mythologiques néohelléniques d'origine slave désignant des morts malfaisants'.

40 O. Sedakova and F. Gréciet, 'Le thème de la dolja dans le rite funéraire slave'.

41 V. Čajkanović, *Studije iz srpske religije i folklora* 1925–1942, pp. 150–163.

4장 바바 야가

42 M. Gimbutas, *The Slavs*; M. Gimbutas, The Goddesses and Gods of Old Europe.

43 K. H. Meyer, *Fontes historiae religionis Slavicae; V. V. Ivanov and V. N. Toporov, Slavianskie iazykovye modeliruiushchie semioticheskie sistemy.*

44 P. Lajoye, 'Celto-slavica. Essais de mythologie comparée'.

45 G. Kabakova, 'Baba Yaga dans les louboks'; C. Rousselet, 'Sorcière ou nourricière'; S. Zochios, 'Baba Yaga, les sorcières et les démons ambigus de l'Europe orientale'.

46 D. Ugrešić, *Baba Yaga* Laid an Egg.

47 S. Slapšak, 'Petka i Nedeljka, dve antroponimičke prevedenice'.

48 Karadžić, *Srpski rječnik.*

49 불가리아의 작가 그리고리 참블라크(1365~1420 추정)가 이 여정을 정식으로 기록하고 서술했다.

5장 페룬

50 E. Gasparini, *Matriarcato slavo.*

51 Čajkanović, *Studije iz srpske religije i folklora* 1925–42, pp. 103–104.

52 V. V. Ivanov and V. N. Toporov, 'Slavjanskaja mifologija', in *Mify narodov mira*, 2, pp. 450–6.

53 Ibid.

54 King James Bible, 2 Kings 2:11.

55 From the Primary or Nestor's Chronicle.

56 V. Čajkanović, *Rečnik srpskih narodnih verovanja o biljkama*, pp. 30–31.

57 V. V. Ivanov and V. N. Toporov, 'Slavjanskaja mifologija', in *Mify narodov mira*, 2, pp. 450–6.

6장 물의 괴물

58 Čajkanović, 'Hidromantija kod Filipa Višnjića'.

59 J. Binotto, 'Glanz/Glance/Glas: On the Invisibility of Mirrors'.

60 D. Sinani, 'Le structuralisme dans l'étude de la religion populaire en Serbie'. The ritual is known among Romanians ('Peperuda'), Bulgarians and Russians.

61 G. Kabakova, 'Le projet du Dictionnaire de motifs et de contes-types étiologiques chez les slaves orientaux'; S. Skuza, 'La mer et sa couleur dans le mythe cosmogonique slave'.

62 A. N. Afanasyev, *Poeticheskiye vozzrenija slavyan na prirodu*.

63 L. N. Vinogradova and C. Pernette, 'Le corps dans la démonologie populaire des Slaves'.

64 A. Yudin, 'Les roussalkas dans la croyance populaire slave'.

65 T. Dordević, 'Veštica i vila u našem narodnom verovanju i predanju'; V. Čajkanović, 'Vile', in *Stara srpska religija i mitologija*, pp. 228–47.

66 J.-F. Gossiaux, 'Le groupe domestique dans la Yougoslavie rurale'.

67 É. Gessat-Anstett, 'Histoires de mutation. Les terminologies de parenté russe'.

7장 불새

68 프랑스어 판본에서 저자가 직접 영어로 옮김. N. Felz, 'Igor Stravinsky: L'oiseau de feu deuxième suite (1919)'; author's own translation.

69 가장 풍부한 자료는 차이카노비치의 사후 출간 식물 사전인 『식물에 대한 세르비아 토속 신앙 사전*Rečnik srpskih narodnih verovanja o biljkama*』다.

70 S. Slapšak, *Kupus in seksualnost* [Cabbage and Sexuality].

71 V. Čajkanović, *Studije iz srpske religije i folklora 1925–1942*, pp. 213–16. 또한 차이카노비치는 아테네 아크로폴리스의 신전을 떠받치던 여인상인 카리아티데스(카리아티드)가 죽음의 여신이기도 한 아르테미스에게 벌을 받아 견과로 변했다는 이야기를 언급하기도 한다. 그리스어로 이 이름은 '견과의 여인'을 뜻한다.

72 S. Slapšak, *Volna in telo* [Wool and the Body].

색인

드디어 시리즈

드디어 만나는 동유럽 신화

1판 1쇄 발행 2026년 5월 7일

지은이 노아 차니, 스베틀라나 슬랍샤크
옮긴이 송민경
발행인 박명곤 **CEO** 박지성 **CFO** 김영은
기획편집1팀 채대광, 백환희, 이상지, 김진호
기획편집2팀 박일귀, 이은빈, 강민형, 박고은
기획편집3팀 이승미, 김윤아, 김수진
디자인팀 구경표, 유채민, 윤신혜, 권지혜
마케팅팀 임우열, 김은지, 전상미, 이호, 최고은

펴낸곳 (주)현대지성
출판등록 제406-2014-000124호
전화 070-7791-2136 **팩스** 0303-3444-2136
주소 서울시 강서구 마곡중앙6로 40, 장흥빌딩 10층
홈페이지 www.hdjisung.com **이메일(문의/제휴)** support@hdjisung.com
제작처 영신사

© 현대지성 2026

"Create Curious Contents"

현대지성은 호기심 어린 마음으로 작가님의 원고를 기다리고 있습니다.
원고 투고는 togo@hdjisung.com으로 보내주시면, 정성껏 검토 후 연락드리겠습니다.

이 책을 만든 사람들

기획 박고은 **편집** 박고은, 박일귀 **디자인** 유채민